Chanter

ROBERT GASS
en collaboration avec
KATHLEEN BREHONY

Chanter

ou l'art du mieux vivre

Traduit de l'anglais (USA) par
Nelly Lhermillier

Éditions DERVY
17, rue Campagne Première
75014 Paris

ISBN : 2-84454-117-8

À Judith.

Remerciements

Cet ouvrage est le résultat de l'effort collectif de nombreuses personnes qu'a inspirées la vision d'un livre apportant la joie et l'esprit du chant psalmodié au monde.

À Kathy Brehony, qui a écrit ce livre avec moi, mes plus profonds et sincères remerciements. Sans son immense dévouement et son dur labeur, ses brillantes recherches et ses contributions écrites, ce livre n'aurait jamais vu le jour.

Mon amour et ma gratitude à ma compagne, Judith, femme sage et artiste de la vie, pour sa collaboration et son soutien tout au long de l'écriture de ce livre, et pour les trente-trois ans que nous avons passés à approfondir l'amour.

Merci à Lisa Ross dont l'étincelle créative a d'abord conçu ce livre sur le chant psalmodié. Mes remerciements vont également à Chaula Hopefisher qui nous a aidés à mettre cette idée en forme. Lauren Marino et Ann Campbell, des éditions Broadway Books, ont reconnu l'importance de ce projet et l'ont soutenu à chacune des étapes de son élaboration.

Des chefs de chœurs, des thérapeutes qui utilisent le son, des chamans, des moines, des prêtres, des rabbins, des chantres, des gardiens de sagesse et des érudits de nombreuses traditions et disciplines nous ont généreusement fait partager leur expérience et leur compétence. Leurs récits et leur connaissance ont apporté à notre projet esprit, profondeur et substance :

Elena Abila, Swami Akandananda, Elias Amidon, Margot Anand, madame Andrews, Ysaye Barnwell, Isabella Bates, Joan Borysenko, George Brandon, Brooke Medicine Eagle, Don Campbell, Deepak Chopra, Ron Claman et Toby Jacobson, Elisabeth Cogburn, Pat Moffitt Cook, Tenzin Dhargye, Vickie Dodd, Rabbi Tirzah Firestone, Steven et Meredith Foster, Shaykh Robert Ragip Frager, David Friedman, Neil Friedman, Kay Gardner, Judith Gass, Jonathan Goldman, Geoffrey Gordon, Joan Halifax, Prajna Hallstrom, Michael Harrison, Thomas et Priya Huffman, David Hykes, Chris Johnston, Chaitanya Kabir, Jack Kessler, Saadi Neil Douglas Klotz, Krishnabai, David LaChapelle, Deforia Lane, Robert Lawlor, Joshua Leeds, Allaudin Mathieu, Charlotte Miller, Ron Minson, Oscar Miro-Quesada, Daniel Abd al-Hayy Moore, Onyemaechi, Russill Paul, Richard Perl, Roger Peyton, Brother Richard of Weston Priory, Dinabandu Patton Sarley, Rabbi Zalman Schachter-Shalomi, Molly Scott, Bernie Siegel, Ranjie Singh, Cynthia Snodgrass, Lama Surya Das, Luisah Teish, Father Theophane, Karolyn van Putten, Jeff Volk, Nuttarote Wangwingyoo, Joyce Wells, Michael Ziegler et Zuleika.

Je voudrais tout particulièrement remercier mes lecteurs, ceux qui ont relu les chapitres pour leur fluidité et leur exactitude :

George Brandon, Don Campbell, Shaykh Robert Ragip Frager, Judith Gass, Leila Gass, Prajna Hallstrom, Oscar Miro-Quesada, John Makransky, Daniel Abd al-Hayy Moore et Rabbi Zalman Schachter-Shalomi.

Merci aussi à Jean Houston, Jon Kabat-Zinn, Eric et Nina Utne et Robert Welsch.

Une joyeuse reconnaissance aux nombreux chanteurs du groupe On Wings of Song pour les vingt années que nous avons passé ensemble à créer de si belles musiques de l'Esprit.

Ma gratitude à Bill Horwedel, Tim Shove et tous ceux de Spring Hill Music pour leur soutien.

Enfin, je veux remercier ma famille et mes amis d'illuminer ma vie d'amour et de bonheur.

Robert Gass

Avant-propos

Il y a une quinzaine d'années, j'entrepris la rédaction d'un livre sur le chant psalmodié. Je rencontrai des éditeurs et des directeurs de collection à New York, mais aucun ne crut qu'un tel livre pouvait susciter un quelconque intérêt pour cette expression fondamentale de la vie, en dehors des cercles liturgiques et musicologiques. Selon eux, cette expression vocale ne pouvait inspirer ni une pratique ni des adeptes parmi le public. Démodée et ennuyeuse, c'était une énergie musicale ésotérique réservée aux moines, aux chamans, à ceux qui chantent dans les forêts lointaines, les monastères et les écoles de musique.

Pour moi, cependant, le ton et la psalmodie constituaient la base même de la vie. Ayant pendant vingt ans visité des monastères en Grèce, en Égypte, en Russie et en France, des ashrams en Inde, des temples au Japon, en Corée, en Chine et au Tibet, j'avais acquis la certitude que ces expressions de dévotion allaient bien au-delà du simple chant. La psalmodie est la musique des sphères cosmiques et l'expression naturelle de notre propre conscience. Elle n'est en rien un obscur rituel musical, mais un outil précieux que des gens utilisent partout pour guérir leur corps, apaiser leur esprit et introduire le sacré dans leur vie.

Au cours de la dernière décennie, le chant grégorien est devenu un phénomène à succès en Europe et en Amérique. Les enregistrements psalmodiés de Robert Gass ont inspiré des centaines de milliers d'auditeurs et contribué à raviver le pouvoir de la prière répétitive en musique.

Pourquoi ? Parce que le chant unifie. Il rassemble les personnes dans la pensée, l'intention, la connaissance et l'amour. La psalmodie est plus qu'un chant répétitif — c'est une manière extraordinaire d'intégrer le souffle, les battements du cœur, l'émotion et l'intention. Elle va au-delà des barrières spirituelles, politiques et sociales. À l'instant où nous ouvrons la bouche, le son vibre dans notre corps, fait affluer plus de sang à notre tête, harmonisant les ondes cérébrales, inspirant celui qui chante autant que celui qui écoute. Elle a longtemps servi à réunir les communautés religieuses, à synchroniser les mouvements d'une équipe effectuant un travail physique et à encourager l'action des footballeurs.

Ce livre important et depuis longtemps attendu nous aide à comprendre comment nous pouvons utiliser notre voix, notre esprit et notre corps pour favoriser une plus grande harmonie dans notre communauté et notre famille. *Le Chant psalmodié — À la découverte de l'Esprit dans le son* fait vivre un monde remarquable d'expression de la piété. Les exercices pratiques simples qu'il propose, de même que les descriptions imagées de la psalmodie en tant que présence vivante de la foi, de l'espoir et de la joie, nous donnent les clés qui nous permettront d'ouvrir notre corps, notre esprit et notre cœur.

Prenons tous acte de la grande musique qui partout dans le monde résonne sous des formes très diverses, et n'oublions pas d'en enchanter chaque jour notre vie. Elle peut dénouer nos tensions, nous relier au Divin et nous aider à apporter la paix à notre être et au monde.

Don Campbell

CHAPITRE 1

Histoire d'un voyage :
DE BACH AU ROCK 'N' ROLL ET AU CHANT

On dit avec raison que la musique
est le langage des anges.
THOMAS CARLYLE

À quatre-vingt-cinq ans, ma grand-mère Miriam portait encore des minijupes et enseignait la danse folklorique sur les planches à Coney Island. Elle avait étudié le yoga, et chaque fois que je lui rendais visite elle s'empressait de me prouver sa magnifique santé en faisant le poirier, en minijupe. J'ai un jour demandé à Nana, qui avait survécu à quatre maris, le secret de sa vitalité. Elle me confia qu'elle avait appris toute seule la méditation et qu'elle la pratiquait depuis plus de dix ans. Méditant moi-même depuis de nombreuses années, je fus intrigué et lui demandai : « Nana, que fais-tu lorsque tu médites ?

— J'ai lu dans un livre de yoga qu'on était censé prendre un mot indien et le répéter maintes et maintes fois, répondit-elle. J'ai donc choisi un mot indien et pendant toutes ces années, chaque jour, j'ai psalmodié mon mantra (elle prononçait *men*-tra dans son épais accent de Brooklyn). »

De plus en plus curieux, je demandai : « Nana, quel mot utilises-tu ? » Et elle me répondit fièrement : « Cheyenne, Cheyenne, Cheyenne. »

N'ayant aucune idée de la différence, ma chère Nana avait choisi le nom d'une tribu d'Indiens d'Amérique au lieu de l'une des syllabes sanscrites sacrées de l'Inde qu'on utilise généralement en méditation. Mais tandis qu'elle me parlait de son expérience consistant à psalmodier son *men-tra* sacré pendant dix ans, je me disais qu'à l'évidence elle en avait tiré grand profit pour sa vie et son être — aussi bien sur le plan physique qu'émotionnel et spirituel.

Aussi est-ce avec un profond respect pour les vertus du chant psalmodié, et un sourire face au mystère de la vie, que je commence ce livre.

Un chemin personnel

Beaucoup de personnes de ma connaissance parlent du lien profond qui les unissait à l'Esprit pendant leur enfance. Je ne suis pas sûr que cela ait été vrai pour moi. J'ai grandi dans une famille juive libérale très attachée à certaines valeurs, mais il me semble qu'il y avait à peu près autant d'Esprit vivant dans ma synagogue que dans un centre commercial ordinaire. Étant enfant, mes seuls dieux jouaient dans l'équipe de base-ball des Red Sox de Boston, et la principale divinité que j'adorais était le joueur de champ gauche Ted Williams. Sorti de l'enfance et de nombreuses années d'éducation religieuse, j'affirmais avec fierté mon agnosticisme.

Pourtant, l'un de mes plus anciens souvenirs remonte à une époque où, assis devant le vieux piano d'ébène, le dimanche après-midi chez mes grands-parents, je tournais des pages jaunes écornées couvertes de notes de musique, faisant semblant de lire tandis que mes mains frappaient les touches en toute liberté. Je perdais alors toute notion du temps, m'évadant loin de cette maison qui sentait le renfermé, avec ses souvenirs défraîchis et son bric-à-brac d'un autre temps, pour pénétrer dans un autre monde, un endroit magique plein de couleurs et de vigueur.

En grandissant, le piano est devenu mon compagnon de jeu dans les moments de bonheur et, plus tard, mon refuge quand, lorsque j'avais onze ans, une grande obscurité a envahi notre maison tandis qu'au premier étage ma mère se mourait d'un cancer. Me balançant sur le tabouret du piano, mes mains frappant alors les vieilles touches avec une plus grande maîtrise, je ressentais et exprimais à travers la musique des choses qu'il était trop difficile d'exprimer avec des mots. De nouveau j'étais transporté dans un autre royaume, où les couleurs étaient plus vives, où les pulsations de l'énergie tissaient et retissaient une tapisserie aux dessins continuellement changeants ; un royaume où je n'étais plus désespérément seul, où je me sentais vivant et relié à quelque chose de plus vaste que moi.

Quelques années plus tard, en terminale, on me demanda de choisir une citation pour accompagner ma photo dans l'annuaire. Bien que je sois encore un incroyant déclaré n'ayant aucune relation consciente avec la religion ou l'Esprit, je choisis la citation suivante : « On dit avec raison que la musique est le langage des anges. » Lorsque je regarde en arrière, je comprends que même en dehors de tout contexte religieux et de tout concept de spiritualité je connaissais intimement Dieu à travers la musique.

Ayant reconnu ma passion et mon don pour la musique, mes parents m'avaient soutenu dès l'âge de six ans dans mon étude intensive du piano, du solfège et de la composition. Mes professeurs de piano virent en moi la possibilité de réaliser leurs propres ambitions déçues et essayèrent de me pousser vers les concours et les salles de concert. Mais tout en aimant la musique classique, j'avais commencé à percevoir combien des airs tout simples peuvent émouvoir des groupes de personnes. Bien avant de découvrir le chant psalmodié, il y eut la comédie musicale, et chaque fois qu'il y avait un piano où je pouvais jouer, des gens s'assemblaient autour de moi pour chanter des airs de *West Side Story* ou *My Fair Lady.* Je me suis mis aussi à jouer de l'accordéon dans des *hootenannies*, des bœufs avec des gens de tous niveaux musicaux qui chantaient et jouaient des chansons du folklore. Nous avions l'habitude de répéter longuement les refrains, car chacun pouvait alors oublier les paroles et se perdre dans la musique.

Ma formation classique au conservatoire de Nouvelle-Angleterre, à Tanglewood, puis à Harvard, m'a exposé à une musique de plus en plus complexe et abstraite. En fait, mes collègues compositeurs aimaient laisser entendre que si trop de gens « comprenaient » ou aimaient votre musique, cela voulait probablement dire que vous aviez « trahi ». Bien qu'engagé dans le défi intellectuel, je n'ai jamais totalement adhéré à cette conception des choses. Je voulais faire de la musique qui fût accessible, qui vînt du cœur — de la musique à travers laquelle d'autres pouvaient exprimer leurs chansons et leurs rêves.

À la fin des années soixante, Harvard était en pleine effervescence créative et, comme tant d'autres de ma génération, je fus emporté par un raz-de-marée de passion et de politique. La musique prenait parti pour des causes, et j'appris à m'en servir pour faire bouger la conscience des gens rassemblés lors de meetings et de manifestations politiques. Des milliers d'entre nous, scandant nos chants tandis que nous marchions en nous tenant par la main, faisions l'expérience d'une sorte de communion. Unis dans une cause commune, nous formions une tribu, et la musique contribuait à notre cohésion.

En 1967, je devins un rocker professionnel. À cette époque, les concerts de rock étaient de véritables événements tribaux — des rituels dionysiaques. Un soir, c'était le Fillmore East à New York, le lendemain les berges de la rivière Charles à Cambridge ou un club anonyme du district fédéral. Jimmy, notre batteur, frappait de toutes ses forces sur sa grosse caisse tandis que la première guitare braillait une série d'accords fracassants. La foule se levait d'un bond lorsque la pulsation d'énergie qui émanait de la scène l'atteignait. Tandis que la musique décollait, j'entrais dans un cycle devenu familier. Émettant ses vibrations depuis la scène, la musique galvanisait l'énergie de l'auditoire. Son exaltation se répercutait sur scène. C'était palpable. Je me sentais dilaté, comme possédé par cette passion collective. Le public nous jouait autant que nous le jouions. Au point culminant, il n'y avait ni interprètes ni public : il n'y avait que la musique.

Ayant obtenu mon diplôme, je choisis de me consacrer entièrement à la musique. Notre groupe avait signé un contrat avec une grande maison de disques et semblait promis au succès. Mon père, bien sûr contrarié de voir son fils prodige se détourner du droit chemin pour entrer dans le monde peu recommandable du rock 'n' roll au lieu d'étudier le droit, fit tout son possible pour me dissuader ; après avoir éprouvé mon engagement, il me soutint malgré tout, acheta même un nouvel équipement pour l'orchestre. Néanmoins, quelques années dans le monde de la musique professionnelle se révélèrent plus que suffisantes. La scène était certes pleine de charmes, de sexe et de drogues, mais après les concerts je me retrouvais dans une chambre d'hôtel, lisant Krishnamurti ou d'autres livres sur le bouddhisme zen. Plus nous avions de succès, moins je ressentais la chaleureuse communion tribale qui était ce que j'aimais vraiment dans le rock.

Je quittai l'orchestre, décidé à mettre fin à ma carrière de « musicien professionnel ».

Par la suite, j'ai occupé de nombreux emplois — psychologue, cadre supérieur d'entreprise, conférencier et directeur de séminaire, conseiller en organisation et formateur de cadres, thérapeute, citoyen diplomate, mari, père —, mais à un autre niveau, cela concernait toujours la musique. Car je ne cesse d'entendre la musique intérieure de la vie, en jouant avec des formes et en improvisant, en me délectant de la dissonance tandis que je recherche l'harmonie, modulant des timbres et des dynamiques, produisant une mélodie et sollicitant le contrepoint, sentant le rythme et prenant mon pied avec la pulsation, écoutant le silence entre les notes, m'efforçant de servir l'impulsion créative qui bouge à travers chaque instant de vie.

Des gens me demandent parfois : « Comment en êtes-vous arrivé au chant psalmodié ? » Lorsque nous jetons un regard en arrière sur notre vie, nous voyons parfois se dessiner des choses qui n'étaient pas aussi évidentes au moment où nous les vivions. Bien longtemps avant de m'engager consciemment sur le chemin spirituel, c'était comme si je m'étais préparé à faire de la musique sacrée. J'avais développé toutes les capacités musicales nécessaires, mais, plus important, j'avais appris à utiliser le pouvoir de la musique pour toucher le cœur et l'âme, à faire participer les gens afin de créer une sensation de communion — que ce soit en dirigeant des chansons du folklore autour d'un feu de camp ou des chorales classiques, en faisant un bœuf lors de concerts de rock ou en scandant des slogans à des meetings politiques. Bien que je croie très fortement au pouvoir du choix, il m'arrive de me demander : « Sommes-nous tous en train de vivre une histoire qui, d'une certaine manière, a déjà été écrite ? » Pour mon vingt-deuxième anniversaire, mes amis m'offrirent une séance chez un médium célèbre de la ville. J'envisageais cette rencontre avec un certain scepticisme, car depuis des années je suivais les travaux pratiques de psychologie de William James Hall, à Harvard. J'entrai dans l'appartement, jetant un coup d'œil sur les murs couverts de tentures d'aspect asiatique et les tables encombrées d'objets d'art occultes. Avant même que je m'assoie elle me demanda : « Avez-vous déjà appris le piano dans cette vie ? »

Ma première réaction fut : « C'est un coup monté — mes amis lui ont tout raconté ! » Mais non, il s'avéra qu'elle avait vraiment vu cela. La séance tourna essentiellement autour de mes talents musicaux, mais en particulier de la manière dont ils allaient orienter mon avenir. « Vous ferez au monde un grand don de musique, mais d'une autre sorte de musique. Il s'agit d'une musique qui a pour but de guérir et d'éveiller plutôt que de divertir. Vous serez un leader parmi ceux qui contribuent à faire naître cette musique pour un Nouvel Âge, une forme de musique qui est à la fois ancienne et moderne. » Elle conclut la séance en disant : « Cela n'aura aucun sens pour vous pendant un certain temps, mais réécoutez dans une dizaine d'années cette cassette que j'ai enregistrée pour vous, et vous verrez. »

Pendant plusieurs années cette cassette a été perdue dans l'une de ces boîtes pleines d'un fouillis de choses qui m'ont suivi d'un appartement à un autre. Alors que j'avais depuis longtemps oublié cette séance, la cassette refit surface quelques années plus tard. Ayant mis le lecteur de cassettes en route, j'écoutai la voix diaphane de la voyante décrivant à l'avance une histoire extraordinairement exacte des dix dernières années de ma vie en tant qu'interprète de musique sacrée et maître de chant.

Au cours du printemps qui suivit l'écoute de la cassette, ma femme Judith et moi participâmes à une retraite de yoga de dix jours dirigée par Swâmi Satchidananda dans le Connecticut. Bien que nous ayons déjà pris quelques cours de yoga et ayons commencé à lire des livres sur la spiritualité, ce fut notre première véritable immersion dans la voie spirituelle. Dès les premiers jours j'eus le sentiment profond d'être arrivé chez moi. Et même si je m'adonnais ardemment au yoga et à la méditation, ce fut — et cela n'a rien d'étonnant — le chant psalmodié qui me fit la plus forte impression. Les mots étaient à présent en sanscrit plutôt qu'en anglais, mais j'avais le sentiment d'avoir psalmodié toute ma vie. Et tel était le cas.

Dès mon retour, je me mis à faire psalmodier *Om Shanti* à d'autres personnes et à écrire mes premiers chants « spirituels ». Peu après, je rejoignis le groupe de danse soufie qui se réunissait chaque semaine à Cambridge, jouant et chantant des chants de toutes les traditions — hindoue, bouddhiste, chrétienne, hébraïque et islamique. J'avais trouvé ma nouvelle vocation musicale. Pour moi, psalmodier associait la chaleur et l'esprit communautaire d'une réunion de chant, l'extase d'un concert de rock, la dévotion du culte et le calme de la méditation. Au cours des années qui suivirent, j'allais être exposé à de nombreuses traditions de chant psalmodié. Chacune recèle sa propre atmosphère, unique, et sa saveur ; pour moi cependant, l'Esprit présent au cœur de chacune a toujours été le même.

Quelques années plus tard, ma femme et moi avons créé un séminaire intitulé *Opening the Heart*, « Ouvrir le cœur », mélange de psychologie humaniste et de pratiques spirituelles. Psalmodier constituait une partie importante de l'expérience, et les participants nous demandaient régulièrement une cassette des chants pour les écouter chez eux. En 1980, j'ai enregistré une cassette intitulée *Many Blessings* (« Abondance de grâces »), avec un groupe d'amis et de dirigeants des ateliers. Nous mettions le magnétophone en marche tandis que nous psalmodiions nos chants préférés dans la grange de Spring Hill, notre lieu de réunion situé au sommet d'une colline, dans la campagne du Massachusetts. Nos ambitions étaient modestes et la qualité de l'enregistrement à des années-lumière de l'édition numérique dans des studios disposant de quarante-huit pistes que j'utilise aujourd'hui. Une oreille sensible peut même percevoir le bruit des bûches qui tombent dans le poêle à bois tandis que nous chantons.

Nous avions tant de plaisir à chanter ensemble que nous avons continué à le faire. Sous le nom de *On Wings of Song*, « Sur les ailes du chant », année après année notre qualité musicale s'est améliorée, le nombre de nos chanteurs a augmenté, de même que la taille des publics qui venaient nous écouter. Nous proposions un mélange original de rock tribal, de chansons « à message » et de chant psalmodié dans des manifestations d'extase participative appelées *transformances* lors de congrès, de réunions spirituelles ou dans des salles de concert — et même au Pentagone lors d'une représentation exceptionnelle couverte par l'émission *All Things Considered* de la chaîne NPR. Partout où nous allions, différents groupes de personnes se découvraient un même cœur en même temps qu'elles découvraient une manière de prier ensemble à travers le chant. Mais alors que nous continuions à faire des enregistrements que nous vendions à nos concerts, les distributeurs de la musique *new age* naissante ne cessaient de nous répéter : « La musique vocale ne se vend pas. »

Quelques années plus tard, un soir fort tard, je reçus un appel dans notre nouvelle maison des montagnes Rocheuses, au-dessus de Boulder, dans le Colorado. Un monsieur du nom de John Paul appelait d'Angleterre : il représentait un auteur connu qui dirigeait des séminaires. L'un de ses étudiants avait copié notre version de cinq minutes du chant sanscrit *Om Namaha Shivaya*, sur notre cassette originale *Many Blessings*, et il en avait fait une bande en boucle. Il m'apprenait que des centaines de personnes psalmodiaient sur cette bande lors de séminaires dans le monde entier, rapportant de fortes expériences transcendantes. John Paul voulait savoir si nous accepterions de faire une bande de quatre-vingt-dix minutes, de bonne qualité, afin que leur association l'utilise et la vende dans le cadre de ses ateliers.

Ma première réaction fut : « Quelle idée absurde ! Qui aurait envie d'écouter continuellement le même chant pendant quatre-vingt-dix minutes ? » Heureusement, je ne me suis pas écouté et j'ai accepté d'enregistrer la bande, en m'imaginant qu'elle ne serait vendue que dans leurs séminaires. À mon grand étonnement, quelques mois à peine après avoir expédié les premiers enregistrements, le monde entier se mit à venir frapper à notre porte. Des grands magasins de tous pays prenaient contact avec nous, voulant des copies de la bande. Tous les distributeurs qui avaient refusé notre musique pendant des années se mirent brusquement à nous appeler, nous demandant de leur livrer de toute urgence *Om Namaha Shivaya.* Depuis ces débuts quelque peu hésitants, notre enregistrement de ce chant sacré traditionnel est devenu un phénomène universel.

Alors que certaines personnes semblent donner le jour à des projets conçus en un éclair de perception visionnaire, ce fut beaucoup plus laborieux dans mon cas. Des propositions ont commencé à arriver pour d'autres enregistrements de chants psalmodiés et je me suis attelé à la tâche de rendre accessibles à des publics occidentaux les chants sacrés d'autres cultures, poussé par un intérêt croissant pour la pratique ancienne du chant psalmodié.

Mon engagement permanent dans ce domaine est en partie nourri par les lettres que nous recevons sans cesse du monde entier, de personnes dont la vie a été changée par ces enregistrements — des récits émouvants de chants écoutés pendant des accouchements, des opérations chirurgicales, des périodes de guérison ou le passage de la mort. L'une des lettres qui m'a le plus touché est arrivée d'Inde, gribouillée sur un bout de papier tout chiffonné. Dans un anglais à peine compréhensible, un swâmi d'un ashram des contreforts himalayens demandait si l'on pouvait offrir une cassette de *Om Namaha Shivaya* à son temple. Un Occidental de passage avait laissé aux moines notre version contemporaine de leur chant traditionnel, et ils l'avaient tellement écoutée qu'ils avaient fini par user la bande.

Je ressens un immense bonheur à l'idée que quelque chose que j'aime tellement puisse apporter autant de joie et de bien-être à des gens dans le monde entier. J'ai utilisé le chant psalmodié pour aider des groupes rassemblant des cadres d'entreprise et des ouvriers, des gens en train de mourir du sida et des médecins, des riches et des sans-abri, des évangélistes et des « new-agers », des écoliers arabes et israéliens... à trouver une communion de cœur et à se relier à l'Esprit.

On m'a répété bien des fois : « Vous n'arriverez jamais à les faire chanter », ou : « Ils ne sont pas du tout branchés sur ce genre de choses. » Mais je suis toujours allé de l'avant, invitant simplement les gens à ouvrir leur voix et leur cœur, et toujours, que ce soit dans des salles de réunion en entreprise ou dans des prisons de haute sécurité, dans les rues de Moscou ou dans la cour intérieure du Pentagone, les gens se sont unis dans le chant et dans l'Esprit. Chacun de nous a le désir de connaître la paix, l'amour, la plénitude, d'être relié à quelque chose qui le dépasse. Ce désir, que nous le pensions ou non en termes spirituels, vit en chacun de nos cœurs. Et le chant nous offre une réelle et immédiate occasion de goûter à cette paix, de ressentir cet amour, et de faire l'expérience du lien qui nous unit les uns aux autres ainsi qu'à l'Esprit.

Pourquoi chanter ?

Nous chantons pour unir notre voix à celles d'innombrables chercheurs, fidèles, mystiques et amoureux de la vie qui en tous temps et en tous lieux ont pris part au chant sacré.

Nous chantons pour emplir nos cœurs et nos foyers de vibrations sonores pleines d'amour et de paix.

Nous chantons parce que c'est agréable.

Nous chantons pour dissiper le stress et la frénésie de nos vies actives.

Nous chantons pour étendre nos ailes et permettre à notre âme de prendre son envol.

Nous chantons pour la joie absolue de laisser nos voix s'élever à tue-tête vers Dieu.

Nous chantons pour la communion chaleureuse que nous ressentons avec les autres quand nous nous réunissons pour chanter.

Nous chantons nos prières à Dieu afin de recevoir dans notre vie la grâce de la Présence plus intime de l'Un connu sous tant de noms.

QU'EST-CE QU'UN CHANT PSALMODIÉ ?

C'est là une question bien mystérieuse, étant donné que le chant psalmodié embrasse un ensemble extraordinairement vaste d'expressions musicales. Venant du latin *cantare*, « chanter », le chant peut broder de belles mélodies comme celles que nous proposent les récents enregistrements de chant celtique, à l'écoute desquels notre cœur s'envole. Certaines mélodies ont été soigneusement conservées au cours des siècles, sans doute minutieusement transcrites sur un parchemin par une plume d'oie dans la main d'un moine tonsuré, et elles sont encore chantées sur la même séquence tonale. Au contraire, tout en respectant certaines conventions concernant les mélodies, le *davennen*, forme traditionnelle de la prière psalmodiée des juifs orthodoxes, improvise davantage, traitant les mélodies traditionnelles comme des *riffs* * de jazz, modifiant les rythmes pour adapter les changements du texte à la mélodie et ajoutant de subtils enjolivements musicaux. S'appuyer sur la mélodie traditionnelle permet de s'abandonner complètement à l'Esprit créatif, comme le font les pentecôtistes lorsque, laissant libre cours à des débordements spontanés de son sacré, ils s'expriment dans des langues inconnues. D'autres formes excluent toute mélodie. Le chant des moines bouddhistes tibétains, par exemple, ne comprend souvent qu'un ton fondamental ; ou, dans le cas de certains *zekrs* soufis, le texte répétitif est psalmodié sur une note, à moitié parlé, d'une hauteur indistincte.

Le chant psalmodié est souvent rythmé, qu'il s'agisse des pulsations frénétiques des tambours amérindiens, des

* Courts fragments mélodiques de deux ou quatre mesures, répétés rythmiquement pour accompagner une ligne mélodique. (N.d.T.)

chants polyrythmiques d'Afrique occidentale ou des modèles rythmiques incroyablement complexes du *Chant du Singe* balinais. À l'autre extrémité, la psalmodie peut consister en de longues notes soutenues dépourvues de rythme, comme dans l'émission sonore traditionnelle de la syllabe sanscrite sacrée *OM*. Nous psalmodions parfois de longues récitations de textes traditionnels comme le *Sûtra du Cœur* bouddhiste, le *Guru-gîta* hindou et la liturgie luthérienne, mais la psalmodie est également la pure vibration de tons et d'harmoniques sans paroles. Il peut s'agir des voix *a cappella* de moines qui chantent du grégorien, alors que d'autres chantres sont accompagnés de tambours et de hochets, de flûtes et de sifflets, d'harmoniums et de tambourins, de cloches, de bols, de harpes ou du timbre unique de chacun des innombrables instruments propres à chaque culture.

Les chants psalmodiés sont employés dans bien des contextes : ils servent à raconter des histoires, tel le conte mythique de Râma et Sîtâ dans la grande épopée indienne du *Râmâyana* ; à expulser les maladies lors des séances thérapeutiques des chamans sibériens ; à apprendre aux jeunes membres de la famille les motifs exacts des fins tapis du Cachemire ; ou encore à provoquer la transe dans le vaudou haïtien. La psalmodie est utilisée pour apaiser le mental, ouvrir le cœur, élever l'Esprit et pleurer les morts.

Ayant goûté à l'incroyable richesse du chant psalmodié, nous nous apercevons que les définitions du dictionnaire sont soit incorrectes : « récitation chantée de psaumes sans inflexion de voix et sur la même note », soit absurde : « manière monotone de déclamer, de chanter ». Pour les objectifs qui sont les nôtres nous le définirons comme *le culte et la célébration du sacré grâce à une vocalisation mélodique simple.*

Psalmodier, c'est chanter nos prières. Le chant psalmodié est une méditation vocale. C'est le souffle rendu audible par le ton. C'est « la découverte de l'Esprit dans le son ».

Le chant psalmodié et le corps

Je crois que l'une des raisons pour lesquelles le chant psalmodié a un effet si puissant sur ceux qui le pratiquent, c'est qu'il nous affecte tant physiquement que spirituellement. Notre respiration joue un rôle fondamental dans la manière dont nous nous sentons dans notre corps, et la nature répétitive du chant nous pousse à respirer plus profondément, plus lentement et de façon plus rythmée. Les vibrations provoquées par l'émission de sons vocaux résonnent dans tout notre corps — comme si l'on nous massait de l'intérieur. Le schéma des ondes cérébrales est modifié de façon mesurable, suggérant des états de relaxation ou, au contraire, une poussée d'énergie créatrice. Nos muscles se relâchent et la température de notre peau se modifie, notre tension artérielle et notre rythme cardiaque diminuent. Une pratique régulière du chant psalmodié peut favoriser la relaxation, réduire le stress, aiguiser la clarté mentale, ouvrir et dilater tous nos sens, aider à entretenir notre santé et notre bien-être.

Dans la perspective de la pensée orientale, le chant psalmodié est un puissant véhicule pour libérer l'énergie vitale — appelée *chi*, *prana* ou *kundalini* — du corps-mental, contribuant à faire pénétrer la force de vie dans chaque système, chaque organe et chaque cellule de notre corps. Alors que la médecine occidentale contemporaine ne s'ouvre que lentement à l'idée que les énergies vitales influent sur le corps physique et la santé, ces forces (ainsi que le pouvoir du chant) ont depuis longtemps été reconnues par d'autres sociétés et systèmes thérapeutiques.

Psalmodier ayant un effet direct sur notre corps et notre énergie, comme l'acupuncture, la chiropraxie et le massage, nous en recevons de nombreux bénéfices, que nous y croyions ou non. J'ai un jour employé les services d'un jeune ingénieur du son qui n'avait aucune expérience de la psalmodie, de l'harmonie ou de quoi que ce soit ayant à voir avec la « spiritualité », pour un enregistrement en direct de On Wings of Song. Il contrôlait le concert depuis son studio mobile à l'extérieur de la salle, écoutant dans son casque. Quand je lui ai demandé ensuite ce qu'avait donné l'enregistrement, il m'a répondu : « Je suis désolé, mais je crains qu'il y ait quelques problèmes à la fin du concert. Vous avez fait ces sons vraiment bizarres [j'avais psalmodié une série de trois tons aigus destinés à réveiller les énergies spirituelles], et j'ai eu l'impression que des décharges électriques montaient le long de ma colonne vertébrale. Je suis arrivé dans un lieu incroyablement beau et j'ai ressenti des choses qu'il est difficile de décrire — mais j'ai bien peur d'avoir complètement oublié l'enregistrement pendant un moment. » Des recherches ont également montré que de semblables « non-croyants » font l'expérience de changements physiques mesurables allant d'une réduction de la production d'hormones liées au stress à des niveaux élevés de protéines essentielles, comme l'interleucine-1, lorsqu'ils pratiquent le chant psalmodié.

Chanter en chœur

Dans des églises, des temples, des mosquées, des ashrams et des kivas, des gens unissent leurs voix dans le culte commun. Dans les forêts et les champs, sur la mer et au sommet des montagnes, quand le soleil se lève ou lorsqu'il plonge dans l'obscurité, les êtres humains ajoutent leurs voix à la symphonie des bruits de la nature. Pendant le bénédicité qui précède les repas et les moments de calme avant d'aller au lit, les cérémonies de mariage et d'adieux, les grandes transitions que sont la naissance et la mort, les gens se rassemblent pour psalmodier leurs prières. Dans les ateliers et les salles de conférences, lors de rassemblements publics et de réunions entre amis, dans les salles de bal des hôtels et les salons intimes, des gens appartenant à des cultures dont les formes traditionnelles ont perdu leur sens redécouvrent le pouvoir du chant psalmodié.

Religions et armées, tribus et nations, manifestations politiques et équipes sportives, toutes ont reconnu et utilisé le pouvoir du chant scandé afin de toucher collectivement nos esprits et nos cœurs — pour le meilleur et pour le pire. Il se passe quelque chose lorsque nous chantons ensemble, lorsque nous décidons de donner nos voix, notre énergie et nos cœurs à un chant commun et de nous les offrir mutuellement. L'expérience qui suit provient à la fois de l'intention qui nous rassemble et du chant qui est le véhicule choisi. Le groupe qui scande : « Dé-fense, dé-fense », ou : « Vas-y ! » lors d'une manifestation sportive, se rendra à un endroit différent de celui de gens qui se tiennent par la main et chantent : « De toi je reçois, à toi je donne ». Même dans le contexte du chant sacré, l'énergie créée par l'ardent *kirtan* sanscrit conduisant peu à peu à l'extase est littéralement à l'opposé de celle produite par les lignes mélodiques et les doux échos du chant grégorien chanté par des moines bénédictins pendant les vêpres.

Quand nous chantons au sein d'un groupe, notre vénération sort de l'anonymat. Que nous soyons assis ou debout, que nous dansions côte à côte ou bras dessus bras dessous avec nos frères et sœurs, nous exprimons nos plus profonds désirs — ensemble. Nous portons témoignage les uns aux autres, mais, plus encore, nous partageons notre force de vie. Même lorsque notre attention s'égare ou que notre énergie commence à décliner, nous sommes inspiré par l'engagement, soulevé par la passion de ceux qui nous entourent.

Lorsque nous chantons en groupe, nous pouvons nous laisser aller et ouvrir la carapace dans laquelle nous nous isolons des autres et de la vie. J'ai eu le bonheur et le privilège de guider de très nombreux groupes à la découverte de la magie du chant psalmodié. J'ai vu arriver des gens perturbés, les contrecoups et imperfections des expériences de la journée collés à leur champ d'énergie comme la poussière et les bruyères à un manteau de voyage. J'ai vu des gens commencer à chanter, hésitants et timides, comme s'ils avaient peur que leur voix fût remarquée par quelque tribunal imaginaire et jugée impropre.

La transformation qui survient quand nous nous abandonnons au chant est aussi prévisible que le lever du soleil ou le flux de la marée. Mais ce n'en est pas moins un miracle. Des voix disparates commencent à se toucher les unes les autres, leurs tons multiples cherchant une vibration commune. Nous respirons ensemble, et le silence entre les phrases musicales se fait de plus en plus profond et cristallin. Solidement maintenus dans la forme répétitive du chant psalmodié, nous devenons libres de laisser l'Esprit du chant nous emporter à tout instant.

Et tandis que nous nous adonnons à la psalmodie, nous nous laissons aller dans une rivière toujours changeante de mélodie et de mouvement, de motifs qui se forment et disparaissent, de sensation et de vide, de son et de silence. Et si nous avons la grâce, nous vivons des instants qui semblent hors du temps, où quelque chose se passe — quand les frontières qui « me » séparent de

« vous » disparaissent. Il peut sembler n'y avoir qu'un seul souffle qui respire à travers nous tous, des voix tellement à l'unisson qu'on a l'impression qu'une seule voix chante, et une union des cœurs dans une profonde communion.

Le chant psalmodié, une pratique spirituelle

Outre ses effets directs sur notre énergie et notre corps, le chant psalmodié est, comme nous venons de le voir, un outil puissant — et nous en avons des preuves historiques — pour transformer la conscience.

La plupart d'entre nous souffrons de façon chronique de ce que j'appelle l'« esprit de singe ». Notre esprit semble avoir une vie propre, sautant continuellement et frénétiquement d'une idée à une autre. Notre corps est dans la voiture en train de conduire, mais notre esprit est partout : Je ne crois pas que la dernière réunion se soit bien passée... J'aimerais bien prendre des vacances cet hiver... Ça n'avance pas aujourd'hui... Peut-être au Mexique. J'ai vu une publicité la semaine dernière pour des billets à tarif réduit... J'ai faim. Qu'y aura-t-il à dîner ?... Je me demande si on va décrocher ce contrat ? Cette nouvelle assistante est vraiment mignonne... J'espère que je ne suis pas en retard avec ces embouteillages... Elle portait un chemisier un peu transparent... Je devrais vraiment méditer plus souvent...

Ceux d'entre vous qui ont pratiqué la méditation ne connaissent que trop bien l'intransigeante énergie de l'esprit de singe. Apprendre à traiter le bavardage mental fait normalement partie de la pratique de la méditation, or psalmodier est une manière extrêmement efficace d'apaiser l'esprit et de concentrer notre énergie.

D'un point de vue musicologique — venons-y —, la psalmodie est sans doute quelque peu monotone. La première réaction de mon père lorsqu'il écouta *Om Namaha Shivaya* fut : « Tu devrais le commercialiser comme remède à l'insomnie. Ça m'endort sur-le-champ — c'est la musique la plus ennuyeuse que j'aie jamais entendue ! » Alors que la psalmodie peut être ou non appréciée par ceux qui aiment écouter de la musique savante ou de qualité, de très nombreuses personnes pratiquent le chant psalmodié, et en écoutent, pour les effets qu'il a sur ce que nous sommes et la manière dont nous nous sentons.

Quand je m'assois pour chanter, il m'arrive d'être agité ou fatigué, heureux ou contrarié, inspiré ou sans énergie. Je commence alors à psalmodier. Parfois, j'ai presque instantanément, en un déclic, le sentiment de rentrer à l'intérieur. Je m'abandonne au chant, je suis touché et engagé — corps, cœur et âme. D'autres fois, ce « déclic » est plus insaisissable. Je chante, mais mon mental part à la dérive. Dans la véritable *pratique* cependant, nous nous accrochons, que notre concentration soit bonne ou dispersée, que notre expérience soit agréable ou que nous éprouvions un sentiment de malaise. Nous revenons constamment à la psalmodie, nous chantons, nous nous abandonnons aux mots et aux tons.

Les sons répétitifs du chant psalmodié vibrent continuellement dans notre cerveau, nettoyant notre esprit tandis que nos longueurs d'ondes entrent progressivement en résonance avec le ton et la sensation de la prière musicale. Notre corps et notre énergie commencent à battre au rythme du chant, les pulsations répétées modifient peu à peu nos sensations pour nous plonger dans un état plus équilibré, plus harmonieux. Tandis que nous continuons, nous vivons des expériences d'immersion plus ou moins profonde dans la psalmodie. Parfois, c'est clairement « moi » qui suis assis là, chantant *Om Namaha Shivaya* ou *Alléluia*. D'autres fois, nous abordons des moments où la séparation entre le chantre et le chant, le sentiment du « moi » en train de faire quelque chose, s'estompe. Seul existe le « chant » et j'en fais intégralement partie.

Le chant psalmodié n'est pas seulement une forme de méditation en soi, mais un auxiliaire extrêmement utile dans d'autres pratiques de méditation. En raison de sa puissante faculté de modifier les états de conscience, la psalmodie peut servir de pont efficace entre notre vie active, consistant à répondre au téléphone ou aller chercher les enfants à l'école, et des états plus profonds de méditation.

Dans de nombreuses traditions, le chant psalmodié est aussi une pratique de piété — une forme de prière venant du fond du cœur. Nous interpellons Dieu, nous honorons Dieu, nous rendons grâce, nous implorons, nous invoquons, nous nous inclinons, nous bénissons et nous célébrons. Tels des troubadours en état d'ivresse, nous chantons notre amour au divin Bien-aimé :

Écoute, écoute, écoute le chant de mon cœur.
Jamais je ne t'oublierai, jamais je ne t'abandonnerai.
PARAMAHANSA YOGANANDA

Le pouvoir du chant de dévotion vient de ce que nous y mettons tout notre cœur. Nous mettons à profit notre envie de vérité, notre désir de connaître Dieu, ainsi que notre amour de la vie et du chant comme s'il y allait de notre vie. Il y va de notre vie. Et dans le feu de notre psalmodie, ou dans le doux silence à l'instant où les dernières notes s'estompent dans le néant, il se peut que nous commencions à vraiment sentir ces abstractions spirituelles que sont l'amour et l'unité.

Quand la Divinité pince la note,
L'humanité chante.
L'Esprit saint est le harpiste,
Et toutes les cordes touchées par l'amour
doivent résonner.

MECHTILDE VON MAGDEBOURG, SŒUR CONVERSE CATHOLIQUE, XIIIe SIÈCLE

Nous n'appelons pas l'Esprit pour qu'Il existe à travers notre chant — Dieu est déjà présent. C'est notre propre attachement à ce que nous croyons être qui fait obstacle. Mais si nous chantons avec suffisamment d'ardeur, nos énergies inquiètes, avides et constamment sur le qui-vive peuvent se consumer dans le feu du chant psalmodié. Et si nous recevons une telle grâce, peut-être goûterons-nous le doux nectar de l'amour et serons-nous embrassé par l'étreinte invisible du Divin.

À PROPOS DE CE LIVRE

J'ai l'espoir que ce livre vous soit un guide utile et amical dans l'ancienne pratique sacrée du chant psalmodié.

Nous continuerons notre voyage dans le chapitre II en explorant la nature du son et l'impact qu'il a sur notre vie, en bien comme en mal. Nous appuyant sur la science contemporaine et la sagesse spirituelle traditionnelle, nous chercherons à comprendre comment le son, intangible et invisible, peut avoir des effets si puissants sur la matière et sur notre conscience.

Dans le chapitre III, nous nous intéresserons à la manière dont la musique, en particulier le chant psalmodié, exploite le pouvoir du son pour apporter la guérison physique ainsi que la joie et la présence de l'Esprit dans notre vie. Nous apprendrons à connaître l'instrument miraculeux qu'est notre propre voix, l'harmonie et les harmoniques, les mantras et les syllabes sacrées, enfin la musique en tant qu'agent de guérison.

Le chapitre IV, intitulé « Caractéristiques communes », est un voyage à travers l'utilisation du chant psalmodié et du rituel dans différentes cultures du monde entier, ce à partir des histoires personnelles de maîtres de chant, pandits, lamas, chamans, pasteurs, rabbins et prêtres chanteurs.

Pour ceux d'entre vous qui voudraient faire entrer le pouvoir du chant dans leur vie quotidienne, le chapitre V vous aidera à apprendre à psalmodier grâce à des exercices simples conçus pour vous initier aux bases. En pratiquant pendant que vous conduisez votre voiture, prenez votre douche ou au cours de rituels quotidiens personnels, votre vie aussi peut se remplir du pouvoir du son sacré.

Dans le chapitre VI, « Communier dans le son », nous entendrons des récits sur le pouvoir du chant dans les groupes — qu'il s'agisse de la famille, d'amis rassemblés au chevet d'un mourant, de couples cherchant à embellir leur union sexuelle ou du groupe On Wings of Song apportant son message de paix au Pentagone.

Le chapitre VII explore la manière dont vous pouvez utiliser le rituel et le chant psalmodié pour imprégner de sens et d'Esprit les événements, les cycles et les passages de votre vie.

Dans notre dernier chapitre, « À la découverte de l'Esprit dans le son », nous explorons la dimension spirituelle du chant psalmodié. Nous référant à la sagesse et à l'histoire de maîtres dans différentes traditions, nous apprendrons à utiliser la psalmodie comme une méditation et une pratique spirituelle afin de mieux accorder nos vies à la musique de l'Esprit.

En écrivant un livre sur « la découverte de l'Esprit dans le son », j'ai été confronté au double défi de devoir écrire sur l'Esprit, dont la véritable expérience se situe au-delà des mots, et sur le chant psalmodié, dont le véritable pouvoir n'est révélé que lorsqu'on s'y adonne ou qu'on l'entend. C'est pourquoi ce livre relate de nombreuses histoires : celles-ci permettent à l'abstrait et à l'intangible de prendre vie. Il est rempli de l'expérience de gens semblables à vous qui ont fait entrer l'Esprit dans leur vie quotidienne à travers le son grâce au chant psalmodié.

Tout le monde peut psalmodier

Que vous soyez un chanteur expérimenté ou la personne à qui l'on demandait de ne pas chanter à la fête de l'école, vous pouvez partager le miracle du chant psalmodié. Psalmodier n'est pas « chanter » — cela a à voir avec le souffle, avec le cœur et avec l'Esprit, et nous avons tous tout ce qu'il faut pour y participer. J'espère que la lecture de ce livre vous incitera à inviter l'Esprit de la psalmodie à remplir de joie votre cœur et votre foyer.

CHAPITRE II

Le pouvoir du son

Avant que le monde existe, tout n'était que son.
Dieu était son, nous sommes fait de son.
HAZRAT INAYAT KHAN,
Le Mysticisme du son et de la musique

LE MYSTIQUE ET L'ALPINISTE

Allaudin Mathieu, maître de musique et enseignant soufi, m'a un jour raconté cette histoire illustrant le pouvoir qu'a le chant psalmodié de faire bouger les montagnes :

Lui et trente autre personnes qui participaient à un camp d'été soufi dans les Alpes françaises partirent dans la montagne par un beau matin, chantant des mantras tout en marchant. Habillés de vêtements blancs, portant des chaussures de montagne et des écharpes de couleur, le groupe grimpait, psalmodiant en arabe « Allah, Allah, Ô Vie ! Ô Vérité ! » La piste les conduisit à un cirque — un immense espace résonant en forme de bol que d'anciens glaciers avaient creusé dans la roche. L'idée d'Allaudin était qu'ils chantent « Allah » à pleins poumons aussi fort qu'ils le pouvaient pour ensuite écouter l'écho. Allaaaaaaah ! « Le son était véritablement orgasmique, raconte-t-il, mais l'écho était encore plus extraordinaire. Notre accord nous revenait comme le sillage d'un bateau que nous aurions lancé à travers cet océan scintillant de neige et de pierre. De nombreux chœurs ricochaient depuis les galeries de granit. Nous avons chanté un autre accord et de nouveau le cirque nous l'a renvoyé. Nous pensions que c'était le son humain le plus fou et le plus voluptueux qu'eût jamais renvoyé une montagne. »

L'écho se fit encore plus merveilleux tandis qu'ils continuaient. Allaaaaaaah ! Les soufis avaient atteint l'extase. « Nous imaginions même que nous pourrions entendre nos vibrations nous revenir comme une sorte de cri humain adressé à Dieu. » De nouveau l'écho leur parvint... mais voilà que cette fois le cri était en français ! Regardant de l'autre côté de la gorge, ils virent six points noirs sur la neige blanche à plus d'un kilomètre de là. Des alpinistes. Ils chantèrent un autre « Allah », et le son qui leur revint était toujours en français, mais plus fort, aussi purent-ils comprendre les mots : « Arrêtez ! Pour l'amour du ciel ! Arrêtez ! Arrêtez ! » « Les alpinistes nous criaient d'arrêter notre musique de montagne, demandant grâce pour leur vie. » Contrairement aux soufis, ils savaient que ces sons bruyants pouvaient déclencher une avalanche. C'est alors qu'Allaudin prit conscience du double pouvoir du son, et que « l'accord cosmique d'un homme pouvait être la mort blanche d'un autre homme. » Lui et les autres cessèrent aussitôt de chanter. Pensifs et subjugués, ils redescendirent de la montagne*.

Les craintes des alpinistes français étaient parfaitement justifiées. Savez-vous que dans les stations de ski, lorsque la neige est molle, on prévient les risques d'avalanches en les déclenchant par l'utilisation de son ? (On a tendance à utiliser des fusils plutôt que du chant.)

* On trouvera une version complète de l'histoire d'Allaudin dans son livre, *The Musical Life*. Voir le guide des sources écrites à la fin de l'ouvrage pour les références complètes.

Comme vous le voyez, le son a autant le pouvoir de faire bouger les montagnes, et d'autres matières, que les âmes. Tout au long de ma vie j'ai utilisé et observé le pouvoir du son, de la musique et de la psalmodie. Pourtant, parfois, cela me semble mystérieux — miraculeux même. Que se passe-t-il en réalité ? Comment quelque chose d'aussi invisible et intangible que le son peut-il nous affecter à ce point ?

Pour répondre à cette question, nous devons essayer de comprendre la nature même du son. Bien qu'il soit invisible, vous faites couramment l'expérience de la manière dont il affecte indéniablement votre monde physique et votre bien-être. N'avez-vous jamais senti les meubles vibrer dans votre salon sous l'effet des sons graves qui sortaient de votre stéréo ? Ou lorsque vous êtes assis dans le fauteuil du dentiste et que celui-ci vous détartre les dents en utilisant seulement des ondes sonores ? N'avez-vous jamais eu un mouvement de recul viscéral dû aux ondes sonores d'un avion à réaction volant à faible altitude ? C'est cette même sorte de force qui donne au chant psalmodié le pouvoir de toucher votre esprit, votre cœur et votre corps.

LE SON EST PARTOUT

Nous sommes enveloppés de son. Les vibrations d'énergie auxquelles nous donnons le nom de son coulent à travers nous, que nous soyons endormis ou éveillés, au milieu d'un embouteillage retentissant de klaxons ou tranquillement assis au bord d'une rivière à la campagne. Nos corps résonnent du ronronnement des réfrigérateurs et des ordinateurs, du rire des enfants et du doux bruissement des rideaux lorsque dehors se prépare un orage d'été.

Nous percevons certains sons comme une belle musique harmonieuse qui peut nous donner la chair de poule, nous faire monter les larmes aux yeux et provoquer en nous l'extase. D'autres sons nous font l'effet de bruits inquiétants et même nous écorchent. Les klaxons stridents mettent nos nerfs à vif, nous sursautons lorsque des cris transpercent soudain la nuit et nous sentons agressés par le grondement de motocyclettes dont le pot d'échappement aurait besoin d'être changé. Et si d'une manière ou d'une autre nous parvenions à empêcher tous ces bruits extérieurs d'arriver jusqu'à nous, nous prendrions alors conscience d'un autre monde de bruits : la pulsation du sang dans nos veines, notre cœur qui bat, le bruit du souffle de vie que nous inspirons et expirons... Le son est partout ; il nous entoure et nous emplit à chaque seconde, chaque heure, chaque jour de notre vie.

Je me suis parfois amusé à me poser cette question : « Si j'étais obligé de me passer d'un sens, lequel choisirais-je — la vue ou l'ouïe ? » De bien des façons, nos vies sont dominées par le sens de la vue, et la crainte de la cécité est profonde chez la plupart d'entre nous. Mais essayez d'imaginer un monde d'où tout son serait absent, un monde sans les voix familières et chaleureuses de ceux que vous aimez, un monde sans le chant d'un oiseau ou le ronronnement d'un chat, un monde sans le bruit des vagues qui se brisent sur le rivage, sans le bruissement du vent dans les feuilles ou le doux clapotis de l'eau d'un ruisseau. Imaginez un monde sans musique. Le philosophe Lorenz Oken (XIXe siècle) écrivit un jour : « L'œil fait entrer une personne dans le monde. L'oreille fait entrer le monde dans un être humain. »

L'IMPORTANCE DU SON

L'importance profonde du son se reflète directement sur le développement humain. L'ouïe est le premier sens qui se développe dans l'utérus : les fœtus réagissent à la voix de leur mère et à d'autres bruits extérieurs quatre mois et demi avant de naître. Après la naissance, des nourrissons réagissent à la musique qu'ils ont entendue *in utero*, alors qu'ils ne répondent pas à des chansons qu'ils n'ont jamais entendues. Ils montrent également une préférence particulière pour la voix de leur mère — celle qu'ils ont le plus souvent entendue dans la matrice.

Les nouveau-nés ont un système auditif intact et qui fonctionne parfaitement — en fait, les seuls os entièrement formés à la naissance sont ceux de l'oreille moyenne. La vision nette, au contraire, met des mois à se développer. Tout de suite après votre naissance, vous pouviez localiser des sons — tâche hautement complexe qui requiert la différentiation du rythme et du volume.

Nous sommes aussi, depuis le tout début, des fabricants de son. Comme chacun de nos trois enfants, notre fille aînée, Leila, est née à la maison ; elle a vu le jour dans une chambre éclairée par des bougies et fut accueillie avec amour au milieu de chants psalmodiés. Dès son premier souffle, elle salua la vie par une série de vigoureux vagissements, et avec cette première vocalisation, comme tous les nourrissons, prit plaisir à ses propres sons vibrants et retentissants. À environ huit semaines, elle commença à babiller sérieusement ; ces doux gazouillis pleins de rire contiennent les germes du langage et de la musique. Au fil du temps, alors que Leila commençaient à saisir et imiter les nombreux sons humains qu'elle captait dans notre grande famille, son adorable langage enfantin se mit à contenir de plus en plus de mots reconnaissables.

Vers douze mois, elle commença à allonger les voyelles et à changer de ton de manière nettement musicale. Enfin, après avoir passé bien des mois à apprendre avec passion à parler à Leila, Judith revint un jour d'un long trajet en voiture complètement épuisée : « Maintenant, je ne peux plus la faire taire. Elle n'a pas arrêté pendant deux heures. Où est l'interrupteur ? »

Les nouveau-nés expriment aussi un intérêt immédiat pour la musique. Comme les parents de toutes les cultures, Judith et moi chantions souvent pour nos enfants. Je pouvais sentir leurs petits corps boire littéralement les sons et les vibrations de nos voix, comme s'ils étaient en train de prendre un bain d'amour. Récemment, je suis allé rendre visite à nos amis Ron et Toby quelques jours après la naissance de leur fille. Lorsque du bout des doigts je me mis à jouer quelques accords sur ma guitare et commençai doucement à chanter, la petite créature tourna immédiatement la tête du côté d'où venait la musique, faisant des mouvements dans les airs comme si elle essayait de nager et de se blottir dans la musique.

Le son nourrit notre corps et notre âme. Le célèbre médecin et chercheur français Alfred Tomatis (qu'on surnomme parfois le « Einstein de l'oreille ») affirme que le son est un aliment essentiel pour la croissance de notre cerveau, car il stimule et charge le néocortex d'impulsions électriques. Le son ranime notre attention et nous tient éveillé. Il est la base du langage et nous guide dans la communication. Mais, bien plus qu'un simple mécanisme pour entendre, notre système auditif orchestre le cerveau et le système nerveux pour nous rendre capables de parler, rester debout et nous déplacer. Le système auditif est relié à chaque muscle du corps, il réagit réciproquement avec les nerfs crâniens qui envoient l'information au cerveau et la reçoivent, maintenant l'équilibre et l'orientation dans l'espace. Les recherches de Tomatis indiquent qu'une exposition insuffisante ou malsaine au son au cours de nos années formatrices retarde notre développement dans tous ces domaines. S'il n'est pas suffisamment chargé de son, le cerveau souffre en quelque sorte de « malnutrition ».

Si le son est un élément nutritif tellement important, vous vous demandez sans doute comment il se fait que les malentendants ne souffrent pas d'inanition. Il se trouve que les vibrations sonores ne sont pas perçues uniquement par les oreilles, mais qu'elles entrent dans le corps directement à travers la peau, les cheveux et même les os. Mon fils et moi sommes allés écouter des joueurs de tambours *taikos* japonais en plein air, un soir d'été. Lorsqu'ils se mirent à battre leurs énormes tambours avec leurs épais bâtons de bois, selon le cérémonial en usage, nos corps furent instantanément frappés par un mur de vibrations. Nous avons essayé de nous boucher les oreilles. Même lorsque aucun son ne nous parvenait, tout notre corps ressentait la musique, nos côtes et notre sternum palpitant au rythme des battements, chaque centimètre de notre peau vibrant en cadence.

Vous pouvez facilement en faire vous-même l'expérience en écoutant de la musique sur votre chaîne stéréo. Ayant augmenté le volume, posez le bout de vos doigts exactement au centre de la baffle et notez comme vous « sentez la musique ». Aussi incroyable que cela puisse paraître, un certain nombre de musiciens de niveau international, bien que parfaitement incapables d'entendre, jouent dans des orchestres grâce à cette seule capacité de sentir les vibrations.

Le son nourrit notre Esprit aussi bien que notre corps. C'est la manière dont nous nous manifestons au monde. Et le son, sous forme de musique, nous accompagne tout au long de notre vie : elle célèbre nos moments les plus heureux, colore de sensualité nos idylles et nous réconforte dans le chagrin. Comme nous le verrons, de nombreuses traditions spirituelles tiennent le son pour être l'expression directe du pouvoir divin qui crée la forme à partir de l'espace infini. Le maître soufi Hazrat Inayat Khan écrit : « Ce son est la source de toute manifestation... Celui qui connaît le mystère du son connaît le mystère de tout l'univers. »

Qu'est-ce que le son et comment l'entendons-nous ?

Le son est défini de manière scientifique comme toute perturbation vibratoire de la pression et de la densité d'un milieu (solide, liquide ou gazeux) qui stimule l'ouïe. Quand des molécules sont déplacées dans des gaz — par quelqu'un qui parle, un galet qui tombe dans une mare, un marteau qui frappe un clou ou des voix qui chantent à l'unisson —, l'énergie est transférée et les molécules commencent à trembler et à entrer en collision. Au moment où elle est heurtée, chaque molécule transmet de l'énergie à ses voisines, transportant cette vibration dans l'air (ou un autre milieu) sous forme d'onde en trois dimensions.

Nous prenons notre capacité d'entendre des sons comme allant de soi, mais c'est en fait un processus complexe et fantastique. Quelque chose, à l'extérieur, commence à faire vibrer des molécules d'air, formant une onde sonore. Imaginons un instant que vous êtes cette onde sonore. Les molécules d'air se percutent les unes les autres comme des balles de billard, vous faisant déferler et rouler à travers l'espace telle une vague de l'océan qui arrive sur le rivage. Vous entrez dans un appendice en forme d'entonnoir que nous appelons l'oreille externe, où vous êtes amplifiée et projetée sur la membrane du tympan, la faisant vibrer. Vous n'êtes plus une onde sonore, vous avez été transformé en énergie mécanique qui met en mouvement les trois plus petits os du corps — les osselets de l'oreille moyenne : le marteau, l'enclume et l'étrier. Vous heurtez le marteau, le forçant à entrer dans une cavité en forme de coupe sur l'enclume, actionnant l'étrier à la manière d'un piston qui fait pression contre le labyrinthe en forme de spirale rempli de fluide qu'est l'oreille interne. Emportée par un tourbillon à travers le liquide, vous atteignez l'oreille interne et, vous frayant un passage, vous serpentez à travers un tube en forme d'escargot — le limaçon — contenant des projections aussi fines que des cheveux, qui stimulent les cellules nerveuses. Vous êtes à présent de l'énergie électrique qui file comme l'éclair jusqu'au cerveau à travers le nerf auditif. Un nombre incalculable de neutrons sont stimulés, des associations sont faites et, par miracle... quelqu'un entend.

Avant de nous initier vraiment à la psalmodie, nous devons apprendre à écouter plus profondément et à nous ouvrir au monde invisible des vibrations audibles que nous appelons son. Comme nous le verrons, le pouvoir du chant psalmodié provient autant du fait de recevoir les vibrations des sonorités que nous-même et les autres produisons que de chanter. Voici notre premier exercice, conçu pour sensibiliser notre capacité d'écoute.

Exercice n° 1-1 : Écouter.

Cet exercice sera plus efficace si vous le faites en trois temps. Lisez les directives concernant le premier temps, puis fermez les yeux.

• *Premier temps*

Portez toute votre attention sur l'écoute des bruits environnants.

Quel est le premier son dont vous prenez conscience ?

Ce son a une identité : circulation, réfrigérateur, conversation, oiseaux... Mais que se passe-t-il en réalité ? Quelle est votre expérience exacte de ce son ? Quelles sont vos sensations physiques réelles ?

Plongez-vous complètement dans cette expérience qu'on appelle « un son ». Puis, comme vous le feriez avec un zoom pour grossir un objet, écoutez plus attentivement ce son. Comme si vous pouviez voyager à l'intérieur, laissez-le devenir votre monde entier. Prenez votre temps. Explorez chaque sensation.

• *Deuxième temps*

Cette fois, plutôt que de vous concentrer sur un seul son, écoutez tous les sons de votre environnement.

Certains sont plus forts — situés au premier plan. D'autres sont plus doux — en arrière-plan — et plus difficiles à discerner. Les sons vous arrivent de toutes les directions — d'en face, de derrière, peut-être même de dessus et de dessous. Combien de sons différents pouvez-vous entendre ?

Et maintenant, au lieu d'écouter des sons séparés, écoutez-les tous à la fois. Imaginez que vous écoutez un orchestre et que chacun de ces sons est un instrument. Écoutez tous les sons de votre environnement comme s'ils composaient ensemble un merveilleux morceau de musique. Installez-vous confortablement et appréciez l'interprétation.

• *Troisième temps*

Choisissez à nouveau un son sur lequel vous concentrer. Où entendez-vous ce son ? Ressemble-t-il au son qui est là dehors ? Où l'expérience de l'écoute a-t-elle lieu en réalité ? À l'extérieur ? Dans votre oreille ? Dans votre cerveau ?

Imaginez un événement quelconque faisant vibrer les molécules d'air. Imaginez les ondes sonores qui se dirigent vers votre corps... pénètrent dans votre oreille... se transforment en vibrations mécaniques dans les osselets... puis en impulsions neuro-électriques... déclenchent des associations dans votre cerveau. Imaginez tout cela se continuant, créant le miracle que nous appelons le son.

Quand je prends le temps de vraiment écouter, je suis toujours émerveillé de la variété et de la richesse du monde sonore. Telle une tapisserie se modifiant continuellement, les fils de chaîne et de trame du paysage sonore se tissent et se défont, s'entrelacent plus étroitement... puis s'ouvrent pour créer un espace... transformant sans cesse un kaléidoscope de motifs.

Vous remarquerez que certains sons semblent plus haut — le chant d'un oiseau, le froissement de papiers ou le son d'une flûte. D'autres sons semblent plus bas — le grondement du tonnerre, un moteur de camion tournant au ralenti devant votre fenêtre ouverte ou le bruit sourd d'une basse électrique. Ce que nous percevons comme la hauteur d'un son est déterminée par sa fréquence, c'est-à-dire le nombre de crêtes d'une onde sonore qui passent par un point donné en une seconde. Plus la fréquence d'une onde sonore est élevée, plus l'onde se déplace rapidement — plus le son est haut. La fréquence s'exprime en cycles par seconde appelés hertz (Hz).

Dans un champ sonore universel qui comprend des milliards de fréquences, ceux d'entre nous dont l'ouïe est normale ne peuvent percevoir et interpréter, dans les limites d'un spectre très réduit — de 20 à 20 000 Hz —, qu'environ dix octaves. Ce champ tend à diminuer avec l'âge, la perte du nerf auditif ou une blessure, en particulier parmi les plus hautes fréquences, raison pour laquelle, en vieillissant, il devient souvent difficile de comprendre des conversations individuelles au milieu du brouhaha d'un cocktail.

Il existe un vaste univers sonore au-delà du champ limité des capacités de notre ouïe. Certains animaux, comme les dauphins et les chauves-souris, habitent des environnements soniques incroyablement riches, pleins des émissions sonores de haute fréquence qu'ils utilisent eux-mêmes pour se diriger. L'air qui nous entoure ondule des sons non perçus de l'électricité, des micro-ondes, des radars, des signaux de télévision et des émissions de radio, dont certains ont une fréquence d'un milliard de hertz.

Une autre caractéristique intéressante des ondes sonores est qu'elles sont, en théorie, éternelles. Le taux d'affaiblissement des ondes sonores est l'une de ces équations paradoxales qui approchent de zéro mais ne l'atteignent jamais. Imaginez que l'on frappe une cloche — elle sonne, résonne, puis s'estompe. Si nous restons très calmes, nous continuons à entendre les derniers tons en suspens dans le silence. Voilà, elle s'est tue. Vraiment ? Si nous utilisons un microphone, la cloche reste audible lorsque notre oreille a cessé de l'entendre. Après que cette tonalité s'est éteinte, nous pouvons augmenter la puissance du volume et, de nouveau, le son paraît renaître. Lorsqu'il s'est évanoui au-delà des possibilités de notre système d'amplification, au-delà du seuil de notre ouïe, il perdure. Les ondes sonores sont de plus en plus faibles, mais, à un niveau ou un autre, elles ne disparaissent jamais complètement.

Pensez aux milliers de mots que vous dites chaque jour. À tous les mots que vous avez prononcés dans cette vie : leurs échos continuent à se propager. Cela ne vous donne-t-il pas envie de faire une pause avant de parler ? Quand nous psalmodions, nous émettons consciemment des sons positifs de paix et de guérison dans un monde résonnant trop souvent des échos de la peur, de la douleur et de la violence.

L'IMPACT POSITIF DU SON

Le travail de pionnier réalisé par Alfred Tomatis a mis en évidence les effets puissants du son sur le traitement du système nerveux. Ses recherches extrêmement poussées démontrent que certains sons de haute fréquence donnent de l'énergie ou « chargent » le système nerveux et stimulent les muscles de l'oreille moyenne alors que d'autres, de basse fréquence, l'épuisent ou le « déchargent ». Dans les cliniques du son, des praticiens spécialisés dans ce domaine ont traité avec succès une large variété de problèmes humains, parmi lesquels la dépression, les difficultés scolaires, les troubles du sommeil et les graves lésions neurologiques, en « rééduquant » et « nourrissant » l'oreille à l'aide de décharges sonores. Ce qui s'avère particulièrement pertinent pour notre propos, c'est que dans les protocoles de traitement de dizaines de milliers de patients figurent des sons psalmodiés.

Les effets physiques du son dans la guérison ont été démontrés non seulement sur des humains, mais sur des chats, des chiens et même des plantes. On a produit des cassettes audio qui amènent les végétaux à ingérer des éléments nutritifs par leurs racines à une vitesse bien plus grande que la normale, provoquant une croissance énorme et même gigantesque. Il est sans doute difficile à certains d'entre vous de croire que les plantes « entendent » ou réagissent de façon aussi extraordinaire au son, mais vous trouverez dans le *Guinness* des records mondiaux l'exploit du chercheur Dan Carlson : en utilisant un appareil sonore spécial, il a obtenu une plante d'appartement de près de quatre cents mètres de long !

Les fréquences ultrasoniques sont utilisées dans de nombreux domaines qui vont de la technologie de guidage par sonar pour détecter les formes dans l'océan à l'homogénéisation du lait. Une entreprise américaine a même commencé à utiliser la « lévitation acoustique », dans laquelle les sons de haute fréquence permettent en fait de soulever des objets. Les ultrasons nous aident à « voir » à travers la matière dans des procédés comme les MRI et les échocardiographies. Dans notre album de famille nous exhibons fièrement la première photo de notre bébé : une échographie de Leila *in utero*. La médecine moderne se sert de « scalpels » ultrasoniques pour les opérations délicates de l'oreille et du cerveau. Tel un Josué moderne soufflant dans sa trompette pour faire tomber les murailles de Jéricho, les médecins utilisent eux aussi le pouvoir du son pour détruire les calculs douloureux dans les reins et la vésicule biliaire.

L'IMPACT NÉGATIF DU SON

Le son a également le pouvoir de nuire et de déranger. Parmi les impacts négatifs exercés par l'environnement, dus à une population croissante et une dépendance accrue vis-à-vis des machines, figurent les nuisances sonores. Chaque génération semble exposée à des quantités croissantes de bruits. Comme mon ami le musicien et écrivain Don Campbell le signale dans son livre, *L'Effet Mozart* : « Nous sommes bombardés de cent fois plus d'informations vibratoires soniques que ce que nos parents ou grands-parents auraient pu imaginer. »

Le son peut être mesuré d'après sa puissance, ou intensité, définie par le niveau de « décibels » (dB). Plus le nombre de décibels est élevé, plus le son est fort. Les êtres humains peuvent entendre des sons de 0 à 5 dB — intensité inférieure à celle d'un murmure (15 dB). Nombre d'entre nous habitons un monde très bruyant, dans lequel la circulation passe en trombe à 50 dB, nos bureaux créent des cacophonies de 60 dB et les sirènes hurlent à environ 120 dB. Les gens commencent en général à se plaindre du bruit à environ 60 dB, alors que le seuil de la douleur se situe autour de 130 dB. Les concerts de rock typiques émettent des vibrations sonores d'au moins 120 dB et il est très à la mode, chez les amateurs de concerts, de placer un œuf près de la scène pendant des représentations particulièrement bruyantes. Avant la fin du concert, l'œuf est dur et notre ouïe aussi. Plus de soixante millions d'Américains souffrent d'une diminution de leurs capacités auditives et l'exposition au bruit en est la principale cause.

Des recherches ont prouvé que le bruit causé par la circulation, les avions, les outils électriques et l'industrie entrave la communication, perturbe le travail et le sommeil, produit un stress physique et mental, abaisse la libido, réduit les capacités d'apprentissage et diminue la qualité de vie de nombreuses personnes. Sans doute vous êtes-vous déjà trouvé en présence d'une source de bruit constante — un réfrigérateur ou un climatiseur bruyant, un camion qui stationne sous vos fenêtres. Au début, nous nous sentons irrités, nous pensons au bruit et souhaitons qu'il s'arrête. Puis nous paraissons l'oublier un moment. Enfin il cesse. Alors seulement nous prenons conscience que nos muscles étaient contractés et que notre respiration s'était réduite en réaction au bruit. Et nous poussons un soupir de soulagement en commençant à nous détendre.

Imaginez cette sorte de stress sonique continuant pendant des jours ou même des années. Le bruit peut littéralement nous rendre malade. Une étude a montré que les enfants d'âge préscolaire exposés à des bruits chroniques de circulation avaient une tension artérielle plus élevée que des enfants qui fréquentaient des écoles situées dans des quartiers calmes. On a découvert que les troubles cardio-vasculaires, l'hypertension et de hauts niveaux de stress — et même certains cancers — s'aggravent lorsque les nuisances sonores augmentent. Certaines personnes ont même essayé d'utiliser intentionnellement ce pouvoir négatif du son pour faire du tort à d'autres. Dans leur propre version quelque peu ridicule de Jéricho, les militaires américains ont vainement, en 1989, exposé le quartier général de Manuel Noriega à de la musique rock à plein volume dans l'espoir de faire quitter à celui-ci son sanctuaire (et la présidence) du Panama.

Comment le son peut déplacer des montagnes

Les ondes sonores envoient leurs invisibles pulsations d'énergies à travers l'air, l'eau et la terre, poussant et façonnant littéralement la matière comme les vagues sur le rivage. Il y a quelques années, j'ai vu pour la première fois la photo ci-dessous qui, pour moi, saisit graphiquement l'impact du son sur la matière.

Au premier regard, j'ai pensé qu'il s'agissait de la photo d'un mandala — forme circulaire utilisée comme foyer de concentration dans de nombreuses pratiques de méditation orientales. À mon grand étonnement, je découvris qu'il s'agissait de la photo d'ondes sonores façonnant la matière. Poursuivant les travaux du physicien allemand Ernst Chladni, connu comme « le père de l'acoustique », le savant suisse Hans Jenny a créé une série d'appareils qui nous permettent de « voir » les ondes sonores d'après l'impact physique qu'elles ont sur des substances malléables comme le sable, la limaille de fer et sur les liquides.

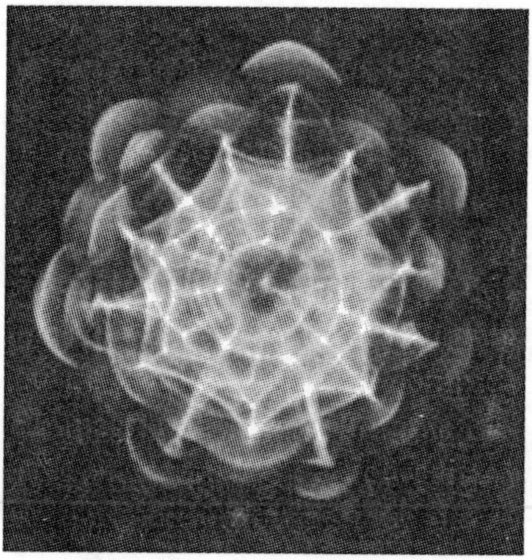

Forme de Chladni

Le sable, bien sûr, est léger et facile à déplacer. Et beaucoup de sons ne sont pas aussi forts que des fusils ou trente soufis en train de chanter « Allah ». Nous ne pourrons apprécier le véritable impact du son sur notre monde que si nous comprenons le phénomène de la résonance qui, littéralement, signifie *re-son*.

La plupart des objets, des particules subatomiques aux planètes, ont une ou plusieurs fréquences auxquelles ils vibrent naturellement. Quand une onde sonore frappe un objet, s'il y a adéquation entre la fréquence de l'onde et les fréquences inhérentes à l'objet, celui-ci commence à vibrer. L'effet de cette adéquation de fréquences est appelée résonance. De petits objets se mettront à vibrer avec des sons de plus haute fréquence ; les gros objets résonnent à des ondes de basse fréquence, comme les meubles chez vous, qui vibrent au son des basses qu'émet votre stéréo.

Quand l'objet résonant se met à vibrer en harmonie avec l'onde originelle, celle-ci est amplifiée. Le son devient plus fort, ses effets sont exagérés. Sans résonance, en fait, il n'y aurait pas de musique du tout. Le corps du violon et la table d'harmonie du piano résonnent lorsqu'ils sont frappés par les ondes sonores provenant des cordes vibrantes, amplifiant des vibrations sonores à peine audibles pour les transformer en de merveilleux accords. Un exemple musical théâtral de résonance est celui de la soprano qui fait voler un verre en éclats par sa seule voix au moment où sa propre fréquence égale celle du cristal et amplifie la fréquence résonante.

Jonathan Goldman, directeur de l'Association des thérapeutes par le son, explique : « Le son est vibration, [...] grâce à la résonance il est possible aux vibrations d'un corps vibrant de s'étendre et de mettre un autre corps en mouvement. » Si vous entrez dans un magasin de musique et frappez un diapason accordé sur le la (440 Hz), tous les autres diapasons accordés sur cette note se mettront à vibrer et à résonner. Les autres diapasons n'ont pas besoin d'être physiquement touchés, car ils sont frappés par les ondes sonores émanant du premier diapason. Les diapasons accordés sur d'autres notes que le la resteront silencieux ; seuls vibreront des objets dont les fréquences entrent en résonance.

En fait, la manière dont nous utilisons communément le mot « résonance » reflète bien l'importance de ce concept sonique. Nous disons : « Cette idée éveille en moi des résonances profondes » ou « Son discours n'a eu aucune résonance dans le milieu enseignant » pour exprimer un accord ou une disparité d'énergies, de sentiments ou d'idées.

Il arrive que des corps ayant des fréquences différentes entrent aussi en résonance. En 1665, le savant hollandais Christiaan Huygens remarqua que lorsqu'il montait des horloges côte à côte sur un mur leurs balanciers se mettaient à osciller ensemble, exactement au même rythme. Autrement dit, les horloges battaient « en harmonie » les unes avec les autres. En répétant l'expérience de Huygens, le psychologue contemporain George Leonard a commenté que « c'était comme si elles "voulaient" garder le même temps ». De même, on peut voir dans le microscope deux cellules individuelles du muscle cardiaque battre chacune à son propre rythme. Mais quand on les rapproche — sans qu'elles se touchent jamais — on observe une modification : elles se mettent à synchroniser leur rythme et à battre ensemble. Ce phénomène — deux entités vibrant à des fréquences différentes qui entrent en résonance l'une avec l'autre — est appelé *entraînement.* Comme nous le verrons dans le prochain chapitre, l'entraînement a de profondes implications pour le chant psalmodié, mais disons pour le moment qu'il y a une signification plus profonde à l'expression contemporaine : « Nous sommes sur la même longueur d'ondes. »

Le pouvoir créatif du son

La compréhension que le son peut façonner la matière est loin d'être nouvelle. D'après les mythes de la création de presque toutes les cultures, le son est le mécanisme par lequel l'Esprit a donné naissance au monde physique. Dans la tradition égyptienne, le dieu originel — Khépri — se créa d'abord lui-même, puis il donna sa forme au monde en criant son propre nom. Platon enseignait que l'âme-monde (le cosmos) avait été créée d'après les proportions et intervalles musicaux alors que le dieu grec Orphée avait fait naître la forme grâce à la douceur de miel de son chant magique. Les récits de la création africains, australiens, polynésiens, tahitiens, hawaïens et japonais expriment tous la croyance que la matière prend forme et que la vie apparaît grâce aux sons et aux tonalités émises par Dieu.

Dans la cosmologie des Indiens Hopis d'Amérique du Nord, seul Tawa (le dieu Soleil) et la Femme Araignée (la déesse Terre) existaient dans l'espace infini. N'entendant aucun son joyeux et ne voyant aucun mouvement joyeux, ils décidèrent de créer les formes vivantes, et cette pensée devint le premier chant. La Femme Araignée prit de l'argile des quatre couleurs de la terre — jaune, rouge, blanc et noir — et elle les mélangea à *túchvala*, le liquide de sa bouche. Tawa et la Femme Araignée posèrent ensuite une couverture sacrée sur ces nouvelles créatures et ensemble ils chantèrent pour leur donner vie.

Étant enfant, je me souviens avoir lu dans le livre de la Genèse comment le monde fut créé à partir d'un vide informe empli de ténèbres grâce au son de la voix de Dieu scandant : « Que la lumière soit. » Le Nouveau Testament nous dit : « Au commencement était le Verbe, et le Verbe était avec Dieu, et le Verbe était Dieu... » Le mot grec original *logos* (ici traduit par « verbe ») signifiant également « son », il serait aussi exact de lire ce passage célèbre ainsi : « Au commencement était le Son, et le Son était avec Dieu, et le Son était Dieu... »

Le poète persan soufi Hafiz nous raconte comment Dieu fit à l'origine une statue d'argile à sa propre image. Il demanda à l'âme d'entrer dans le corps. Mais l'âme n'aimait pas l'idée d'être aussi limitée, enfermée dans cette forme. Elle préférait voler en toute liberté. Dieu demanda alors aux anges de jouer de la musique, et tandis qu'ils en faisaient, l'âme fut plongée dans un tel ravissement qu'elle entra de son plein gré dans le corps afin de faire pleinement l'expérience de la musique. Hafiz dit : « Beaucoup affirment que la vie est entrée dans le corps humain grâce à la musique, mais la vérité est que la vie elle-même est musique. »

Nous pensons souvent que les mythes sont d'intéressants contes de fées, les considérant probablement comme des tentatives « charmantes et désuètes » ou « primitives » de comprendre la « réalité ». Mais il y a dans ce cas une extrême coïncidence entre les mythes de la création des religions traditionnelles et les théories de la « religion » contemporaine qu'est la science. Chaitanya Kabir, savant, musicien et enseignant de sanscrit, compare la cosmologie hindoue au paradigme scientifique moderne : « Tout l'univers se manifeste à partir d'une seule vibration. Que nous l'appelions la "théorie du big-bang" ou "Om", cela revient au même. Il y a une seule vibration qui est sortie de la pure conscience et qui s'est élaborée de façon si complexe qu'elle a fini par créer l'impression qu'existent des choses solides, des choses physiques. Mais la physique elle-même nous dit que pratiquement tout l'espace physique d'un atome ou d'un matériau solide est vide. Il n'y a là qu'un minuscule morceau de matière, seulement constitué par la rencontre d'ondes. Il s'agit d'ondes donnant l'illusion de la matière. » Le philosophe grec Pythagore le dit à sa manière : « Une pierre est de la musique gelée, du son gelé. »

Les idées des Anciens selon lesquelles le son et la vibration représentent la nature fondamentale de la réalité se reflètent dans les théories de la physique moderne des particules et de la mécanique quantique. Croire que la matière est solide et immuable s'écarte de l'évidence qui montre un univers vivant ayant des structures d'activité, des modèles, une énergie, un mouvement, un processus, des relations et des vibrations complexes.

Le physicien des quanta Michio Kaku décrit les forces fondamentales de particules dans la nature comme des cordes d'énergie vibrant à la manière des cordes d'un violon qui entrent en résonance avec différentes fréquences ou tons. « La réponse à la vieille question : "Qu'est-ce que la matière ?", écrit-il, est simplement que la matière consiste en particules qui sont différents modes de vibration de la corde, comme la note sol, ou fa. La "musique" créée par la corde est la matière elle-même. »

J'ai vécu des expériences qui reflètent la théorie de Kaku — des moments où tout dans la vie devient une symphonie de son vibrant, palpitant et miroitant d'un orchestre cosmique. J'ai senti la présence de cette force créatrice appelée Dieu, ou Esprit, qui d'une manière inconnaissable donne ordre et direction à toutes ces énergies tourbillonnantes. Il y a une musique sous-jacente qui imprègne toute la création, avec sa dissonance et son harmonie, ses mélodies et son contrepoint, ses tempos et ses rythmes changeants, ses formes élégantes et son improvisation délirante. J'ai fait dans mon corps, dans mon cœur et dans mon âme l'expérience du pouvoir créateur du son.

L'invisible est réel

Dans la vie, beaucoup de choses sont réelles bien que nous ne puissions les voir ou les toucher. Il existe un monde invisible — des rêves et des passions, du mental, de l'idée et de la vision —, un monde de l'âme et de l'Esprit. À travers l'instrument qu'est notre corps, nous habitons aussi un monde visible — un monde matériel physique, un monde que nous pouvons voir et toucher. L'un et l'autre monde sont réels.

Le son est un pont remarquable entre les deux mondes, un pont entre l'Esprit et la matière. Grâce à l'énergie vibrante qu'est le son, le monde invisible peut aller jusqu'à toucher ce plan physique. Grâce à la résonance et à l'entraînement, l'énergie sonore peut faire des dessins sur le sable et même faire bouger des montagnes. Et comme nous le verrons dans le chapitre III, le son, lorsqu'il s'organise sous la forme du chant psalmodié, peut remodeler nos cœurs et nos âmes.

Chapitre III

Le pouvoir du chant psalmodié

Oh ! musique,
Dans tes profondeurs nous déposons nos cœurs et nos âmes.
Tu nous as appris à voir avec nos yeux
et à entendre avec nos oreilles.
Khalil Gibran

C'était la veille de Yom Kippour dans les rues voisines de la synagogue de Moscou, en octobre 1983. Judith et moi nous trouvions là en tant que membres d'une délégation de psychologues humanistes, essayant d'établir des passerelles avec nos homologues soviétiques. Le moins qu'on puisse dire, c'est que l'époque n'était pas des plus favorables pour une visite — la semaine précédente, un avion de ligne coréen qui transportait plusieurs centaines de passagers avait été abattu dans l'espace aérien soviétique et les tensions de la guerre froide avaient atteint un point critique. On était en outre au plus fort de la répression des juifs par les soviétiques, et les réunions publiques leur étaient interdites, sauf, les jours de fête, dans cette rue lugubre de la synagogue.

C'était une étrange scène. Un millier de personnes piétinaient à l'extérieur, bien plus nombreuses que celles qui priaient à l'intérieur du temple. Les gens étaient rassemblés par petits groupes, échangeant des nouvelles de l'émigration — qui était parti, qui allait partir. Partout, des hommes qui appartenaient de toute évidence au KGB et des policiers en civil prenaient des photos de gens dans la foule ou griffonnaient sur de petits blocs-notes, tandis que derrière les barricades en bois qui entouraient l'endroit les soldats de la Milice du peuple, en uniformes brun passé, chapeaux militaires et brassards rouges, faisaient le guet. Il n'y avait rien d'étonnant à ce que les juifs en train de piétiner eussent des regards furtifs tout en essayant de tirer parti de cette rare occasion de se rassembler.

Nous étions venus participer aux services religieux du jour du Grand Pardon et, alors que nous sortions de la synagogue, nous fûmes accostés par des juifs russes, très curieux d'en apprendre davantage sur les juifs d'« Amerika ». Je portais ma guitare, comme je le fais toujours en voyage, car la musique est pour moi le plus grand des émissaires.

Judith et moi ressentions un profond lien tribal avec ces étrangers sur leur terre. À seulement quelques générations de là, nos grands-parents étaient venus de cette partie du monde. Les visages de ces hommes et de ces femmes nous semblaient extrêmement familiers — nous partagions incontestablement le même patrimoine génétique. Et ils avaient peur, s'efforçant de trouver le courage de vivre, d'agir et d'aimer dans des conditions que nous-mêmes, dans notre pays relativement libre et riche, n'avions jamais eu à affronter.

J'ouvris mon étui et, pris d'une soudaine impulsion, me mis à jouer… et à chanter. Je chantai plusieurs chansons. Lentement, de plus en plus de gens s'amassèrent… manifestement désireux de se rapprocher, craignant cependant qu'une trop grande foule soit dispersée par la police. Tandis que ma voix et mon cœur se tendaient vers mes parents inconnus, je vis une multitude d'émotions reflétées dans leurs yeux — un désir de sécurité et de chaleur soulevé par la musique, l'émerveillement face à l'acte d'un individu qui, debout, chantait au vu et au su des agents de leur répression.

Pour moi, la musique véhicule la magie de la guérison et le pouvoir de l'Esprit. J'emploie le mot *magie*, car chaque fois que je fais l'expérience du pouvoir de la musique et du chant j'éprouve un sentiment de mystère et de crainte révérentielle. Je souhaitais qu'ils goûtent à cette guérison et à ce pouvoir. Je voulais que ces êtres courageux qui tiraient le diable par la queue sentent, ne serait-ce qu'un instant, la profondeur des liens qui les unissaient les uns aux autres, et chacun à leur héritage, et qu'à travers le chant ils connaissent la communion vivante de l'Esprit — justement ici, dans les cruelles rues de Moscou.

Aussi ai-je commencé à chanter quelques chansons faciles en hébreu, des mélodies simplement répétées que certains d'entre eux pouvaient connaître et, même s'ils ne les connaissaient pas, qu'ils pouvaient apprendre sur-le-champ — des mélodies qui évoquaient irrésistiblement la richesse de l'âme juive. Allant jusqu'à eux avec ma voix, mes yeux, mon cœur et la musique, j'invitais ceux qui écoutaient à faire l'expérience du son et de la vibration, une expérience de chaleur et d'harmonie, irrésistible dans sa vitalité et son éloquence, une expérience de chant.

Tandis que je chantais, j'observais les gens, un à un, hésitant à rejoindre le cercle. « Puis-je vraiment chanter tout haut les chansons de notre peuple, ici, dans un lieu public ? » Je voyais se refléter dans leurs yeux la lutte qu'ils menaient contre des années de peur et de dissimulation. Et, l'un après l'autre, ils commencèrent à chanter. Timidement au début, leurs bouches formant les notes presque en silence. Puis quelques voix courageuses se joignirent à la mienne, au centre, formant un chœur, une onde d'énergie dont l'appel se fit de plus en plus irrésistible. À la fin, nous étions une centaine de voix, chantant les airs anciens, unis dans la prière et le son, comme les gens l'ont toujours fait en temps de paix aussi bien que dans les périodes difficiles. La peur était encore visiblement présente, et pourtant nous chantions *Hatikvah*, le chant de l'espoir, encore et encore, voix et cœurs à l'unisson, oasis vibrante de son au milieu du désert urbain. Les yeux (les miens aussi) se remplirent de larmes, les poitrines se gonflèrent et les voix se brisèrent d'émotion tandis que la magie du chant emplissait nos cœurs d'espoir et fortifiait nos esprits.

Que s'est-il passé dans les rues de Moscou ? Comment se fait-il que le chant ait le pouvoir si profond de remuer l'Esprit humain ? Nous entamons notre recherche pour comprendre comment le chant influe sur notre corps physique.

LE CHANT PSALMODIÉ ET LE CORPS

Si vous habitiez la forêt amazonienne et souffriez d'une maladie comme le cancer, ou encore d'un désordre de vos émotions comme la dépression ou l'insomnie, vous pourriez aller trouver quelqu'un comme le guérisseur et chaman Don Agustín Rivas-Vásquez. « Ce sont les Esprits qui guérissent, je ne suis que l'intermédiaire », dit-il avec une humilité non feinte. Chantant des tons sans paroles — *icaros* —, auxquels il ajouterait ensuite des mots sacrés appropriés au diagnostic, il entamerait une cérémonie destinée à vous venir en aide. Certains des mots et des sons qui guérissent seraient psalmodiés, d'autres soufflés dans un harmonica ou avec de la fumée. Pat Moffitt Cook, musicienne, chercheur et écrivain, décrit le travail de Don Agustín Rivas-Vásquez — et d'autres guérisseurs indigènes — dans son livre *Chaman, Jhankri & Néle*. « Les guérisseurs du monde entier ont une caractéristique commune, qui est que la vibration sous-tend la manière d'intercepter la maladie », m'a-t-elle dit. Le son est reconnu comme un puissant agent de guérison à cause de sa capacité de modifier la vibration. « Il y a un caractère sacré dans ces pratiques, et leur application est un acte divin. »

Si vous habitez la banlieue de Cleveland plutôt que les forêts du Brésil, vous pourriez aller voir Deforia Lane. Au cours de leur initiation, les chamans doivent traditionnellement guérir seuls leurs propres blessures, et le travail du Dr Lane, en tant que fondatrice du programme de thérapie musicale du Centre de cancérologie de l'hôpital universitaire, est directement issu de sa propre expérience de patiente ayant survécu à un cancer du sein, dans la guérison duquel la musique a joué un rôle important. Si vous pouviez vous promener dans ce centre de cancérologie, vous verriez une très grande et belle femme afro-américaine entourée de ses patients à divers stades du traitement, chantant ensemble en s'accompagnant de petits tambours et de hochets, écrivant leurs propres chansons, rayonnant de joie et de vitalité.

S'attachant d'abord à réduire la dépression et à susciter l'espoir et le courage chez ses patients, comme le fait Don Agustín, le Dr Lane comprend les liens intimes qui unissent le mental, l'esprit et le corps. La directrice du centre de cancérologie place le pouvoir de la musique au premier plan : « Même si nous ne savons pas précisément comment la musique guérit, ses effets sont si positifs que nous savons combien ce programme est important pour nos patients. » Mais Deforia Lane veut davantage : « Dans la médecine occidentale, nous ne croyons que ce que nous pouvons mesurer », dit-elle. Aussi cette thérapeute scientifique, comme d'autres dans sa discipline, mène-t-elle des recherches sur le pouvoir qu'a la musique, en particulier le chant, d'induire des changements physiologiques, comme par exemple réduire les hormones responsables du « syndrome de dépérissement » que l'on trouve dans le cancer.

Dans le *Webster's Dictionary* de la langue anglaise, le mot *healing* (guérison) est simplement défini comme suit : « produire un son » ; et tout au long de l'histoire il y a eu une relation intime entre la musique, la santé et la guérison. Dans la mythologie grecque, Apollon est le dieu de la médecine *et* de la musique, souvent représenté en train de jouer de la lyre pour soigner les malades. Son fils Asclépios (adopté par les Romains sous le nom d'Esculape) était considéré comme l'inventeur de la médecine et il était le gardien spirituel des centres de soins établis dans toute la Grèce, dans lesquels on jouait de la musique pour rétablir la santé et revigorer l'Esprit. Dans les philosophies orientales, la déesse indienne Sarasvati, que l'on montre en général avec son *veena* (un instrument à cordes de l'Inde du Sud), a inventé la musique et la médecine, tandis que le dieu Shiva est fréquemment représenté avec la flûte dont il joue dans un but de guérison.

L'ancienne compréhension universelle de la musique comme force de guérison survit aujourd'hui dans la plupart des cultures indigènes, où la musique continue d'être une force puissante dans le traitement de la maladie. La volonté de la médecine allopathique occidentale de considérer le mental et le corps comme deux domaines distincts n'ayant aucune relation entre eux, et ce jusqu'à une date récente, a grandement entravé la recherche contemporaine et la pratique de la musique en tant que méthode thérapeutique. Ces dernières années ont cependant vu un changement radical quant à notre acceptation de la connexion mental-corps dans la santé et la guérison, et la musicothérapie a fait son chemin, depuis les forêts, les bibliothèques sur les arts anciens de la guérison et les cabinets de médecine alternative jusqu'aux temples modernes de la médecine conventionnelle que sont les hôpitaux.

Une puissante médecine

Une fillette de cinq ans atteinte de cancer est assise dans une grande pièce avec sa mère, attendant d'être reçue par le médecin. Elle est entourée d'autres enfants, qui tous luttent pour leur vie contre cette redoutable maladie. Ce jour-là, la salle d'attente est pleine de vie, car des adultes jouent de la guitare et font chanter les enfants pour les distraire.

La plupart des airs sont des chansons enfantines, bien que certains soient étranges et sans paroles, composés seulement de sons. « Ahhhhh », chante la fillette, « Ohhhhmmmm ». Les enfants sont chauves à cause de la chimiothérapie, et leurs petits visages aux traits tirés témoignent de leur combat. Pourtant, ils sourient et chantent — ils sont heureux. La musique offre une distraction bienvenue dans l'attente interminable.

Mais ce qui se passe ici est plus qu'un divertissement. Des chercheurs ont prélevé un échantillon de salive à chaque enfant avant qu'ils ne commencent à chanter. Ils en prélèveront un autre avant que les enfants ne s'en aillent. L'étude comprend aussi un groupe de contrôle d'enfants qui n'ont pas participé à cette séance de musique et de chansons. En mesurant les niveaux d'immunoglobuline — un marqueur extrêmement précis du fonctionnement du système immunitaire —, cette étude a démontré que les enfants qui avaient chanté présentaient des changements physiologiques significatifs : leur système immunitaire avait reçu une forte impulsion. On ne constatait pas un tel changement chez les enfants du groupe qui n'avait pas chanté.

D'aucuns trouveront sans doute cette preuve scientifique surprenante, mais pour ceux qui ont étudié les effets du chant, de la musique et du son sur la santé, c'est une nouvelle confirmation de ce que l'on sait depuis les époques les plus reculées : vocaliser a la propriété de guérir. La recherche médicale contemporaine a montré que le chant psalmodié, de même que d'autres formes de vocalisation, oxygène en fait les cellules, diminue la pression artérielle et le rythme cardiaque, augmente la circulation lymphatique ainsi que les niveaux de mélatonine, réduit les hormones liées au stress, libère les endorphines (les analgésiques naturels du corps) et stimule la production d'interleukine-1 (une protéine associée au sang et à la production de plaquettes). Une étude menée à Paris a révélé que les femmes atteintes d'un cancer du sein réduisaient notablement ou même éliminaient leur tumeur lorsqu'elles chantaient et psalmodiaient plusieurs heures par jour pendant un mois. Qu'il s'agisse des troubles de l'appétit, de la schizophrénie, de l'hyperactivité, de l'arthrite, de troubles cardiaques, de rétablissements après une opération chirurgicale ou un traumatisme, et même de la maladie d'Alzheimer, le son de la voix a prouvé qu'il constituait une vibrante énergie de guérison*.

Le Dr Frédérick Leboyer — le célèbre adepte de la naissance sans violence — affirme que chanter pendant l'accouchement permet aux femmes de vivre cet événement de façon holistique, non seulement en créant un

* Si vous souhaitez en savoir davantage sur des récits et les recherches qui démontrent le pouvoir de guérison de la musique, je vous recommande le célèbre livre de Don Campbell, *L'Effet Mozart*. Vous en trouverez la référence à la fin du livre, dans la section IV du guide des sources, à la fin de cet ouvrage.

environnement plus sain pour la mère et le nouveau-né, mais en imprégnant la naissance d'une plus grande signification spirituelle. Ma femme Judith, ayant suivi des cours d'accouchement et appris à respirer et haleter pour atténuer la douleur des contractions, a constaté à chacune des naissances de nos trois enfants que psalmodier était plus efficace que haleter. « L'expir était insuffisant. J'avais besoin de produire des sons, des sortes particulières de sons. J'ai constaté que si je resserrais la gorge et émettais un son réduit, le processus de la naissance se contractait aussi. Mais dès que j'exprimais ma respiration par des sons pleins et ouverts, cela facilitait l'ouverture du col de l'utérus et aidait le bébé dans la descente de ce canal. »

À l'autre extrémité de la vie, lorsque j'étais psychologue dans un hospice, chaque jour je sortais de mon cabat de guérisseur ma guitare ayant beaucoup voyagé. Parcourant les salles du centre de cancérologie régional, je chantais l'espoir pour ceux qui suivaient un traitement ; je psalmodiais des baumes pour soulager ceux qui souffraient ; j'aidais les patients et leurs familles à exprimer à travers le chant des sentiments que les mots avaient du mal à dire ; je créais au chevet des malades des oasis d'amour où les infirmières, les médecins et les garçons de salle venaient partager le don du chant ; enfin, je chantais des rituels d'affliction à l'intention de ceux qu'un être cher avait quittés pour entreprendre son dernier voyage.

Parmi de nombreux récits semblables, je me souviens comme si c'était hier de ceux qui se trouvaient rassemblés au chevet de mon amie Karen en train de mourir : son mari, toujours présent et qui la soutint jusqu'au ernier instant ; leurs trois enfants accablés de chagrin, déchirés entre leur désir de garder leur maman le plus longtemps possible et sa souffrance visible suppliant qu'on la laissât partir ; sa sœur aînée, luttant contre la mort imminente de la seule personne sur laquelle elle pouvait compter pour la soutenir et la guider ; notre petit cercle d'amis, encore assez jeunes pour que la mort de l'un des leurs vînt ébranler leurs rêves fugaces d'immortalité ; et moi, à qui mes nombreuses années de travail à l'hospice n'épargnaient pas la tristesse de dire adieu à cette chère et sage amie, qui m'avait si bien aimé... et cependant décidé à m'acquitter de l'émouvante requête qu'elle m'avait faite : « Je t'en prie, aide-moi à mourir. »

Tandis que je commençais à jouer sur ma guitare, les yeux de Karen se mirent à palpiter et à se fermer, l'éloignant du monde des vivants. Je jouais doucement au début, ne voulant pas m'immiscer dans les pensées et les sentiments intimes de ceux qui se trouvaient là. Je jouais les chants que nous connaissions tous pour avoir cheminé côte à côte, depuis des années, sur les chemins de la vie :

Que le soleil éternel brille sur toi.
Qu'il n'y ait qu'amour autour de toi.
Et que la pure lumière qui est en toi
Te guide jusqu'à ta demeure.

Sortant de leur cocon de chagrin protecteur, les mains se tendirent les unes vers les autres. Les voix se touchèrent dans le chant, trouvant une parenté, de la chaleur et du réconfort.

Va dans la Beauté,
La paix soit avec toi
Jusqu'à ce que nous nous retrouvions dans la Lumière.

Tandis qu'elle s'éloignait, partant à la dérive dans son propre monde, nous nous mîmes à chanter pour Karen, trouvant dans la communion du chant la force de dire adieu, de laisser partir notre mère/notre femme/notre sœur/notre amie, de lui souhaiter bon voyage en lui exprimant notre profond amour et lui rendant hommage pour la merveilleuse personne qu'elle avait été. Et quelque part, imperceptiblement, prise dans un champ de cœurs pleins de tendresse et d'Esprit ouvert, nourrie par le chant, Karen doucement s'éloigna.

Le chant et la conscience

Bien qu'il y ait de plus en plus de preuves de l'influence du chant sur la santé, c'est sa capacité de toucher la conscience — comme nous le voyons dans le récit de la mort de Karen — qui nous intéresse avant tout. Le chant peut ouvrir notre cœur et élever notre esprit. Il peut soulager notre souffrance, exprimer nos aspirations les plus profondes et donner corps à des notions abstraites comme l'amour et l'Esprit. Il peut nous aider à trouver la paix au milieu du tourbillon des émotions, nous rapprocher les uns des autres et de Dieu.

Que ce soit au chevet d'une amie qui s'éteint, dans les rues de Moscou ou assis chez nous, dans notre salon, je suis toujours émerveillé par la capacité qu'a le chant de pénétrer notre cœur et notre esprit, par la manière dont il évoque les royaumes intangibles de l'Esprit. Ayant pratiqué le chant tout au long de ma vie, je n'ai cessé d'étudier sa nature et la manière dont il opère dans des cadres très divers et avec des personnes extrêmement différentes. J'en suis venu à penser que le chant accomplit sa magie dans notre conscience en exploitant cinq pouvoirs élémentaires :

1. *L'ancrage* : Lorsque les souvenirs sont associés à différents chants ou mélodies, ils sont libérés dans un

flot de sensations et d'énergie, quel que soit le moment où nous les chantons ou les entendons.

2. *L'entraînement* : La nature répétitive de la psalmodie permet à notre corps et notre psyché d'être facilement entraînés dans ses rythmes et son humeur.
3. *Le souffle* : Psalmodier modifie la manière dont nous respirons et, par conséquent, tout le fonctionnement du corps/mental lié à la respiration.
4. *Les effets soniques* : Les caractéristiques particulières des tons et des vibrations de la psalmodie influent directement sur notre corps et notre énergie.
5. *L'intention* : Alors que le chant nous affecte certainement, y compris en dehors de toute participation de notre conscience, son effet est bien plus grand lorsque nous engageons la puissance de nos désirs et de notre volonté.

En explorant successivement chacun de ces pouvoirs, nous aurons une meilleure appréciation de la manière dont le chant affecte notre esprit, et une meilleure compréhension du rôle qu'il peut jouer dans notre vie.

Le pouvoir d'ancrer

Les sons de la musique country se répandent depuis la petite boîte cachée derrière le comptoir de la pompe à essence au bord de la route. Un client impatient fait la grimace tandis qu'il signe en hâte le ticket de sa carte de crédit ; la tête pleine d'images stéréotypées de péquenauds et de rustres en train de danser, il pense : « Je déteste la musique country ! » La personne qui se tient derrière lui dans la file entend les mêmes sons, mais pas la même musique. Elle se souvient d'elle coincée sur le siège arrière de la vieille voiture familiale avec Maman et Papa, vingt ans plus tôt, écoutant Loretta Lynn tandis que les phares des voitures qui arrivaient en sens inverse dessinaient des motifs sur le pare-brise fouetté par la pluie. Voyageant dans le temps à travers des souvenirs heureux, elle sourit rêveusement et pense : « Ah, la musique country ! »

La même musique touchera les gens différemment selon les associations qu'elle déclenche en eux. La musique enracine nos expériences de lieux et de gens. Les visages et les voix, les odeurs et les saveurs, les rêves et les déceptions, tous sont ineffaçablement liés à la musique de cette époque. Une chanson peut capturer un moment de notre vie, à jamais conservé tel un insecte dans de l'ambre. Marcher pieds nus dans le sable, main dans la main avec notre bien-aimé(e), l'odeur de l'air et un baiser qui s'attarde et promet davantage... un amour de jeunesse revient des années plus tard, dans un flot de souvenirs, quand nous entendons à la radio un certain « vieux succès ».

Souvenez-vous d'une chanson de votre enfance. Écoutez-la maintenant et rappelez-vous tous les souvenirs et sentiments qu'évoque cette musique. Nos souvenirs sensoriels et émotionnels ont été encodés avec les mélodies et les rythmes caractéristiques des époques et des lieux où ils se sont produits. Quand nous entendons la musique, des synapses se mettent à fonctionner, créant des connexions dans notre cerveau ; des hormones sont libérées dans notre système sanguin, stimulant l'émotion ; le passé réapparaît, ressuscité aussi longtemps que la musique joue.

Cette capacité qu'a la musique d'enraciner et de susciter des associations explique en partie son pouvoir de toucher notre cœur et notre esprit. Si j'avais joué des chansons du folklore américain devant la synagogue de Moscou, les gens auraient été divertis, mais pas aussi profondément émus qu'ils le furent par les chansons de leur peuple et la richesse des souvenirs et des sentiments attachés à ces mélodies.

Les pays, les écoles, les mouvements politiques, les équipes sportives — tous se servent de ce pouvoir d'association de la musique pour unir les gens. Les chants appris à l'école ou en colonie de vacances peuvent faire naître un lien durable de souvenir partagé. *Nous vaincrons* touchera à jamais la même corde sensible chez ceux qui ont milité pour les droits civils dans les années soixante, aux États-Unis, alors que les sentiments de leurs adversaires ségrégationnistes se rallient encore aux accents de *Dixie*. L'hymne national français, *La Marseillaise*, remue chez les Français toute une vie de sensations et d'identification à la patrie, et « Allez les Bleus ! » fait se dresser sur leurs pieds trente mille supporters, dont les voix sont fortifiées par le souvenir des héros de leur enfance, l'odeur des cacahuètes et des hot-dogs, et du jour où leur équipe a gagné le match local.

Ce pouvoir est également source de guérison, et j'en ai personnellement fait l'expérience à l'occasion d'un des rares événements qui aient vraiment changé ma vie. Je me souviendrai toujours — j'avais alors quinze ans — de l'instant où je surpris notre médecin de famille en train de dire à mon père que ma mère venait de mourir. Mon cœur s'était déjà tellement fermé face à l'éventualité de cette perte intolérable que ma première pensée fut : « Je me demande si c'est une excuse suffisante pour ne pas finir mes devoirs ? » Pendant des années, mon cœur resta de glace, incapable de ressentir grand-chose de peur d'être noyé dans le chagrin inexprimé d'avoir perdu ma mère. Au bout d'un certain temps, je me souvenais à peine d'elle. Quelque huit ans plus tard, j'étais allongé sur le lit avec Judith, en train de regarder à la télévision une rediffusion de la comédie musicale *Peter Pan.* À un moment de l'histoire, Peter l'orphelin essaie de se souvenir de sa mère ; se tournant vers les autres garçons perdus, il se met à leur chanter la berceuse qu'il se rappelle vaguement avoir entendu chanter autrefois : « Une fois, il y a bien longtemps, j'ai entendu quelqu'un chanter d'une voix douce et lente. » Brusquement, je me souvins avoir vu cette comédie musicale avec ma mère, il me revint la manière dont elle avait chanté pour moi, et le son de sa voix. Tandis que Peter chantait, je réalisai que j'étais moi aussi un enfant perdu. Et la chanson devint la manette qui ouvrit les vannes. Dans les bras de Judith, je pleurai pour la première fois depuis que j'étais enfant, le mince filet des souvenirs gonflant pour devenir torrent, la musique faisant fondre mon cœur comme le soleil printanier dégèle les terres glacées de l'hiver. Ce fut le début de ma guérison. Aujourd'hui encore, chaque fois que j'entends cette chanson, ma gorge se serre et les larmes me montent aux yeux.

LE POUVOIR DE L'ENTRAÎNEMENT

Ce pouvoir de la musique de changer radicalement notre conscience et notre expérience ne vient pas seulement de ce qu'elle ravive les souvenirs passés. Ici même, dans le présent, les vibrations de la musique nous touchent grâce au phénomène de l'entraînement. Vous rappelez-vous les balanciers des horloges ? Eh bien notre corps, notre rythme cardiaque et nos ondes cérébrales se mettent au rythme de la mélodie, exactement comme les balanciers s'entraînaient les uns les autres. Pensons à la rapidité avec laquelle nos pieds se mettent à battre la mesure quand nous entendons un rythme qui nous donne envie de danser. En nous ouvrant à l'expérience de la musique, nous *devenons* en quelque sorte la musique.

La musique a des qualités intrinsèques, en dehors de ce que nous-même y mettons. Elle vibre à un certain rythme et elle a un timbre caractéristique. Il peut y avoir des mélodies qui montent et d'autres qui descendent, des harmonies plus rondes ou plus dissonantes, des attaques staccato ou legato. Lorsque ces ondes musicales rejoignent les vibrations de notre corps et de nos émotions, nous sommes touchés. Nos vibrations, notre fréquence, se rapprochent de celles du son extérieur. Les compositeurs de musiques de film, par exemple, savent induire chez les spectateurs, avec une musique funèbre, la crispation qui anticipe la peur, ou une poussée d'émotion avec des violons jouant un air romantique.

Nous avons un certain choix sur l'effet de l'entraînement. Plus nous nous ouvrons et nous abandonnons à l'écoute de la musique, plus l'effet est intense. La musique de fond est certes merveilleuse pour créer une ambiance, mais la palette des possibilités sera bien plus vaste si nous nous concentrons pleinement sur un morceau. C'est toute la différence qui existe entre l'acte physique d'« entendre », qui est une expérience passive, et celui d'« écouter », qui requiert notre participation. Nous avons aussi plus de chances de faire l'expérience du pouvoir de la musique quand le volume est suffisamment fort pour retenir notre attention, que lorsque la musique est si douce qu'elle est parfois couverte par les bruits ambiants. Et l'impact de la musique est encore accru lorsque nous fermons les yeux : le stimulus des visions extérieures étant supprimé, la musique a tendance à évoquer dans notre imagination des images plus amples et plus vives.

Si nous nous ouvrons entièrement à l'effet de l'entraînement lorsque nous écoutons *The Lark ascending* (*L'Alouette qui s'élève*), de Ralph Vaughan Williams, non seulement nous entendons la mélodie des violons monter lentement, mais notre cœur aussi a des ailes et s'envole. Nous entendons les rythmes et les battements primitifs du *Sacre du printemps* d'Igor Stravinski et nous vibrons bientôt avec intensité et passion. (Lors de la première représentation de cette œuvre, le public manifesta violemment, mais l'on ne sait pas très bien si l'on doit imputer cela à l'entraînement des auditeurs dans une frénésie atavique ou à leur fureur face à la manière iconoclaste dont Stravinski brisait les conventions musicales contemporaines.) Lorsque nous écoutons vraiment les lignes mélodiques dépourvues de temps (car elles n'ont littéralement pas de mesure régulière) et les timbres des longues voyelles allongées du chant grégorien, les voix mâles montant à l'unisson vers les cieux dans la répercussion acoustique de la cathédrale, sans efforts nos corps se mettent à ralentir tandis que nos âmes s'élèvent doucement vers le ciel.

Toutes sortes de guérisseurs utilisent ce pouvoir évocateur de la musique. Nombre de séminaires et de formations de renom visant un élargissement de la conscience utilisent la musique pour aider les participants à s'ouvrir à des niveaux plus profonds d'expérience. La musique fait intégralement partie de méthodes thérapeutiques telles que le travail sur la respiration et le *rebirthing*. Associées à des images guidées et à un travail corporel, des chansons comme *The Rose* (*La Rose*) ou *Bridge Over Troubled Water* (*Pont au-dessus d'une eau trouble*) ouvrent des puits profonds d'émotion réprimée, même chez des gens qui les entendent pour la première fois. Chanter une berceuse à une personne en la berçant doucement suscite en elle des expériences intenses qui la guérissent en profondeur. Les enregistrements de chants joués à des individus connaissant ces états altérés provoquent souvent en eux un sentiment d'unité, la sensation d'être touchés par la présence divine.

Le pouvoir du souffle

Tout commence avec le souffle — notre voix... le chant... et la vie elle-même. Nous pouvons vivre sans boire pendant des semaines, sans manger pendant des mois ou plus, mais nous ne pouvons vivre sans respirer plus de quelques minutes. Le souffle est la projection palpable, immédiate, de notre force vitale dans le monde. Le maître zen Thich Nhat Hanh définissait le souffle comme « le pont qui relie la vie à la conscience ». Le maître soufi Hazrat Inayat Khan dit que « le mystère de la vie réside dans le souffle ».

Dans les traditions occidentales, les mots « souffle » et « âme » sont intimement liés. Le mot grec *psyche*, « âme », a la même racine que *psychein*, qui signifie « respirer ». En hébreu, le mot qui désigne le souffle, ou la respiration, *ruach*, veut dire « esprit », alors qu'en latin « âme » (*anima*) et « esprit » (*animus*) dérivent tous deux du mot qui signifie « vent » (*anemos*).

Le son vocal est essentiellement du souffle audible, et dans les sons sacrés de la psalmodie, nous commençons — et finissons — par la respiration. Nous respirons profondément, car nous avons besoin de solides colonnes d'air vibrant pour soutenir le chant. Mais nous respirons aussi profondément en psalmodiant parce que le souffle est le *ruach* lui-même, le « mystère de la vie », la porte entre la terre et le ciel.

Dis-moi, qu'est-ce que Dieu ?
Il est le souffle au-dedans du souffle.

Kabir

En revendiquant le pouvoir du chant pour nous-même, nous avons également besoin de reconquérir notre souffle. Lorsque nous étions enfants, nous prenions naturellement des respirations lentes et profondes, mais entre notre mode de vie sédentaire, une vie passée à retenir l'expression spontanée des émotions et le stress permanent dans lequel la plupart d'entre nous vivons, nous avons tendance à respirer de façon très superficielle. En aspirant de l'air essentiellement dans la partie supérieure de nos poumons — dans la poitrine — nous respirons, en moyenne, douze ou quatorze fois par minute. Une recherche médicale poussée a montré que respirer lentement et profondément jusqu'au diaphragme — environ six respirations par minutes est optimal — a de nombreux effets bénéfiques sur la santé. Dans mes études de la méditation et du mysticisme, mes enseignants insistaient immanquablement sur l'importance de prendre davantage conscience de notre respiration. Il suffit de changer notre respiration pour modifier presque instantanément la manière dont nous nous sentons. Une respiration profonde, pleine, diaphragmatique est un moyen facile et efficace d'apaiser l'esprit et d'aider le corps à guérir.

Dans votre apprentissage de la psalmodie, vous apprendrez cette sorte de respiration au chapitre V. Mais l'expérience même du chant, sans aucune formation préalable, modifie notre manière de respirer. Les longues phrases du chant psalmodié, quel que soit son style, nous obligent à expirer, si bien que notre respiration devient naturellement plus profonde. Les phrases musicales du chant se répétant, les quelques pauses permettant de respirer font de même. Notre respiration se met à suivre le rythme répétitif du chant, et elle est naturellement canalisée vers des schémas rythmiques fort semblables aux pratiques de respiration visant à modifier la conscience qu'enseignent de nombreuses traditions mystiques. Quand nous psalmodions au sein d'un groupe, nous respirons ensemble aux mêmes pauses musicales, créant une respiration unifiée et posant les bases d'une expérience de communion de son.

Le pouvoir des effets soniques

Alors que toute musique a le pouvoir d'enraciner et d'entraîner, les sons vocaux ont certaines propriétés, dont beaucoup sont particulièrement accentuées dans le chant psalmodié, qui influent directement sur notre conscience. Ce sont : l'expression vocale, la vocalise, les harmoniques et les mantras.

L'expression vocale

Bien avant que le langage n'existe, les voix de nos ancêtres exprimaient la colère, la peur, l'amour et la joie. Tandis que le langage a, dans une certaine mesure, supplanté ces vocalisations émotionnelles spontanées, il arrive encore que nous échappe une expression préverbale. « Mmmmmm », disons-nous instinctivement en savourant la première bouchée d'un délicieux repas. « Ahhhh », nous exclamons-nous en recevant les premières vagues de sensations agréables. Nous libérons une grande énergie émotionnelle à travers des sons vocaux non verbaux, gémissant dans la peine et soupirant dans le soulagement. Notre récente descente en famille de la Green River en rafting, dans l'Utah, fut ponctuée de hurlements d'excitation, d'éclats de rire qui relâchaient notre tension nerveuse, de cris de victoire et de quelques glapissements de terreur tandis que nous nous retournions dans les bien nommées *Disaster Falls* (Chutes du Désastre).

Entraînez-vous à faire quelques-uns de ces bruits non verbaux que nous utilisons tous pour communiquer de l'énergie et des sentiments bruts. Essayez de haleter fort sous le coup de la surprise. Quel est ce grognement que vous émettez quand vous êtes vraiment contrarié ? Et qu'en est-il du gémissement de consternation ? Dites « Chuuuut » pour faire taire ceux qui vous entourent. Et terminez en riant dix bonnes secondes, le rire étant la vocalisation universelle du bonheur.

Le langage n'a pas remplacé le ton — celui-ci se situe au sommet des inflexions expressives de la voix. C'est particulièrement évident dans les langues chinoises, lesquelles utilisent des variations de tons pour distinguer différents sens de caractères et de mots qui sur le papier ont exactement la même apparence. En pékinois, le mot *yi* représente 215 possibilités distinctes selon les tons montants ou descendants du locuteur. Faites particulièrement attention quand vous parlez cantonais, car il suffit d'une très légère inflexion de la hauteur pour que le mot qui veut dire « oui » — *hae* — désigne le sexe féminin.

Mais en français aussi nous communiquons autant à travers le ton de notre voix qu'à travers les mots. « C'est génial ! » peut signifier combien je suis content(e), mais sur un ton différent cela exprime la déception face à un événement fâcheux. « Je ne peux le croire ! » peut aussi bien exprimer un sentiment de désagréable surprise à l'annonce d'une mauvaise nouvelle que d'agréable surprise lorsque surgit devant nous un ami qu'on ne s'attendait pas à voir là. Travaillant depuis des années à aider les autres, j'ai appris à écouter autant le ton de ce que disent les gens que le contenu de leurs paroles. Les mots que nous disons dissimulent et confondent autant qu'ils communiquent, mais notre voix exprime infailliblement un monde plein de sentiments et de nuances à ceux qui savent entendre cette musique intérieure.

Les sons que nous émettons spontanément sont l'une des façons dont nous exprimons l'émotion, dont nous déchargeons l'énergie et ramenons l'équilibre dans notre corps et notre psychisme. Quand nous soupirons de soulagement, nous relâchons l'anxiété ou la tension accumulée. Faire l'amour est une expérience rehaussée par tous les sons préverbaux exotiques qu'échangent les amants. Dans les moments de chagrin accablant, comme la mort d'un être cher, dans le monde entier les gens chantent une mélopée funèbre, ils laissent échapper des lamentations, sanglotent et poussent des cris déchirants, laissant les sons d'affliction les traverser et les purifier.

Une partie des effets du chant repose simplement sur cette réalité qu'aussi longtemps que nous psalmodions nous vocalisons. Nous ne cessons de remuer de l'énergie dans notre corps et notre psyché, l'exprimant extérieurement sous forme de son.

La vocalise

La vocalise est l'émission volontaire d'un son vocalique étiré, et elle est à la base du chant psalmodié. La vocalisation consciente et délibérée utilise de tels sons pour la guérison et le développement spirituel. Faire régulièrement des vocalises est excellent pour accroître la capacité respiratoire. Lors d'un atelier avec Karolyn van Putten, musicienne célèbre pour ses recherches sur la vocalise, un vieux monsieur souffrant de la maladie de Parkinson nous a dit que vocaliser — exercice qui lui avait été recommandé par une orthophoniste pour améliorer son élocution — avait augmenté sa capacité pulmonaire de plus de cent pour cent. Les effets bénéfiques de la psalmodie sur la santé que nous avons déjà cités — diminution de la pression artérielle, soulagement de la douleur, etc. — restent vrais pour la vocalise.

En raison de la longueur de temps pendant laquelle nous tenons les voyelles lorsque nous vocalisons, nous créons des vibrations sonores internes particulièrement fortes qui traversent nos organes et nos os en les nettoyant, stimulent les lobes frontaux de notre cerveau et touchent chaque cellule de notre corps. Dans de nombreuses traditions non occidentales, le zen par exemple, on pense que vocaliser rétablit la résonance originelle de divers organes. De nombreux pratiquants de la vocalisation qui travaillent dans le système indien de la guérison du corps/mental utilisent de longs sons vocaliques pour purifier les *chakras* (les vortex d'énergie vitale semblables à des roues qui interpénètrent le corps physique) et rééquilibrer les énergies du corps. D'aucuns pensent que des sons vocaliques spécifiques ont une résonance particulière avec certains organes ou chakras.

On peut aisément démontrer que les voyelles vibrent physiquement dans différentes parties de notre corps. Placez une main sur votre poitrine. Posez légèrement le bout des doigts de l'autre main sur votre gorge. Maintenant, chanter la syllabe « aaaaaa » d'une voix pleine et forte. Sentez-vous comme votre poitrine vibre avec le son ? Sur la même note musicale, chantez à présent la voyelle « iiiiii ». Notez comme les vibrations diminuent dans la poitrine mais augmentent dans la gorge.

Nous disons que la vocalisation est la base du chant parce que, bien souvent, celui-ci fait un usage profond des sons vocaliques allongés caractéristiques de la vocalisation. Les soufis chantent « Allahhhhh », les chrétiens psalmodient « Aaaaaa-men », tandis que le célèbre « Ommmmm » sanscrit a été adopté par plusieurs traditions. Le chant grégorien est fondé sur des tons vocaliques s'étirant sur de multiples notes dans de longues phrases musicales appelées *mélismes*. La psalmodie affecte notre physiologie et notre mental grâce à cette capacité qu'ont les tons vocaliques de vibrer dans notre corps en produisant un effet de massage.

Harmoniques : la « lumière dans la musique »

Quand vous jouez au piano le do moyen, un marteau de feutre frappe une corde de métal enroulé, la faisant vibrer à une fréquence déterminée — 256 vibrations à la seconde dans ce cas. Cette corde vibrante produit un son appelé le *ton fondamental*. Les ondes sonores du ton fondamental ne font pas seulement résonner les autres cordes et la table d'harmonie du piano : toute une série d'autres tons plus hauts appelés harmoniques sont déclenchés et commencent à vibrer.

C'est la combinaison du ton fondamental *et* des harmoniques que notre oreille entend comme le do moyen. Les harmoniques (avec la résonance) donnent aux tons fondamentaux de divers instruments ou voix leur timbre ou couleur musicale. Ce sont les harmoniques qui rendent le son de la flûte pur et clair et celui du violoncelle si chaud.

Le mathématicien grec Pythagore, observant que les planètes sont séparées par des intervalles qui correspondent précisément aux longueurs harmoniques des accords, se tournait vers la musique pour comprendre les principes ultimes de la proportion, de l'ordre et de l'harmonie dans l'univers qui, croyait-il, trouvait son ultime expression dans la « *musique des sphères* ». Les mystiques ont toujours été fascinés par les harmoniques, qui se produisent selon une série mathématique précise de rapports entiers. De nombreuses traditions croient que les harmoniques sont la source du pouvoir spirituel et de guérison du son, et certaines disent d'elles qu'elles sont « la lumière de la musique ».

De nombreuses variétés de chant psalmodié insistent fortement sur la production intentionnelle d'harmoniques à travers la vocalisation. La première fois que j'ai entendu le chant harmonique tibétain sur des enregistrements des monastères de Gyuto et Gyume, je n'arrivais pas à croire, malgré les notes linéaires, que les moines chantaient une seule note, car mon oreille, pourtant formée à la musique, entendait distinctement un accord de plusieurs notes différentes, en même temps que d'occasionnelles lueurs spectrales de sifflements aigus et d'autres tons d'origine inconnue. On dit que ce style de chant psalmodié, avec la richesse de ses harmoniques extrêmement développées, est une incarnation de la parole pleinement développée du Bouddha, et on lui attribue les pouvoirs de guérir et d'élever la conscience.

Se fondant sur un style traditionnel de chant de gorge appelé *hoomi*, dans la région de Tuvic, en Mongolie, de nombreux chantres contemporains ont appris à produire deux lignes de hauteurs différentes : la note fondamentale est soutenue, tel un bourdonnement, tandis qu'est simultanément chantée une ligne mélodique sifflante aiguë d'harmoniques. C'étaient ces harmoniques aiguës qui avaient provoqué l'expérience hallucinante de notre jeune ingénieur dans le camion du son tandis que j'émettais mes vocalises.

Les recherches du Dr Tomatis et d'autres suggèrent que ce sont en particulier ces harmoniques de haute fréquence dans le chant sacré qui chargent neuroélectriquement le cerveau et guérissent le corps.

Mantra

Comme nous l'avons découvert au chapitre II, la plupart des traditions spirituelles croient que la Création fut une manifestation du son sacré. Leurs sectes mystiques, qui cherchent à donner à leurs disciples un accès direct à la Divinité, enseignent toutes des pratiques fondées sur l'émission de certains sons sacrés. Dans la Kabbale, la secte mystique du judaïsme, alors que le véritable nom de Dieu est considéré comme trop saint pour être prononcé, on porte une attention particulière à la pratique et à l'étude de la prononciation de lettres mystiques. Les soufis ont leurs *wazifa* et les hindous leurs *mantra* — mots qui, selon le maître soufi Hazrat Inayat Khan, ont le pouvoir mystique de « travailler sur chaque atome du corps, afin de le rendre sonore, en faisant un moyen de communication entre la vie extérieure et la vie intérieure ». Le mysticisme du son a atteint un niveau élevé de sophistication dans ces traditions, avec quatre-vingt-dix-neuf *wazifa* et un nombre incalculable de *mantra*, chacun étant conçu pour produire des effets particuliers lorsqu'il est chanté. Dans certains pratiques, les *mantra* sont arrangés sur mesure selon les caractéristiques et besoins du fidèle. Dans d'autres traditions, les *mantra* sont transmis par le maître au disciple, chargés de la *baraka* ou *shaktipat* — la force spirituelle transmise par le maître.

Les théories originales du philosophe et biochimiste Rupert Sheldrake suggéreraient que d'anciens chants ont été imprégnés de pouvoir et de sens par les voix et la dévotion de millions de personnes à travers les siècles, créant une sorte de champ d'énergie (appelé champ morphique) qui influe aujourd'hui sur nous lorsque nous psalmodions les syllabes sacrées. Quelle que soit la raison, les pratiquants du chant mantrique sont en général persuadés, en conséquence de leur propre expérience, que ces syllabes et sons particuliers ont un pouvoir extraordinaire.

Le pouvoir de l'intention

Si ma grand-mère de quatre-vingt-cinq ans psalmodiait par erreur le nom d'une tribu d'Indiens d'Amérique, comment expliquer les résultats apparemment positifs dont elle bénéficiait ? Alors que certains enseignants de *mantra* insistent sur le fait que les mots et leur prononciation exacte sont de la plus haute importance, d'autres, comme le très respecté Swâmi Sivananda, nous disent : « Votre sincérité et ce qui est dans votre cœur et dans votre esprit importent plus que la prononciation. » Swâmi Muktananda, le maître de méditation qui a fait connaître le célèbre Siddha-yoga à l'Occident, affirme : « Le mantra ne portera ses fruits que si son objectif est présent dans votre esprit. »

Alors que le chant nous affecte grâce à l'enracinement, à l'entraînement et à ses effets soniques même sans notre participation consciente, c'est lorsque le pouvoir de notre intention, de notre désir et de notre volonté s'ajoutent à ces pouvoirs intrinsèques que le chant réalise tout son potentiel de transformation. Rabbi Zalman Schachter-Salomi, le fondateur du mouvement du Renouveau juif, m'a dit : « Le pouvoir du chant est directement lié à *covanai* — l'intention consciente. Pour qui est-ce que je chante ? Et pour quoi ? »

Quand nous nous adonnons à la psalmodie — avec notre cœur, notre esprit et notre corps —, quand nous désirons passionnément trouver l'Esprit dans le son, nous avons créé les conditions idéales pour que le chant fleurisse et apporte son doux nectar dans nos vies.

CHAPITRE IV

Caractéristiques communes : le chant psalmodié à travers le monde

Les fleurs et les abeilles sont peut-être différentes,
mais le miel est le même.
Les systèmes de la foi sont peut-être différents,
mais Dieu est Unique.

RIG VEDA

La petite chapelle de Saint-Joseph, dans la cathédrale nationale du district fédéral, à Washington, offre un sanctuaire rafraîchissant en cette soirée de juillet étouffante de chaleur ; les murs de granit sont lisses et frais au toucher. Au centre de la voûte ronde, une soixantaine de personnes, assises en cercle, ne cessent de psalmodier en latin : *Veni, Sancte Spiritus*, « Viens, Esprit saint ». Une partie du mouvement dynamique connu sous le nom de Taizé, des groupes œcuméniques de protestants et de catholiques dispersés dans le monde entier, en particulier des jeunes gens, se rassemblent pour des offices uniquement chantés. Chacun psalmodie, répétant longuement de simples lignes musicales et quelques paroles dans la langue vernaculaire. « Viens, Esprit saint ». L'écho des voix se répercute à travers l'espace. « Viens, Esprit saint ». L'énergie se construit lentement, résolument. De hautes harmoniques miroitent, tels des glaçons de cristal, sous les hautes voûtes. Des mots simples, insondables, ondulent dans des cycles répétés de prière. Dans la magie du chant psalmodié et dans le profond silence qui suit, la sensation palpable de l'Esprit saint résonne dans toute la chapelle.

Le vieil hôtel juif, dans les monts Catskill de l'État de New York, a été transformé en une belle oasis spirituelle pour l'étude et la pratique du Siddha-yoga, un lignage indien traditionnel, populaire en Occident. Plus d'un millier de disciples, appartenant pour la plupart à la classe moyenne, sont en train de psalmodier dans l'ancienne grande salle de bal, face à la chaise vide réservée à leur instructeur, Gurumai. Dans l'air s'élève le parfum caractéristique de l'encens au santal ; les lumières des lustres en verre taillé sont baissées, créant une douce ambiance. Un petit groupe d'excellents musiciens joue du tambourin, de l'harmonium et du mridangam tandis que l'assemblée répond à l'appel du maître de chœur en chantant en sanscrit traditionnel les noms du Divin : « *Krishna govinda, govinda, go pala* ». Ayant commencé lentement, le tempo s'accélère progressivement en une demi-heure ; il va de plus en plus vite, les mains se mettent à frapper, les corps se balancent dans un crescendo extatique de son et d'Esprit.

C'est une chaude après-midi d'automne dans l'une de ces vieilles villes minières situées dans les collines, au-dessus de Denver. Plusieurs centaines de personnes sont rassemblées dans le gymnase du lycée régional : des Indiens américains en costumes traditionnels appartenant à une douzaine de tribus, ou en T-shirts et jeans ; un nombre équivalent de Blancs, certains arborant des colliers turquoise, des ceintures de coquillages ou des plumes dans les cheveux ; des personnes du coin regardant les objets d'artisanat tandis que d'autres nourrissent leur faim spirituelle. Le pow-wow est rempli d'odeurs de popcorn et de beignets, et vibre aux sons du chant. Un groupe de six hommes de tous âges frappent ensemble sur l'énorme grosse caisse posée au centre de leur cercle en chantant les chants traditionnels de leur peuple. Quelques personnes dansent la « danse du châle », d'autres se rassemblent autour des chanteurs, d'autres encore errent autour du gymnase, écoutant... tous attirés par le battement semblable à celui d'un cœur.

*

L'un des intérêts de notre planète de plus en plus réduite, c'est l'incroyable richesse de la pollinisation culturelle croisée : nourriture thaïe dans les centres commerciaux des petites villes, immigrants vendant des sculptures africaines traditionnelles en bois posées sur des valises dans les rues des grandes métropoles, bonnets péruviens en laine d'alpaga tricotés à la main accrochés sur des charrettes en bois dans les halls des aéroports — sans oublier le chant.

Il y a encore peu, pour trouver des enregistrements de chants (autres que grégoriens) il fallait chercher dans d'obscurs catalogues ou des bibliothèques d'ethno-musicologie. Aujourd'hui, il suffit d'un rapide coup de fil, d'une connexion informatique ou d'un tour chez le disquaire de votre ville pour remplir votre maison et votre voiture de musique spirituelle du Sénégal, de Sibérie et de Sumatra, d'anciens chants hébreux ou de chants religieux chrétiens contemporains. Et vous n'avez nul besoin de vous rendre dans les temples zen de Kyoto pour prendre part aux psalmodies bouddhistes, ni sur la tombe de Rûmî à Konya, en Turquie, pour chanter les *zekrs* traditionnels. Où que vous viviez ou presque, vous aurez l'occasion de partager avec d'autres chercheurs, en direct, la beauté et l'Esprit du chant. De plus en plus de gens redécouvrent la joie du chant dans leur propre tradition, tout en faisant l'expérience des vibrations sonores chargées de spiritualité d'autres cultures.

Mon engagement précoce dans l'Ordre soufi occidental a favorisé ma propre approche œcuménique du chant psalmodié. Réunis tous les dimanches soir dans le sous-sol d'une église de Cambridge, nous dressions un autel au centre de la pièce. De petites bougies posées sur des supports en verre coloré entouraient des photographies de saints hindous, des peintures de Jésus et de saint François, des images de maîtres soufis et de chamans amérindiens ainsi qu'une menorah juive. Nous débutions toujours par l'invocation qui commence ainsi : « À l'Unique... » — c'est-à-dire l'Unique qui est au cœur de chaque forme de la foi et de chaque chemin. Cet ordre soufi, bien que né du cœur mystique de l'islam, proclame : « Le soufi voit la même vérité dans toutes les religions, et par conséquent les regarde toutes comme ne faisant qu'une. » Leurs danses invoquent consciemment la Présence divine sous toutes ses formes, aussi chantions-nous en latin et en hébreu, en arabe et en lakota, rendant hommage à chaque tradition bien que nous adressant toujours « à l'Unique ».

Lancé sur ce chemin éclectique, j'ai au fil des ans dirigé des hymnes dans des églises évangélistes et des psaumes à la grand-messe ; psalmodié *Allah hu akbar* dans la cour d'une mosquée au Caire, et *Sh'ma Yisra'el* au mur des Lamentations à Jérusalem ; chanté des *kirtam* en sanscrit pendant des heures et perdu toute notion du temps en psalmodiant dans l'obscurité de huttes de transpiration d'Indiens. J'ai enregistré d'authentiques maîtres de chant en train de psalmodier leurs chants traditionnels, tout en faisant l'expérience de nouveaux mélanges culturels. Il y a quelques années, le thérapeute par le son Jonathan Goldman et moi avons enregistré vingt-quatre pistes tandis que nous psalmodions des harmoniques proches de celles du bouddhisme lors de la seule représentation du « chœur masculin américain-juif-tibétain » composé de deux choristes.

Malgré les nombreuses différences extérieures, tous les chemins spirituels partagent le même noyau de vérité : la connaissance d'une force créatrice divine qui imprègne toute la réalité, et la croyance que quelque chose de cette nature divine vit en chacun de nous. Ces vérités toutes simples ont trouvé une expression dans une merveilleuse diversité de religions, de sectes, de philosophies, de cultures tribales et de chemins spirituels. L'Esprit Unique a été invoqué sous de nombreux noms : Dieu, Déesse, Adonai, Brahma, Allah, Yemaya, Wakan Tanka — mille noms honorés —, par des fidèles, des disciples, les *kehilah*, *chelas* et *mureeds*. Nous donnons à l'étincelle divine que nous reconnaissons en nous des noms divers : âme, *atman*, nature de Bouddha, *neshamah*, le Soi ou, chez les pygmées Semong, *kemuit*.

« Chaque religion, dit l'érudit des religions Huston Smith, est un mélange de principes universels et d'adaptations locales. » Cette idée, qu'on appelle communément la « Philosophie éternelle », met l'accent sur le noyau mystique commun à toutes les traditions spirituelles. Le moine catholique Bede Griffiths décrit les religions du monde comme les doigts d'une main. Si nous regardons chaque doigt séparément, il semble unique, isolé. Mais si nous le suivons jusqu'à sa base, nous constatons que tous les doigts viennent de la même main.

Bien sûr, alors que certains évoquent l'Esprit Unique pénétrant toutes formes, d'autres défendent passionnément la supériorité de leur religion. C'est en Inde, le sous-continent qui a vu naître le cœur universel de Gandhi, mais a également engendré des guerres sanglantes entre hindous et musulmans, que Bede a fait l'expérience de la vénération communautaire. Il est amèrement ironique que la question de savoir comment honorer le mieux le Créateur ait conduit à des conflits religieux qui ont duré des siècles — entre chrétiens et musulmans, juifs et chrétiens, et même protestants et catholiques.

Ce sont les branches mystiques de chaque religion, celles qui épousent l'expérience directe de Dieu sans avoir besoin de l'intercession d'une caste sacerdotale, qui tendent à mieux comprendre et embrasser la perspective de Gandhi : « Les religions sont des routes différentes convergeant vers le même point. Qu'importe que nous prenions des routes différentes du moment que nous atteignons le même but ?... La maison de Dieu compte de nombreuses demeures, toutes également saintes. »

Il n'est pas étonnant que le chant ait le pouvoir de trouver un terrain commun entre des chemins spirituels et que celui d'autres traditions puisse nous émouvoir si profondément, car il nous offre l'expérience directe de ce que nous lisons dans les textes religieux. Si nous nous abandonnons au voyage, le chant nous emporte au-delà des concepts, au-delà de la philosophie, au-delà des formes. Il est la porte qui mène au Divin. Quel que soit le mode, le rythme ou l'air, quel que soit le nom par lequel nous invoquons la sainteté, Dieu est dans la respiration vivante et vibrante du chant.

Pour ceux qui cherchent à vivre profondément dans l'Esprit, il y a des avantages à se donner entièrement à un seul chemin. Les instructeurs spirituels de toutes les traditions nous mettent en garde contre l'approche de supermarché — « Je crois que je vais essayer un peu de méditation bouddhique... Oh, c'est trop dur, je préfère les cassettes de méditation guidée... Eh bien, tous mes amis font du yoga... Il faudrait vraiment que je relise la Bible — la version abrégée peut-être ? »

Pourtant, de nombreux chercheurs engagés restant enracinés dans leur propre religion ont tiré parti de leur approche des chants d'autres chemins. Cynthia Snodgrass, prêtre de l'Église épiscopale, pense que le chant psalmodié sanscrit a vraiment approfondi sa compréhension du rituel religieux dans sa propre tradition. « Les rituels dans lesquels le sanscrit était chanté — comme ceux que l'on trouve dan le *Rig Veda* — sont tellement plus anciens que ceux de ma propre foi ! Chanter en sanscrit n'a jamais été un obstacle à ma foi chrétienne — en fait, je trouve que cela l'approfondit. »

Bien qu'il y ait un noyau résonant d'Esprit dans toutes les traditions mystiques, leurs chemins, leurs pratiques et leurs philosophies présentent aussi des différences importantes. Je pense qu'il est vital de ne pas minimiser ces différences, ni de chercher à uniformiser la belle diversité de la vie spirituelle. Toutes les traditions spirituelles ont proposé leurs propres réponses à des questions universelles, et leur caractère unique est exprimé et célébré dans leur chant.

Le chant hindou

C'est le point du jour. Sur les rives du Gange, le fleuve sacré, une foule se dirige vers les sons de cloches venant du petit temple de pierre. Sur les contreforts de l'Himalaya, un *sadhu* errant, le front maculé de cendres et vêtu d'une robe orange, se tient debout pour saluer l'aube. Dans des ashrams urbains, à Los Angeles et Berlin, São Paulo et Le Cap, des Indiens expatriés et des dévots occidentaux s'arrêtent sur le chemin de leur travail pour partager le rituel matinal. Traditionnellement chanté à l'aube en guise de méditation sur la brillante splendeur du soleil — qui symbolise la lumière de la création —, chaque matin des millions de voix psalmodient les rythmes profonds du *Gaayatri mantra* :

Om Bhoor Bhuvassuvah
Om Tat saviturvarenyam
Bhargo Devasya Dheemahi
Dhiyo Yo Nah Prachodayaat.

Puisse la paix descendre sur les plans mortel, immortel et divin.
Je médite sur la brillante splendeur du Soleil divin.
Puisse-t-Il stimuler notre intelligence,
Afin que nous recevions l'inspiration de faire la bonne action au bon moment.

Vieille religion qui a vu le jour en Inde il y a plus de trois mille ans, l'hindouisme croit à une réalité ultime unifiée, appelée Brahman. Les Occidentaux sont parfois perplexes devant la multitude des déités hindoues : Krishna, le dieu à la peau bleue, qui joue de la flûte et fait l'amour aux dix mille bergères ; Ganesh, dieu de la maison à tête d'éléphant ; Kali, la Mère Obscure qui mange notre karma, souvent représentée dans une posture féroce et portant une guirlande de têtes de mort ; Hanuman, le dieu singe, illusionniste habile et débrouillard, parangon de loyauté et de dévotion. Pourtant, sous ces nombreux visages et ses formes multiples, l'hindouisme ne voit qu'une Divinité vivant dans toute la création. Et cette Divinité vit également en nous, âme divine, l'*Atman*, notre propre Moi intérieur. Le salut traditionnel hindou est le *namaskar*, qui consiste à s'incliner en levant les mains jointes au niveau du front : « J'honore en toi ce qui est divin. »

Dieu est en vérité l'univers tout entier : ce qui était,
ce qui est, et ce qui au-delà sera à jamais...
Il est l'âme la plus secrète de toute chose,
qui telle une petite flamme de la taille d'un pouce
est cachée dans le cœur des hommes.
SVETASVATARA UPANISHAD

Dans l'hindouisme existent plusieurs chemins ou yogas, parmi eux : le Jnana-yoga ou chemin de sagesse ; le Bhakti-yoga ou chemin de dévotion ; le Karma-yoga ou chemin du service à autrui ; le Raja-yoga ou chemin « royal ». Toutes les formes de yoga utilisent le chant. Le mot *yoga* signifie « joug » ou union avec Dieu, et le but de toutes ces pratiques et du chant psalmodié en sanscrit est simplement de nous faire connaître notre propre nature divine, l'*Atman*, de nous faire devenir un avec Dieu.

Tout en restant une tradition vitale et vivante pour des centaines de millions d'Indiens, cette ancienne sagesse spirituelle a également trouvé en Occident un foyer accueillant. Les dernières décennies ont vu une énorme prolifération des formes psychophysiques de Hatha-yoga couler des bras morts d'ashrams obscurs dans le courant dominant de la vie occidentale — apparaissant dans des clubs de santé, des associations de jeunes chrétiens, des hôpitaux, et même à la télévision. Instruits par des organisations qui vont de la méditation transcendantale aux cliniques de gestion du stress, plusieurs millions d'Occidentaux psalmodient chaque jour des mantras sanscrits. Ce mariage de l'ancien et du moderne est symbolisé par un réseau satellite mondial de chant, où plusieurs milliers de personnes sur trois continents utilisent les moyens de communication les plus récents pour psalmodier ensemble les noms de Dieu.

Parmi toutes les traditions que nous allons explorer, il n'en est aucune dans laquelle le chant psalmodié joue un rôle plus central que dans la culture védique hindoue. L'importance du chant s'enracine fermement dans la croyance que la vibration sonore est la nature fondamentale de l'univers — *Nada Brahman* —, que le son est Dieu. D'après les Écritures sacrées, les *Upanishads*, le cosmos fut créé à partir des espaces célestes primordiaux en prononçant le son premier — *shabda* — incarné par la syllabe sacrée OM :

Le mot OM est l'impérissable ; tout est sa manifestation.
Passé, présent et avenir – tout est OM.

MANDUKYA UPANISHAD

Le sanscrit est essentiellement une science du son vieille de trois mille ans, composé de « sons et de mots se fondant sur les vibrations subtiles qui sous-tendent les éléments du monde », dit Swâmi Akandananda, de la SYDA Yoga Foundation de South Fallsburg, dans l'État de New York. « Il existe une connexion inhérente entre le son du sanscrit et la réalité concrète qu'il représente. »

Des syllabes particulièrement puissantes, appelées *bija* ou syllabes initiales, sont reliées entre elles comme les gènes sur un tronçon d'ADN pour former des chants appelés *mantram* (désignant en sanscrit un « instrument de pensée »). Les *bija* elles-mêmes — par exemple *Om*, *Aim*, *Hrim*, *Shim* ou *Glim* — n'ont aucune signification, mais elles sont éparpillées dans de vrais mots, comme dans le mantra qui suit invoquant le pouvoir de Ganesh, celui qui fait tomber les obstacles :

Om Aim Hrim Shim Glim Glaum Ham Ganapataye
Varavarada Sarva Jana Me Vasamanaya Svaha.

Un mantra est plus qu'une prière. Comme m'a dit un jour l'écrivain Deepak Chopra : « Ce sont littéralement des hologrammes d'information et d'énergie. » Quand nous psalmodions les mantras sacrés, nous sommes transformés et éveillés à des états de conscience plus élevés par la nature même et le pouvoir des sons. Le célèbre érudit sanscrit Vyaas Houston décrit ce qu'il ressentait lorsqu'il écoutait son maître psalmodier les anciens textes : « Quand il chantait, c'était comme si chaque molécule de son corps vibrait. On aurait dit que l'univers entier se dissolvait dans un état de vibration. »

Mon corps a pris feu comme du charbon ardent
tandis que j'introduisais en moi la syllabe OM,
celle qui dit Tu es Cela.
POÈME DE LALLA

Non seulement les chants indiens ont de puissantes « paroles », mais la musique elle-même est consciemment conçue pour affecter notre état d'être. La musique indienne se fonde sur des *raga*, des schémas mélodiques provenant des gammes musicales traditionnelles. Chaque *raga* est associé à des humeurs particulières comme *adbhuta* (l'émerveillement) ou *karuna* (la tristesse). Certains sont reliés à un moment de la journée (il existe des *raga* du matin et des *raga* du soir) ou au cycle annuel (comme la saison des pluies). On pense en outre que des *raga* spécifiques ont des pouvoirs particuliers de guérison ou spirituels. Dans son autobiographie, *Ma musique, ma vie*, Ravi Shankar raconte des histoires traditionnelles sur les pouvoirs qu'avaient de grands musiciens de faire « des miracles en chantant des *raga*. On dit que certains avaient le pouvoir d'allumer un feu ou une lampe à huile en chantant un *raga*, ou encore de faire tomber la pluie, fondre des pierres, s'épanouir des fleurs et d'attirer des animaux sauvages — y compris des serpents et des tigres — dans un cercle paisible et calme autour d'un musicien en train de chanter, au milieu de la forêt. Pour nous, en cet âge moderne mécanique et matérialiste, tout cela fait figure de fables, mais je crois sincèrement que toutes ces histoires sont vraies. »

Quoi que vous puissiez penser du pouvoir inhérent des *bija*, *mantra* et *raga*, comme de nombreux Occidentaux ces dernières années, j'ai bien souvent ressenti l'extraordinaire pouvoir du chant hindou. Mes plus fortes expériences de l'extase se sont produites alors que je faisais *kirtan* (chant indien de prière), psalmodiant *Shri Ram Jai Ram* ou *Om Namaha Shivaya* et chantant de plus en plus vite les noms de Dieu ; tandis que le feu intérieur de la *kundalini* montait en moi, mon cœur et mon âme s'élevaient, atteignant un état qui ne peut être décrit que par le mot *ananda* — béatitude.

Le chant chrétien

La journée de travail commence en Nouvelle Angleterre. Des flots de voitures descendent le long de voies express animées et vont se serrer dans des parkings encombrés, des ascenceurs bondés déversent leur charge humaine dans des bureaux bourdonnant du bruit des ordinateurs et des photocopieurs, des sonneries des téléphones et d'une cacophonie de voix.

Juste à la sortie de la Nationale 155, dans le Vermont rural, les moines bénédictins du prieuré de Weston se rassemblent en silence pour la troisième fois de la journée — pour chanter. Ils ont commencé cette journée, comme toutes les autres, à cinq heures du matin dans l'oratoire plongé dans une obscurité semblable à celle de la matrice, psalmodiant les prières de *vigile* vieilles de mille cinq cents. Plus tard, au moment où l'aube pointait sur les Green

Mountains et leur manteau d'arbres, ils ont chanté des psaumes de louange pendant l'office dit des *laudes* :

Ô chante vers le Seigneur une nouvelle chanson...
Entonne un chant de joie, oui, entonne un chant de louanges.

À présent, alors que les banlieusards se mettent au travail, les frères entament la troisième des huit « heures canoniales », appelée *prime*. Chacune des huit heures sacrées a son office, avec des chants qui évoquent les vertus appropriées aux qualités naturelles et spirituelles uniques de cette période du jour ou de la nuit. Lorsqu'ils chantent : « Le soleil est levé, le soleil est levé », les frères se préparent à travailler. Quand les accents du dernier « Amen » s'éteindront dans le silence, ils changeront leurs tuniques grises et leurs scapulaires noirs pour des blue-jeans et des chemises de flanelle et iront s'occuper de leurs jardins, couper du bois, faire de la poterie et créer des bijoux d'argent et d'émail. Pendant les trois « petites heures » de la journée — *tierce* au milieu de la matinée, *sexte* à midi et *none* dans l'après-midi — ils poseront leurs houes et, ayant arrêté leur tour de potier, s'agenouilleront pour chanter intérieurement un psaume.

Juste après cinq heures, ces moines bénédictins, comme leurs frères et sœurs des quatre coins du monde, se réuniront pour les *vêpres* — l'Allumage de la Lampe — et de nouveau à huit heures pour les *complies* — « achèvement » —, qui marquent la fin de la journée monastique. Au moment où la lumière fait place à l'obscurité, ils psalmodient :

Salve regina, Mater misericordiae...

Je vous salue Marie, Mère et reine toute miséricordieuse :
Notre vie, notre douceur et notre espérance.

La journée s'achève, comme elle a commencé, avec le chant. Puis les moines regagnent en silence leurs cellules.

Les chrétiens, qui appartiennent à l'une des plus grandes religions organisées au monde, vénèrent Jésus-Christ comme étant le Fils incarné de Dieu. Tandis que tous les chrétiens partagent cette croyance en la divinité de Jésus et tiennent pour sacrés l'Ancien et le Nouveau Testament de la Sainte Bible, un vaste et complexe ensemble de doctrines, de liturgies et de rituels s'exprime à travers trois branches principales : le catholicisme romain, l'orthodoxie orientale et les nombreuses appellations du protestantisme. Très tôt dans l'histoire du christianisme, saint Augustin déclarait : « Chanter, c'est prier deux fois », et la prière chantée a eu un rôle central dans toutes ses confessions. Le chant a de nombreux visages dans la chrétienté, qui vont du chant grégorien aux tambours africains et aux rythmes des moines de Keur Moussa, au Sénégal, des imposants hymnes luthériens au gospel.

Parmi ces pratiques, seul le chant grégorien est unique en ce qu'il procure un lien ininterrompu, non seulement avec les prières chantées des premiers chrétiens, mais, bien plus loin, avec la tradition juive vieille de plus de trois mille ans qui consiste à psalmodier les textes sacrés, en particulier les psaumes. Il est plus que probable que ces premiers chants étaient une façon de parler augmentée — les mots étant principalement chantés sur une note avec, peut-être, une note voisine au commencement et à la fin d'un chant. Au fur et à mesure que le chant chrétien évoluait, sa portée musicale évoluait aussi, développant la mélodie et le long écoulement caractéristique de notes sur un seul son vocalique appelées mélismes.

Frère Théophane, maître de chœur du monastère bénédictin de Snowmass, dans le Colorado, m'a décrit son expérience du chant grégorien : « C'est tout un monde qui est un véritable foyer — rassurant, chaud, sacré. Quand nous chantons, je me sens relié à tous les moines qui depuis des siècles chantent exactement de la même manière. C'est une vraie prière et un sacrement d'unité pour nous tous qui vivons ici. »

Le nom de ce chant vient de Grégoire Ier, le pape catholique qui à la fin du VIe siècle a ordonné que ces chants liturgiques soient rassemblés et conservés. Il est souvent représenté avec une colombe — le symbole de l'Esprit saint — lui murmurant à l'oreille les paroles et les sons sacrés. Appelé *plain-chant* en raison de son style musical dépouillé, le chant grégorien (de même que les formes apparentées : chants romain, byzantin, ambrosien et copte) consiste toujours en une ligne mélodique simple. Contrairement au chant sanscrit dans lequel les vibrations sonores du chant sont ce qui importe le plus, dans le chant chrétien, c'est le texte et ce qu'il signifie qui occupent le cœur de la pratique. Il y a relativement peu de répétition telle qu'on l'observe dans les pratiques mantriques : la musique s'écoule comme un courant sans fin qui suit le déroulement du texte. Dépourvu d'hamonie et de tout accompagnement instrumental — n'ayant ni mesure ni rythme —, le chant grégorien insuffle une vie mystique aux psaumes, aux hymnes et aux prières qui forment un corpus de plus de trois mille chants. Traditionnellement chanté dans des chapelles, des monastères et des cathédrales de pierre aux hautes voûtes, le chant grégorien acquiert une qualité numineuse hors du temps tandis que les longues voyelles résonnent dans l'éternité.

Comme tout le culte catholique, le grégorien a toujours été chanté en latin ou, quelquefois, en grec ; mais depuis le milieu des années soixante, les offices et le chant catholiques se déroulent de plus en plus dans la langue vernaculaire. L'impact du chant s'étend bien au-delà des monastères et des couvents. Un disque de chant grégorien traditionnel enregistré par les moines bénédictins du monastère espagnol de Santo Domingo de Silos, en 1993, a été vendu à plus de cinq millions d'exemplaires dans le monde. Les moines du prieuré de Weston ont un office chanté et leurs nombreux enregistrements de chants liturgiques en anglais dans le style folk ouvrent les cœurs de publics œcuméniques depuis des décennies. La principale expression du culte catholique, la messe, comprend parfois un chant appelé litanie, au cours duquel l'assemblée des fidèles répond au texte psalmodié par le prêtre en répétant une simple phrase chantée, par exemple *Ora pro nobis*, « Seigneur, écoute notre prière ». Et dans le cadre d'un effort universel visant à ranimer la fréquentation de plus en plus réduite des églises, en particulier chez les jeunes, des mouvements comme les Catholiques charismatiques et Taizé font appel au chant participatif pour donner à chacun l'expérience directe de l'Esprit dans le son, domaine réservé jusque-là aux moines et aux religieuses.

Dans le Nouveau Testament, Paul dit aux Éphésiens : « Adressez vos chants et vos psalmodies au Seigneur avec votre cœur et pour chaque chose en rendant grâce au nom de notre Seigneur Jésus-Christ à Dieu le Père. » Si vous entriez dans la Maison de Prière apostolique qui se trouve juste à la sortie de Norfolk, en Virginie, vous entendriez l'assemblée des fidèles suivre au pied de la lettre les instructions de saint Paul en chantant les mêmes psaumes que les bénédictins. Mais au lieu d'être submergé par les intonations mélodieuses du chant grégorien, votre corps serait immédiatement englouti dans une mer de rythme. Le batteur attaque la mesure, accompagné par les accords sourds de la basse électrique, tandis que l'orgue Hammond, le clavier numérique et la guitare électrique reprennent les riffs funky. Les choristes — tous vêtus de robes rouges bordées de pourpre — sont debout devant leurs sièges, se balançant de gauche à droite, tapant dans leurs mains, entraînant l'assemblée en majorité noire dans un chant de louange à Jésus avec les paroles du Psaume 96. « Chantez au Seigneur un chant nouveau. » « Oh oui, oui, oui, oui, Jésus », chante à pleins poumons une voix de soprano qui se détache du chœur. « Oui, oui, Jésus. » Le chœur répond dans une harmonie à quatre voix : « Chantez au Seigneur un chant nouveau. Chantez au Seigneur toute la terre. Chantez au Seigneur, bénissez son nom. »

Bien que certains puissent ne pas considérer ce genre de gospel comme de la psalmodie, la forte participation des fidèles, la répétition des phrases et l'évocation non déguisée de l'Esprit le situe incontestablement dans notre étude du monde du chant psalmodié.

La musique atteint un crescendo qu'exaltent le sentiment et le son tandis que des hommes et des femmes pleurent sans retenue, et que plusieurs tombent par terre, submergés par l'Esprit et la joie. « Jésus est ici, dans cette musique, me dit un vieil homme. Je peux sentir son amour dans cette église, et je veux qu'Il sache combien je l'aime. »

Cet office de gospel a commencé à neuf heures ce dimanche matin et — après une courte pause pour déjeuner et bavarder — il continuera bien après l'heure du dîner. La musique et le chant font de l'Esprit une expérience vivante. « Chantez au Seigneur, bénissez son nom ! » Enfin, lorsque la nuit tombe, tous entonnent les paroles du psaume 124 :

Puisse le Seigneur, créateur du ciel et de la terre,
vous bénir depuis Sion.

À des kilomètres de là, vers le nord, alors que le même soleil se couche sur leur monastère, les moines entonnent leur hymne des complies dans le style traditionnel du chant grégorien. Et au moment où les lumières s'éteignent, leurs voix s'élèvent, écho épuré de leurs frères et sœurs fondamentalistes.

Puisse le Seigneur, créateur du ciel et de la terre,
vous bénir depuis Sion.

Le chant africain

Les impérieux polyrythmes des tambours emplissent l'après-midi chaude et humide du battement d'un cœur qui palpite. Les maîtres percussionnistes « chantent » des formules psalmodiées sur leurs tambours à deux têtes, rejoints par les tambours calebasses *shakere* et *agbe* et par des cloches en métal dans une tapisserie complexe au rythme lancinant. Des voix psalmodient à pleins poumons : *Omode koni'ko sh'iba 'go* ! — « Écartez-vous, je rends hommage au Détenteur de la force vitale ! » —, tandis que les corps commencent à se balancer et les pieds à bouger. Dans ce village nigérian, la procession de la fête a commencé avec l'invocation de Elleggua — déité des carrefours et illusionniste notoire. Puis viennent des cultivateurs, qui dansent et chantent un chant particulier, connu sous le nom de *ijala*, pour demander des champs fertiles et la pluie très attendue. Viennent ensuite les chasseurs, qui implorent Ogun, l'Esprit gardien du fer, pour obtenir ses faveurs et avoir de la chance à la chasse. Chaque groupe — chaque métier — chante les paroles et mélodies réservées à sa corporation, les voix se mêlent dans un jeu extatique d'appels et de réponses. *Ode t'o t'ode ni i-lera lojun ina* — « Seuls les meilleurs chasseurs ont de la viande qui rôtit devant le feu de leur cuisine » —, lance un meneur de chant. *L'a a wa f orin Ogun naa si I* — « Nous laissons éclater nos chants pour plaire à Ogun » —, lui est-il répondu.

Ils adressent leurs chants aux *Orisha* — êtres divins qui représentent le pouvoir de Dieu sur terre —, chaque déité étant invoquée par des tambours dûment consacrés et des phrasés percutants dont la maîtrise exige des années de pratique. Ils chantent des louanges à Shango, qui règne sur le tonnerre et la foudre, invoquant sa hardiesse et son feu — accompagnés par le *bata*, un tambour de forme conique. Ils adressent leurs chants à Yemaya — la déesse de la mer et de la lune, dont on dit qu'elle est « plus grande que les océans et plus nourrissante que leurs eaux » : *Yemaya Asesu, Asesu Yemaya. Yemaya a lodo, a lodo Yemaya...* Avant que la procession ne s'achève, ils feront appel à Obatala, appelé Roi de l'Étoffe blanche pour sa pureté et son honnêteté ; à Orunmila, la déité de la sagesse et de la divination ; à Oya, la terrifiante guerrière ; et, enfin, au tout-puissant Oloddumare.

Bien que les chants aient été transmis oralement d'une génération à l'autre depuis l'aube des temps, les individus sont également libres d'improviser et d'exprimer leur propre style et leur personnalité unique en appelant les autres, car le jeu et la spontanéité sont des qualités auxquelles on rend hommage dans cette tradition. Il y a beaucoup plus d'*Orisha* à inviter à ce rassemblement, et la danse et le chant continuent toute la journée. Les voix se mêlent, puis se séparent ; les rythmes syncopés, dont chacun est issu du précédent, tournent dans une combinaison de textures musicales constamment mouvantes.

Et, toujours, le battement des tambours qui soulèvent la poussière et l'Esprit dans ce village d'Afrique de l'Ouest.

On peut difficilement parler d'une tradition « africaine » du chant psalmodié, car ce continent compte plus de trente grandes familles linguistiques et plusieurs centaines de groupes ethniques ou tribaux, chacun ayant sa propre musique et ses propres traditions. Le chant africain comprend l'obsédante polyphonie des pygmées Iruti de la forêt, les belles harmonies des hymnes zoulous et les anciens chants coptes d'Éthiopie. Mais la plupart des chants comportent quelques éléments communs dans toute l'Afrique sub-saharienne.

Le battement des tambours élève l'Esprit du chant africain sur un courant rythmique plus élaboré que partout ailleurs dans le monde. Les tambours sont souvent consacrés à un *Orisha* spécifique et utilisés uniquement dans certains rituels. Chez les Banyankeles, les tambours ont même des huttes sacrées dans lesquelles ils « vivent » ; ils possèdent leurs propres troupeaux de bétail et chaque jour se voient offrir du lait. En Afrique, la notion traditionnelle d'un temps non linéaire se reflète dans des formes de chant improvisé et cyclique, coulant comme une rivière tandis que les polyrythmes imbriqués des tambours palpitent, se déplacent, décrivent des cercles.

Et là où l'on bat du tambour, les corps se mettent à bouger. La ritualiste yoruba Luisah Teish insiste sur le fort contraste qui existe entre sa tradition et celles où le chant est un voyage intérieur contemplatif ou nous emporte hors de notre corps. « Notre chant est très enraciné dans le corps — les gens ressentent et expriment toujours l'Esprit de la musique en remuant et en dansant. »

Le chant africain est aussi une expérience profondément communautaire. D'après l'anthropologue, musicien et initié yoruba George Brandon : « Le chant psalmodié est toujours exécuté par des groupes de gens — il est très rare, si cela est jamais arrivé, qu'il soit exécuté par une seule personne. En fait, musicalement, les formes impliquent toutes un appel et une réponse, ou une répartition des hauteurs au sein du groupe. D'un bout à l'autre du continent, le chant participe à chaque aspect de la vie sociale et religieuse. Il rassemble et crée une énergie que les gens utilisent dans un but collectif. »

Chanter unit la communauté dans le son et dans l'Esprit en contribuant à organiser l'activité quotidienne. Il existe un chant spécifique pour moissonner un champ, un autre pour préparer des remèdes à base de plantes, un autre encore pour fixer une roue. Tout au long du jour on chante des berceuses, des chansons pour les enfants et d'autres pour accompagner les jeux et les loisirs. Le chant est utilisé pour transmettre la connaissance et l'enseignement spirituel, ainsi que pour renforcer le pouvoir des nombreux rituels qui marquent les différentes étapes de la vie : les mariages, les naissances, les cérémonies au cours desquelles est décerné un titre, les enterrements.

Au Zimbabwe et dans d'autres régions, psalmodier provoque des états modifiés de conscience qui permettent la possession de l'Esprit ancestral et favorisent la guérison. Le chant et la psalmodie sont utilisés pour coordonner les mouvements des chasseurs au milieu des taillis dans les sociétés pygmées de la forêt humide du centre de l'Afrique. Au Ghana, il existe des chants pour célébrer la perte de la première dent d'un enfant ou taquiner ceux qui font pipi au lit ; chez les Yoruba, les femmes qui mettent au monde des jumeaux ont toute une série de chants spéciaux à leur disposition.

Le chant psalmodié africain, comme ailleurs, est un pont vivant entre le monde physique et le monde de l'Esprit. Le musicien et enseignant igbo Onye Onyemaechi dit : « Psalmodier est une manière de communiquer à Dieu ce que nous ressentons. Ce faisant, nous avons le bonheur de faire l'expérience de l'extase divine, et sommes mieux capables de prendre de bonnes décisions dans notre vie. »

Après des décennies de colonialisme, les pratiques africaines du chant psalmodié ont été influencées par la musique occidentale, les hymnes chrétiens et les intonations de l'islam. Mais la pollinisation croisée a agi dans les deux sens. Avec l'esclavage, la tradition yoruba et d'autres ont migré vers le Nouveau Monde, donnant naissance à une foule de religions inspirées par le chant psalmodié : *santeria*, *arara*, *xango*, *palo*. De nombreux sons afro-caribéens et latino-américains, comme la musique juju et la rumba, sont directement issus du chant traditionnel africain et du battement des tambours. Les gospels chantés dans la Maison de Prière apostolique, de même que la musique soul américaine, le jazz, le *rythme and blues* peuvent tous remonter la piste de leur lignage musical jusqu'aux couleurs et aux rythmes de la musique et du chant africains. Ces dernières années, les oreilles occidentales ont de plus en plus souvent eu l'occasion d'entendre directement les sons du chant africain, grâce aux enregistrements d'artistes comme les maîtres percussionnistes Baba Olatunji et Ladysmith Black Mambazo, représentant le style *isicathamiya* des chœurs d'hommes zoulous, avec ses douces harmonies et l'étroite fusion des voix. Les Occidentaux ont largement adopté les chants à Yemaya pour rendre hommage à l'Esprit divin féminin.

En Afrique aujourd'hui, partout où les traditions restent fortes, le chant fait encore battre le cœur de la vie communautaire, imprégnant les moments ordinaires et extraordinaires de sa pulsation et de ses rythmes pleins de passion. Comme le dit un vieux proverbe yoruba : « Un village sans musique est un village mort. »

LE CHANT BOUDDHIQUE

Les bruits de drapeaux de prière flottant au vent, de moulins à prière qui tournent et de chants sacrés vibrent dans l'air frais et pur du toit du monde — l'ancienne cité de Lhassa. Nichée au creux d'une petite plaine fertile qu'entourent les imposantes montagnes himalayennes, cette lointaine cité tibétaine a été pendant plus de douze siècles l'un des centres symboliques du bouddhisme et la destination vénérée de millions de pèlerins. Aujourd'hui, à l'intérieur du temple de Jokhang, l'odeur âcre du beurre de yack qui brûle dans de petits bols d'argent emplit l'air, leur lumière fumeuse s'ajoutant à celle de rangées de bougies dans le lieu saint assombri. Des centaines de pèlerins vêtus de tuniques traditionnelles, et dont les longs cheveux sont retenus dans deux tresses attachées par des fils de couleur, sont assis, jambes croisées dans la position du lotus, psalmodiant calmement sur un seul ton *Om Mani Padme Hum*. On dit que lorsqu'elles sont psalmodiées avec compassion, les six syllabes de ce puissant mantra sanscrit — souvent appelé « Le Diamant au cœur du lotus » — aident à purifier la souffrance de tous les êtres sentants. Les pèlerins chantent face à un autel sur lequel est posée une statue de Avalokiteshvara — le Bouddha bien-aimé de la Compassion.

À mille six cents kilomètres de là vers le sud, à Dharamsala — juste de l'autre côté de la frontière indienne — réside Sa Sainteté le XIVe Dalaï-Lama, le chef spirituel et séculier du Tibet, que les bouddhistes tiennent pour l'incarnation vivante de Avalokiteshvara.

Plusieurs milliers de personnes, des réfugiés qui ont fui la brutale occupation de leur patrie par les Chinois, s'accrochent à leurs traditions dans cette petite ville de montagne. Les grandes traditions monastiques du Tibet sont aujourd'hui en pleine confusion en raison de la persécution ; des monastères comme Drepung Loseling se sont installés sur leur terre d'exil. S'abstenant de toute amertume, les moines chantent pour la compassion, le pardon et la paix.

Aujourd'hui, vêtus de leurs robes jaunes de cérémonie (*choegoe*) ornées d'une garniture marron et arborant leurs typiques chapeaux jaunes surmontés d'énormes éventails en forme de croissant, les moines pénètrent dans la grande salle de réunion du monastère en chantant au Bouddha le *Nyenseng*, le « Son de la Joie », en tibétain :

Malu semchen kungi syur ching...

Tu es le protecteur de tous les êtres sentants...

Des moines tibétains comme ceux de Drepung émettent du fond de leur gorge des tons vocaux absolument uniques, avec des harmoniques si puissantes que chaque voix fait en réalité entendre trois notes séparées en même temps. Faisant alterner le chant rythmique de lignes de texte avec des tons vocaliques prolongés, les moines psalmodient leurs « accords » dans un bourdonnement d'un autre monde, nettement ponctué par les rugissements rauques de cors de cuivre courbes d'un mètre quatre-vingts de long (*drungchen*) et du fracas de cymbales (*silnyen*). Assis en deux rangées se faisant face, tout en psalmodiant les moines pratiquent des visualisations et des gestes sacrés (appelés *mudra*) avec leurs mains.

Au cours de la cérémonie, ils chanteront des prières comme : *Nyensen* — « Invocation des forces du Bien » —, *Tong-nyi* — « Sons du Vide » — et *Dagzin Tsarchad* — « Une Mélodie pour supprimer le syndrome de l'ego ». À la fin, les moines envoient de la fumée d'encens dans les « dix directions » pour « demander la paix dans le monde entier ».

Comme le chant africain, la sonorité caractéristique des moines tibétains est de plus en plus parvenue jusqu'aux oreilles occidentales au cours des dernières années, et ce grâce à des enregistrements qui ont bénéficié d'une bonne distribution, à des tournées de moines des monastères de Gyuto et Gyume ainsi qu'à plusieurs films hollywoodiens. Les harmoniques émanant de leurs voix constituent un phénomène sonore extraordinaire qui suscite un grand intérêt de la part des scientifiques, intérêt qui étonne beaucoup les moines, car eux-mêmes n'ont pas de nom pour ce phénomène. Leur manière de chanter est apparue il y a bien des siècles, quand des dirigeants de l'ordre eurent la révélation que ces sons seraient « bénéfiques pour tous les êtres humains ». « Le plus important, m'a dit Tenzin Dhargye, moine tibétain du monastère de Drepung, est que le chant vienne du cœur. » Dans le bouddhisme, le chant psalmodié sert à éveiller la conscience, à pénétrer la véritable nature de la réalité. Surya Das, lama du lignage tibétain Dzogchen, né en Amérique, dit : « Quand nous chantons, notre cœur s'ouvre, nous perdons la sensation limitée de notre moi, au moins momentanément, et nous rencontrons notre plus vaste nature de bouddha. »

Le mot *bouddha* vient d'un mot sanscrit qui signifie littéralement « s'éveiller ». Le message central du bouddhisme est que chacun de nous peut s'éveiller de la souffrance et de l'illusion de l'existence quotidienne. Chacun de nous peut devenir un bouddha. Le Bouddha originel était un homme du nom de Siddhârta Gautama, qui au VIe siècle avant J.-C. connut l'illumination alors qu'il était assis sous l'arbre *bodhi*, en train de méditer. En s'éveillant, il découvrit une réalité immuable au-delà du monde des sens, appelée *nirvâna*, dont on peut prendre conscience par un processus de désidentification avec notre ego limité et l'approfondissement de qualités comme la compassion et la sérénité. Le bouddhisme est plus une carte routière très élaborée pour devenir pleinement humain que pour faire un avec le Divin. Et bien qu'il mette l'accent sur l'illumination personnelle, il enseigne l'importance fondamentale de travailler à soulager la souffrance d'autrui.

Né en Inde, le bouddhisme partage avec l'hindouisme une certaine utilisation du sanscrit et la pratique qui consiste à psalmodier des *mantram*. Il a bientôt émigré au Tibet, en Chine, au Japon et en Asie du Sud-Est, s'unissant aux cultures locales et aux traditions religieuses pour créer le large éventail actuel des lignages et des voies. Au VIIIe siècle, un lama tibétain fit cette étonnante prophétie :

> Quand l'Oiseau de fer volera et que les chevaux auront des roues, le peuple tibétain sera éparpillé comme des fourmis à travers le monde et le *Dharma* [mot sanscrit qui signifie « la vérité » ou « l'enseignement »] arrivera dans le pays du peuple à visage rouge.

Nous voyons la prédiction se réaliser aujourd'hui, non seulement avec la destruction de la patrie des Tibétains, mais aussi avec la remarquable poussée du bouddhisme en Occident, en particulier aux États-Unis.

C'est l'aube dans un centre zen urbain sur la côte Ouest du « pays du peuple à visage rouge ». Le grondement scandé d'un gros tambour appelle les gens dans le *zendo*. D'abord popularisée aux États-Unis par Alan Watts, Alan Ginsberg et d'autres poètes de la *Beat Generation* dans les années cinquante, cette austère tradition japonaise a largement attiré les Occidentaux cultivés en raison de son insistance sur une sobre investigation de la nature de la réalité par la méditation. Une partie moins connue, mais importante, de la pratique zen est sa tradition du chant psalmodié.

Le prêtre zen, vêtu d'une robe blanche et noire (appelée *kesa* — traditionnellement faite dans les suaires de défunts pour rappeler l'impermanence), offre de l'encens, puis par trois fois se prosterne de tout son long sur le sol. Le maître de cloche « invite » avec attention l'énorme *keisu* (gong) en forme de bol à résonner avec un bâton entouré de ouate. Tandis que ses puissants échos résonnent dans les poitrines de ceux qui sont rassemblés là, les chantres, assis en lotus sur des coussins noirs posés par terre, commencent à psalmodier les mêmes mots d'ancien sanscrit que l'on entendrait à Lhassa, en Thaïlande ou au Japon :

Ga-tay, ga-tay, para ga-tay, para sam ga-tay ; bodhi svaha.

Partis. Partis. Partis au-delà. Partis au-delà de l'au-delà.
Salut à celui qui s'éveille.

On dit que ce chant, appelé le « Cœur de la Parfaite Sagesse », incarne les enseignements du Bouddha sur la nature illusoire de la réalité et la voie d'éveil de la souffrance. Ponctués par les claquements aigus d'un tambour en forme de poisson, les pratiquants psalmodient lentement et de façon rythmée, sur une seule note, sans émotion apparente, le texte en anglais :

La forme ici n'est que vide,
le vide n'est que forme...

Alors que les offices zen incluent des textes longuement psalmodiés en sanscrit, en japonais et en anglais, le but de ces chants scandés, d'après le célèbre instructeur Roshi Philip Kapleau, est de « faire sentir la réalité se situant au-delà des mots, le Vide qu'ils désignent. » Joan Halifax, écrivain et prêtre du zen Sôtô, m'a dit : « Dans le chant scandé du zen, ce ne sont pas les mots qui sont importants, mais l'énergie qui vient du *hara* [« ventre », en japonais]. Cela a à voir avec l'incarnation et la stabilité — la force du mental et la force du cœur. » L'Ordre zen des artisans de la paix, dans lequel Joan est initiée, termine l'office du soir en scandant :

Réveillez-vous ! Prenez garde !
Ne gaspillez pas votre vie.

Le chant bouddhiste a de nombreux visages et de nombreuses voix. Deux fois par jour, douze millions de membres du mouvement bouddhiste Nichiren dans 128 pays chantent en japonais : « *Nam-myoho-renge-kyo* » tandis qu'ils méditent devant un manuscrit sacré appelé *Gohonzon*. On dit qu'il suffit de chanter le titre du Sûtra du Lotus : « *Nam-myoho-renge-kyo. Nam-myoho-renge-kyo* », pour que tous les avantages de la sagesse du Bouddha contenus dans ce texte soient réalisés. Pendant ce temps, en Thaïlande, des centaines de milliers de moines vêtus de robes feuille morte errent dans les forêts et les villes avec leurs bols de mendiant pour recevoir de la nourriture. Tous les hommes bouddhistes thaïs ont coutume, au moins une fois dans leur vie, de se raser la tête et de prononcer des vœux pour des périodes allant de quelques semaines à quelques années. Le soir, vous verrez parfois un petit groupe de moines assis sous leurs larges parapluies (appelés *tudong*) suspendus aux arbres et drapés de mousseline, leurs bougies éclairées donnant à ces moutiquaires l'aspect d'immenses lanternes japonaises. Vous les entendrez chanter en pali pendant une heure en commençant par cette invocation au Bouddha :

Natmo tassa pakhawato arahato samma sampbud tassa.

Je te présente mes respects à toi, le plus grand,
qui par tes propres efforts as atteint l'illumination.

Un scientifique californien fait partie des millions de personnes qui dans le monde scandent : « *Namo Amitabha Bouddha* — Hommage au Bouddha de la lumière sans limite et de la vie infinie. » Dédiant ses efforts aux « mérites de tous les êtres sentants afin qu'ils renaissent sur les terres pures du Bouddha », il a au cours de sa pratique quotidienne accumulé 8 426 000 répétitions. « *Namo Amitabha Bouddha. Namo Amitabha Bouddha...* »

À travers toutes ces formes de pratique, le chant bouddhique psalmodié entre en résonance avec le contenu de la tradition — lent, méditatif, exempt de passion —, loin des pratiques de chant dévotionnel extatique de l'hindouisme ou des rythmes sensuels du chant africain. Le chant bouddhique invoque la clarté, le vide et la compassion des enseignements du Bouddha, ses tons transparents et spacieux nous invitant à rejoindre ceux qui sont :

Partis. Partis. Partis au-delà. Partis au-delà de l'au-delà...

Ga-tay, ga-tay, para ga-tay, para sam ga-tay ; bodhi svaha.

Le chant soufi/islamique

Dans la douceur mystique qui précède l'aube, à Meknès, au Maroc, les belles voix lancinantes des *muezzin* — ceux qui appellent les croyants à la prière — se répondent les unes aux autres depuis les minarets éparpillés dans cette cité médiévale ; leurs tons obsédants s'entremêlent et se mélangent, tirant les gens du sommeil. À l'approche de l'aube, ils entament le *adhan*, l'appel traditionnel à la prière :

Allah hu akbar. Allah hu akbar. Allah hu akbar. Allah hu akbar.

Dieu est grand. Dieu est grand. Dieu est grand. Dieu est grand.

As-shadu an la ilaha illallah...
As-shadu anna Muhammadan rasullillah...

Venez prier ! Venez prier !...

Les croyants commencent à se rassembler dans la mosquée, s'arrêtant d'abord pour les *wudu* — les ablutions rituelles à la fontaine de la cour. Les lumières des lampes qui se reflètent sur les carreaux de faïence bleus, verts et jaunes selon un motif étoilé aveuglent les yeux ensommeillés. Quelques lève-tôt sont en *sajda* — prosternation devant Dieu. Au son du deuxième appel à la prière, les hommes et les femmes se mettent en ligne sur les tapis tressés, tournés vers la ville sainte de La Mecque, et remplissent l'un des cinq devoirs sacrés de tous les musulmans, le *salat*. Levant les mains à hauteur des oreilles, les paumes en avant, ils chantent : « *Allah hu akbar*. Dieu est grand. » Le chef de prière — l'*imam*, littéralement « celui qui se tient devant » — commence à réciter les premiers versets du Coran, le texte sacré musulman :

Bismillah ir-rahman ir-rahim.

Au nom d'Allah, le Miséricordieux, le Compatissant.
Loué soit Allah, le Seigneur de tous les Mondes...

Bien que les imams ne soient pas choisis pour leurs talents vocaux, la psalmodie du Coran peut être merveilleuse pour les oreilles comme pour l'âme. Le poète soufi américain Daniel Abd al-Hayy Moore m'a raconté ce qu'il avait éprouvé en entendant un célèbre récitant égyptien du Coran : « C'était comme écouter un concerto de Vivaldi. Le Prophète Mahomet, que la paix soit sur lui, conseillait de réciter magnifiquement le Coran, or la musicalité et la maîtrise vocales de cet homme étaient exquises. » L'imam entonne d'autres *ayat*, ou versets, pour les cycles restants de la prière, les croyants le suivant en silence. D'après Abd al-Hayy : « La gloire et la beauté du Coran viennent de ce qu'il est à la fois ancien et plein de fraîcheur, pressant et calme. » Le chant se mêle au roucoulement des colombes, qui font entendre leur plainte sur les avant-toits, et aux bruits du monde qui s'éveille.

Lorsque l'imam a fini, quelques hommes se rassemblent et se mettent à chanter à l'unisson dans le style marocain connu sous le nom de *warsh* : ils psalmodient ensemble, avec beaucoup d'énergie, des versets du Coran sur un seul ton, en suivant les rythmes naturels du texte, chantant parfois des notes plus hautes ou plus basses au début et à la fin des phrases. La récitation s'achève au moment où le soleil apparaît dans le ciel, et les hommes quittent le cercle pour aller vaquer aux tâches de la journée.

Bien que la tradition islamique ne voie pas en général d'un bon œil la musique instrumentale, qu'elle considère comme une distraction trop sensuelle dans une vie de piété, il existe une riche tradition de psalmodie du Coran et des prières. Le mot *islam* signifie « soumission », et l'essence de la religion est l'abandon à la volonté de Dieu telle que l'a révélée Mahomet, le Prophète et Messager. On demanda un jour à Mahomet s'il avait fait un miracle, tel Moïse ouvrant un passage dans la mer Rouge ou Jésus ressuscitant les morts. Mahomet répondit : « Mon miracle est le Coran. » Ce livre sacré est considéré par les musulmans comme le Verbe de Dieu, et l'on rend hommage aux *hafiz* — les hommes capables de réciter par cœur tout le Coran. L'islam repose sur les Cinq Piliers traditionnels : *shahadah* — la profession de foi dans le Dieu Unique et son Prophète Mahomet ; la prière cinq fois par jour ; *zakat* — faire la charité ; jeûner de l'aube au coucher du soleil pendant le mois du *ramadan* ; et le *hajj* — le pèlerinage à La Mecque. Bien que certains associent l'islam au monde arabe, la majorité des musulmans vivent en fait ailleurs : en Indonésie, en Inde, en Afrique, en Asie, en Europe de l'Est et aux États-Unis, où elle est la deuxième religion après le christianisme. Et partout à travers le monde islamique — sur les lèvres des croyants, à la radio et dans les mosquées — les paroles de Dieu sont chantées.

Alors que les musulmans intégristes ont un rapport difficile à la musique, la plupart des rituels du soufisme, la branche mystique de l'islam, l'utilisent. D'après l'auteur soufi Al-Qushayrin, la musique « est interdite aux masses afin de préserver les âmes… mais elle est recommandée à nos compagnons [les soufis] pour égayer leurs cœurs. »

Au milieu des chemins tortueux et des jardins clôturés de murs du vieux quartier Fatih d'Istanbul se trouve le siège de l'ordre soufi Halveti-Jerrahi. En entrant n'importe quel jeudi soir dans le *meydan*, une vaste pièce au sol couvert de tapis qu'éclairent plusieurs magnifiques lustres de cristal, vous pourriez voir des initiés soufis appelés *derviches* — « ceux qui se tiennent debout à la porte » — commencer à se rassembler. Portant des chapeaux de prière blancs, la plupart sont vêtus à l'européenne, mais beaucoup parmi les plus âgés arborent la *haydariya* — la veste de laine traditionnelle. Les femmes sont au balcon, pudiquement vêtues de robes qui les couvrent du cou jusqu'aux chevilles, et coiffées d'un foulard.

Prenant place sur les petits tapis en peau de mouton disposés en demi-cercles concentriques sur le sol, les derviches s'inclinent quand le *shaykh* (le maître spirituel) entre, la tête couverte d'un turban vert et blanc et vêtu d'une longue robe noire. Quand le *shaykh* a entonné une invocation au fondateur du lignage, tous chantent à l'unisson des *salawat* — prières au Prophète :

Allah huma salli Allah seyydina Muhammad...

Dieu bénisse le Prophète, sa famille et ses descendants.

Les derviches entament à présent leur pratique de chant la plus puissante — le *zekr* (mot qui veut dire « souvenir ») :

La ilaha illallah... La ilaha illallah.

Il n'y a de Dieu que Dieu.

Lentement au début, psalmodiant sur un seul ton, ils commencent à bouger la tête, décrivant un cercle vers la droite tête levée, puis l'abaissant vers la gauche, mouvement dont on dit qu'il « met Dieu dans le cœur ».

Brusquement, le *shaykh* frappe fortement le sol, et aussitôt les derviches haussent la hauteur du *zekr* et accélèrent :

La ilaha illallah... La ilaha illallah...
La ilaha illallah...

Ils vont de plus en plus vite, le *shaykh* ne cesse de frapper le sol à plusieurs reprises pour faire monter le ton et augmenter le tempo. *La ilaha illallah... La ilaha illallah...* Une ou deux voix commencent à chanter des contre-mélodies sur le chant scandé des derviches. Le *zekr* continuant à s'intensifier au cours de la demi-heure qui suit, toujours à genoux côte à côte, les corps des derviches se mettent à tourner en cercle. Le *zekr* devient une pratique intensive de respiration, tandis que les derviches inspirent brusquement l'air dans les brefs halètements rythmiques du chant. Le *shaykh* américain Robert Ragip Frager la décrit ainsi : « Une puissante sensation d'énergie, de joie envahit le cœur et le corps. Vous êtes inexorablement aspiré dans un état de conscience différent, proche de Dieu. » Enfin, ayant atteint le sommet, tandis que les derviches se penchent vers la droite puis vers la gauche, aussi parfaitement synchronisés que des danseurs entraînés, le *shaykh* crie « *Il Allah* » et le *zekr* cesse instantanément. Il y a un silence merveilleux, à la fois intérieur et extérieur.

Le soufi Murshid Elias Amidon me décrivait l'essence du *zekr* en ces termes : « C'est nous souvenir de qui nous sommes, nous souvenir de Dieu, et introduire le Divin dans notre conscience à travers la musique. » Le *shaykh* de Ragip Frager avait l'habitude de dire : « La musique du *zekr* est le bruit des feuilles qui tombent dans le jardin d'Éden. »

Alors que les musulmans plus conservateurs espèrent, lorsqu'ils mourront, gagner le ciel grâce à leurs bonnes actions, les soufis veulent faire l'expérience du ciel de leur vivant, par la miséricorde d'Allah. On dit qu'entre nous et Dieu 70 000 voiles doivent être enlevés par des pratiques comme le *zekr*, le fameux tournoiement des derviches Mevlevi et la lutte incessante contre le *nafs* — le faux moi. Les derviches recherchent l'annihilation en Dieu — appelée *fana* —, supprimant les impuretés de l'ego jusqu'à ce qu'« il ne reste plus que la beauté de Dieu », comme le dit le célèbre saint soufi Ibn 'Arabî.

Djalâl al-Dîn al-Rûmî, le grand saint et poète soufi du XIIIe siècle, capte l'éternelle sagesse et la passion du soufisme d'une manière qui continue à parler à nos cœurs. Il est en fait le poète le plus largement publié aujourd'hui aux États-Unis. Rûmî ne cesse de nous répéter que le chant nous rapproche de Dieu :

Ô musicien de mon âme, joue Son chant
joue Son chant à chacune de mes respirations.

RÛMÎ

Beaucoup d'Occidentaux ont été en contact avec certains aspects du soufisme à travers la « danse soufie », ou les danses de la Paix universelle, comme on les appelle aujourd'hui. Un maître de l'ordre soufi indien Chisti, Hazrat Inayat Khan, a apporté son lignage à l'Ouest au début du XXe siècle, embrassant l'unité fondamentale de la foi dans toutes les religions. Les danses et les chants qui les accompagnent — qui furent créés à la fin des années soixante à partir d'une combinaison de pratiques traditionnelles soufies et de danses folkloriques, ont pris une large part à mon entrée sur le chemin spirituel. Alors que les soufis musulmans regardent parfois d'un air soupçonneux ceux qui sortent le soufisme du contexte musulman, c'est précisément leur approche œcuménique qui rend ces pratiques si accessibles aux Occidentaux non musulmans.

Le chant soufi couvre une large variété de styles — depuis les chants de dévotion s'accompagnant de frappements de mains dans la musique pakistanaise Qawwali jusqu'à la musique rituelle accompagnée de tambours chantée dans la langue wolof des soufis Qadirya du Sénégal ; depuis les chants marocains uniquement vocaux des Zaouias (confréries mystiques) aux chants accompagnés de divers instruments : le *ney* (flûte de roseau), l'harmonium, l'*oud*, la grosse caisse et des tambours (*bandir*, *daf*, *dolugh* et *tabla*).

Ma langue a délaissé toutes les paroles impures,
Elle chante Sa gloire nuit et jour :
Que je me lève ou m'assoie, je ne peux jamais L'oublier,
Car le rythme de Sa musique bat à mes oreilles.

KABIR

L'immense cour de la Grande Mosquée de La Mecque est pleine de dizaines de milliers de pèlerins — des hommes, des femmes et des enfants venus d'Inde et d'Égypte, du Sénégal, de Malaisie et du New Jersey — accomplissant le devoir qu'a chaque musulman de faire le *hajj*. Portant les vêtements blancs rituels connus sous le nom de *ihram*, la foule frémissante des croyants fait sept fois le tour de l'édifice cubique en pierre, la *Ka'ba*, qui porte, scellée à l'angle oriental, la Pierre noire sacrée posée là par le prophète Abraham et son fils, Ismaël.

Tenant de petits livres de prières, cette famille universelle chante à l'unisson :

Labbaik, Allahuma labbaik ; labbaik, la sharika laka labbaik.
Inn-al hamda wanni'mata laka-wal mulk, la sharika lak.

Me voici, ô Allah, me voici.
Il n'y a pas de partenaire avec toi. [Dieu est Un]
Toute louange et bénédiction sont Tiennes en vérité...

Dans le monde du chant psalmodié, il n'existe rien de semblable au son collectif de la mer de psalmodie qui emplit la cour pavée de marbre de la Grande Mosquée. Abd al-Hayy Moore m'a décrit le *hajj* comme « le lent rugissement d'un océan de désir, le verbe de Dieu psalmodié par dix mille lèvres » et, au centre de tout ce son, « dans une colonne de silence descendu du ciel », la *Ka'ba*.

C'est le rêve de plus d'un milliard de musulmans, qui chaque jour de leur vie psalmodient leurs prières dans la direction de La Mecque, d'ajouter un jour leur propre voix à ce chant collectif de soumission à Dieu. *Inshallah*. Si Dieu le veut.

Le chant juif

C'est samedi matin dans la plus grande ville juive du monde — New York — et des juifs pratiquants sont réunis pour la prière du sabbat. Le sol du *shule*, le « temple », est rempli d'hommes enveloppés dans leur châle de prière, le *talit* blanc traditionnel, et coiffés de petits chapeaux ronds (*yamulkes*). Les femmes prient au balcon, en partie cachées, tandis que les hommes se balancent d'avant en arrière en chantant leur prière dans le style connu sous le nom de *davennen*.

Si vous vous trouviez dans ce temple, vous auriez l'impression d'un chaos apparent — empli d'un flot de mouvement et d'une rumeur de langues. Mais si vous vous abandonniez au son, vous feriez l'expérience de quelque chose qui ressemble à un océan phonétique : le chant monte et retombe en cascade et, de temps à autre, des vagues passent à travers la pièce tandis que les voix s'unissent dans la prière commune.

Les courants mouvants et palpitants de l'office sont en fait soigneusement orchestrés par le *chazan*, le chantre, qui indique le début de chaque prière ou de section du texte en chantant la première ligne à pleine voix. Aussitôt, la foule apparemment indisciplinée s'unit dans la prière, psalmodiant les modes et mélodies que tous ont appris dans leur enfance. Derrière les tons murmurés existe, pour chanter la Bible, un ancien système annoté (appelé *trope*), qui comprend des gammes et mélodies particulières pour chaque livre, ainsi que des modes musicaux appelés *nusah ha-tefillah* pour chaque catégorie de prière et pour les différentes fêtes, que les juifs pratiquants se transmettent par la tradition orale. Voilà plus de trois mille ans que le peuple juif se rassemble pour chanter sa ferveur.

À des moments particuliers de l'office, le *chazan* très entraîné atteint le tréfonds de son âme et chante une longue prière, pleine de mélodie et de passion. « Le chant est le point de contact entre le corps humain et le transcendant. Ma tâche consiste à me retirer et à laisser quelque chose de plus grand m'envahir, afin de permettre à chacun d'être transporté par l'inspiration des paroles et des sons sacrés », dit Jack Kessler, *chazan* de Philadelphie.

L'homme est une corne de bélier ;
Le seul son qu'il émet est celui que l'on souffle à travers lui.

LES MAÎTRES HASSIDIQUES

C'est l'heure des puissantes prières connues sous le nom de *Amidah*, et tous se tiennent debout, pieds joints — on dit que c'est précisément cette position qu'adoptent les anges lorsqu'ils chantent. La pièce s'emplit d'un profond silence tandis que les fidèles psalmodient intérieurement les anciennes paroles de l'Amidah, finissant par le célèbre verset :

Puissent les paroles de ma bouche et les méditations de mon cœur être acceptables en Ta Présence ô Seigneur.

Le *chazan* entame à présent la première des sept bénédictions de l'Amidah — pour les *avot*, les ancêtres.

Baruch atah Adonai, Elohaynu valohay avotaynu v'eemotaynu...

À la fin, tous psalmodient avec lui la dernière ligne :

Béni sois-Tu, ô Dieu, protecteur d'Abraham.

Le *chazan* entraîne l'assemblée de plus en plus profondément dans la prière, chantant des bénédictions pour la sainteté, la puissance divine et l'action de grâce. Le chantre ne chante pas pour l'assemblée, il s'adresse directement à Dieu, car toutes les prières commencent par « Bénis sois-*Tu* ». Il parvient enfin au point culminant de l'Amidah — *Birkat Shalom* — la bénédiction de paix :

Sim Shalom tovah oo-v'rachach, chayn va-chesed v'rachameen...

Accorde-nous paix, bonté, bénédiction, grâce, miséricorde et compassion...
Bénis-nous notre Père, tous en tant qu'un, de la lumière rayonnante de Ton visage...

Le service continuera encore un certain temps, tandis que les juifs accomplissent le troisième commandement : « Souviens-toi du jour du Sabbat et fais-en un jour saint. »

★

Depuis leur humble origine de petite tribu sémitique, les juifs ont influé sur le développement de l'humanité dans une mesure bien supérieure à leur nombre. Leur foi repose sur le triple concept de la *création* (l'existence d'un être suprême unique qui a créé l'univers), la *révélation* (Dieu s'est révélé Lui-même à travers la Torah — les cinq premiers livres de l'Ancien Testament —, indiquant aux juifs un code de conduite visant à apporter la sainteté dans le monde) et la *rédemption* (Dieu a fait sortir les juifs d'Égypte et continue à racheter les vertueux). Il ne fait pas de doute que le maintien tenace de leur alliance avec Dieu a aidé les juifs à survivre pendant plus de trois mille ans, malgré la perte de leur terre, des centaines de persécutions et une tentative de génocide.

Le judaïsme insiste particulièrement sur les actes, qu'il juge plus importants que la foi. Les juifs doivent suivre 613 *mitzvot*, ou bonnes actions. D'après le Talmud, le commentaire juif sur la Loi : « Mieux vaut qu'ils M'abandonnent et continuent à observer Mes lois. » Contrairement aux religions qui voient la « réalité » comme une illusion, le judaïsme voit Dieu comme exigeant justice et vertu en ce monde. Cette éthique est à l'origine de la longue histoire de réformateurs sociaux qui est celle des juifs.

Nous sommes ici pour agir. Nous sommes l'instrument de la vie pour obtenir que les choses soient faites... Mieux vaut un moment d'éveil en ce monde que l'éternité dans le monde à venir.

PIRKE AVOT : VIEUX PROVERBE RABBINIQUE

Le judaïsme recèle aussi un riche jardin de tradition mystique, la Kabbale, dont l'une de ses plus belles fleurs est le mouvement hassidique. Né au XVIIIe siècle en Europe orientale, le hassidisme enseignait que le chemin vers Dieu passait pas la joie — *simcha* —, et il disait : « Venez, je vous montrerai une nouvelle voie menant au Seigneur — pas avec des paroles, mais avec le chant. »

⋆

C'est *Shabbos* (samedi) après-midi et les ombres s'allongent dans le quartier juif de Jérusalem. Des hassidim sont rassemblés dans leur minuscule synagogue, appelée *shteeble*. Vêtus de leur habit traditionnel — costume en gabardine noire et chapeau noir à large bord —, ils portent tous la barbe et les *payos*, les longues mèches de cheveux tombant de chaque côté du visage, comme le commande la loi juive. L'espace est à prix d'or dans la vieille ville et une quarantaine d'hommes sont entassés dans la petite pièce ; assis autour du *rebbe's tisch* — la table du rabbin —, ils partagent un repas frugal de *challah* (pain) et de hareng arrosé d'un peu de *schnapps*.

Conduits par leur *rebbe*, ils commencent à scander leurs *niggun* — « airs » en yiddish —, dont on dit qu'ils « ouvrent une fenêtre sur les recoins secrets de l'âme ». Ils se mettent à psalmodier, toujours à l'unisson, l'harmonie étant considérée comme un artifice qui empêche de se concenter :

Jey tzo-mo l'cho nafshi koma l'cho b'sori b'retz tzi-yo v'eoyef b'li mayim.

Mon âme a soif de Toi, ma chair Te désire ardemment.
Dans une terre sèche et épuisée où l'on ne trouve pas d'eau...

Des pleurs de désir montent dans les gorges qui débordent d'émotion. Les hassidim commencent à se balancer d'avant en arrière, répétant sans cesse le *niggun*. Puis ils passent à un *niggun* sans paroles, car, selon le premier rabbin Loubavitch : « La mélodie est l'épanchement de l'âme. Les paroles interrompent le courant d'émotion. »

Dai dai ya-dle-dai dai dai. Dai dai ya-dle-dai dai dai...

Tandis que la mesure s'accélère, quelques hommes commencent à frapper leurs poings sur la table en suivant le rythme...

Dai dai ya-dle-dai dai dai. Dai dai ya-dle-dai dai dai...

Les maîtres hassidiques disent que « les *niggun* expriment non seulement ce qui est dans le cœur, mais aussi ce qui déborde de lui ». Quelques hommes sont debout et, peu à peu, leur balancement devient danse. « Nous dansons vraiment avec la Torah, avec la mariée du sabbat. [Les juifs ont mission d'accueillir le sabbat comme s'ils rendaient hommage à une nouvelle mariée.] Nous dansons avec Dieu », m'a expliqué le rabbin hassidique américain Zalman Schachter-Shalomi. Au fur et à mesure que le chant devient plus rapide et plus fort, « c'est comme si tous étions les mèches d'une flamme, tous levés, mêlés dans une immense flamme se dressant vers le ciel », dit mon ami le rabbin du Renouveau juif, Tirzah Firestone. Le chant des hassim remplit les rues de la Ville sainte de Jérusalem de *simcha* — joie.

À l'heure où le sabbat s'achève dans le quartier juif, les sons du *niggun* hassidique sont rejoints par un extraordinaire épanchement d'âme juive dans toutes les langues de la *diaspora* (terme par lequel on désigne la dispersion à travers le monde antique des Juifs exilés de leur terre biblique). Nous flânons le long d'un édifice construit dans cette pierre blanche légèrement rosée si caractéristique de la vieille ville et par la porte ouverte regardons un groupe de juifs d'Azerbaïdjan faire le *Havdalah* — mot qui signifie séparation —, le rituel tout simple qui sépare *Shabbos* du reste de la semaine. Tandis qu'ils allument la bougie cérémonielle, emplissent la coupe de vin à ras bord et bénissent le petit récipient d'argent qui contient des épices parfumées, les Azerbaïdjanais scandent des prières en hébreu mais chantent des airs originaires du Caucase en *juid* — une langue qui mêle l'ancien persan, l'hébreu, l'araméen et le turc.

Tournant le coin de la rue, nous tombons sur une réunion de juifs yéménites qui célèbrent la même cérémonie selon leur propre tradition. Bien que leur assimilation ait été considérable depuis leur exode par un pont aérien reliant le Yémen à Israël en 1950, quelques hommes portent encore le kaftan et les femmes se coiffent du foulard traditionnel. Comme les juifs du monde entier, ils ont adopté non seulement les vêtements, mais aussi les conventions musicales des pays dans lesquels ils vivaient, aussi chantent-ils en arabe, utilisant dans leurs improvisations des *makans* (modes) impossibles à différencier de ceux de leurs anciens voisins yéménites. Ils sont accompagnés par un percussionniste qui joue sur un bidon d'essence, contournant habilement l'interdiction traditionnelle d'utiliser des instruments de musique qui frappait les juifs yéménites « en exil ».

Continuant à descendre les étroites ruelles sinueuses, nous voyons dans une cour un petit rassemblement de *falasha* — les juifs éthiopiens — aussi noirs de peau que leurs anciens voisins, avec lesquels ils vivaient en paix depuis des siècles. Encore vêtus de leurs habits de sabbat, quelques hommes portent des sortes de turbans blancs alors que leur chef spirituel — le *cahen* — se balance au rythme des tambours dans sa robe brodée d'or. Émettant un curieux gémissement continu et haut, ils appellent et répondent dans un chant en amharique éthiopien, se souhaitant mutuellement *Sanbat Salam* — leur version de la salutation du sabbat en hébreu, *Shabbat Shalom*.

Comme tirés par un aimant spirituel, nous sommes irrésistiblement entraînés vers le cœur du quartier juif, le centre physique du peuple juif — le mur des Lamentations —, vestige du Temple biblique. Dans la journée, le *kotel* — le mur — et la place sont envahis par des fidèles qui s'agitent et prient, de familles qui célèbrent *Bar Mitzvahs* et de touristes avec leurs appareils photo. Des suppliants introduisent des morceaux de papier pliés contenant leurs prières écrites dans les fentes du vieux mur usé, poli par les caresses et les baisers des pèlerins depuis près de deux mille ans. Cinq fois par jour, les sons scandés de l'appel islamique à la prière arrivent du Dôme sacré du Rocher situé sur une colline juste au-dessus du mur des Lamentations. À la périphérie de la place, des soldats israéliens en faction veillent, munis de leurs mitrailleuses Uzi, car la menace d'une attaque terroriste est toujours présente.

Il est minuit maintenant, la foule a déserté l'endroit et l'on peut se laisser pénétrer par la sensation palpable de l'Esprit qui semble rayonner du *kotel*. Debout à quelques centimètres du mur, un hassim psalmodie doucement, tout seul, s'adonnant à l'une de ces dévotions intimes appelées *sihoth* — « cœur à cœur ». Le rabbin Zalman parle de ces moments où il s'enveloppe dans le *talit* : « Le chant semble prendre une valence, une couleur et une mémoire. Je ne suis plus autant Zalman, mais un simple juif en prière. Et parfois, me balançant de haut en bas, je me reflète sur l'immensité de l'univers et, à cet instant, je ne suis qu'une pensée dans l'esprit de Dieu. »

Le hassim qui se balance près du mur des Lamentations chante un *niggun* du grand rabbin Nachman de Bratislava :

Je lève mes mains vers Toi en prière.
Accorde-moi la force de rester seul debout.
Tu es celui à qui j'appartiens.
Je Te chanterai ma chanson, et Te donnerai ce qui est dans mon cœur.

Le chantre, à présent tout près de son Dieu, remonte dans le temps jusqu'aux origines de son lignage vieux de 3 200 ans et il rejoint les âmes des juifs du monde entier tandis qu'il psalmodie la prière se rapprochant le plus d'un credo pour les juifs, la prière que l'on dit au lever et au coucher, celle que le juif pieux espère mettre sur ses lèvres au moment de mourir :

Sh'ma Yisra'el Adonai Elohaynu Adonai Echad.

Ici ô Israël, le Seigneur notre Dieu, le Seigneur est Un.

LE CHANT CHAMANIQUE

Un vent glacial balaye la toundra couverte de neige, hurlant au-dessus des eaux gelées de la Lena, secouant la structure de la vieille yourte — une tente de nomades, circulaire, en peaux. Ici, à près de cinq mille kilomètres au nord de Moscou, sur le Cercle polaire arctique, dans les vastes étendues de Sibérie, un vieux chaman iakoute — un *ojuna* — commence son rituel pour guérir une femme malade depuis deux lunes. « *WhooAh. WhooAh. Ayaaa. Ayaaa* », chante-t-il sur des tons prolongés et gémissants. L'odeur âcre du tabac se répand dans l'air et un feu crépitant jette des lumières jaunes qui dansent dans l'intérieur rustique de cette habitation ronde. Sur la robe du chaman, des pendentifs plats, en fer, brillent à la lumière du feu. Le trou dont chacun est percé en son centre symbolise le trou de glace à travers lequel il doit descendre pour atteindre le domaine des esprits. Une fois là, le chaman doit combattre pour arracher l'âme de cette femme des griffes des *abaasy*, les esprits dévorants qui ont provoqué sa maladie.

S'accompagnant de son tambour, il psalmodie un *ayaaa, ayaaa* en dansant, tandis que les clochettes et les hochets de cuivre qui ornent son manteau marquent le rythme. Le chaman est maintenant dans une transe extatique ; les yeux fermés, il meut son corps sur les phrases cadencées de son chant. Voyageur solitaire dans le monde des esprits, il est cependant assisté par le puissant Uluu-Toyon, chef des esprits du « monde supérieur » et patron des chamans. Il a exécuté ce rituel des centaines de fois, et toujours a retrouvé le chemin de retour de ce voyage héroïque, mais il faut user de prudence dans les mondes transitoires. Le corps du chaman est attaché à une chaîne soigneusement tenue par son assistant, qui le tirera pour le ramener à la maison s'il se « perd ».

Le long du rivage sablonneux du lac Huron niché dans une région boisée très verte, les Ojibwe, également connus sous les noms de Chippewa, Cree ou Anishinabe selon la région, formaient autrefois la plus nombreuse et la plus puissante des tribus des Grands Lacs. Comme ses ancêtres, ce chaman indien est un jour parti seul dans la nature — en quête d'une vision — et des chants sacrés, secrets, lui ont été révélés à des fins de guérison. Tambours et hochets gardent une pulsation uniforme tandis qu'il danse et chante pour atteintre l'état extatique indispensable au rituel chamanique. Se penchant sur le feu cérémoniel, il prend des morceaux de charbon dans ses mains nues, puis, frottant son « patient » de ses mains chaudes, il chante : « *Gaa wiin daaaangoshkigaazo ahaw enaabiyaan gaainaabid* — Vous ne pouvez détruire un homme qui a fait un rêve comme le mien. »

Le mot chaman vient d'un mot de la langue toungouse de Sibérie, *saman*, qui signifie à peu près « art de dompter le feu », « vol magique », « communion avec l'Esprit ». Les chamans savent guérir le corps, le mental et l'esprit et, grâce à l'utilisation du son et d'autres techniques, ils ont appris à servir de conduit entre la vie quotidienne et le monde de l'Esprit. Portant divers noms — femme médecine, magicien, sorcier, *curandero*, ensorceleur, homme ou femme de pouvoir —, les chamans sont révérés dans pratiquement toutes les cultures indigènes sur tous les continents. Aussi longtemps qu'il exista des gens vivant en communauté, il y eut de tels guérisseurs ; parmi les peintures vieilles de plusieurs milliers d'années qui couvrent la grotte des Trois Frères, en France, on peut voir un chaman en train de jouer de l'arc musical.

Mais les chamans ne sont pas simplement des personnages exotiques appartenant à un monde qui disparaît rapidement. Oscar Miro-Quesada, un chaman guérisseur initié dans la tradition des *curanderos* papokuna et huachuma des Andes, est en outre un chercheur et psychologue qualifié, vivant toutes les apparences d'une vie contemporaine occidentale. D'après lui, un chaman est « quelqu'un qui voyage à travers des mondes visibles et invisibles dans l'intention de guérir et de rétablir l'harmonie chez les personnes, les institutions sociales et la nature ». Vêtu d'un T-shirt et d'un short, sauf lorsqu'il s'agit de cérémonies importantes, Oscar réalise un travail de guérison identique à celui que les chamans ont effectué depuis la nuit des temps. Employant les méthodes de la médecine ancestrale, il entre, grâce au chant et à la transe visionnaire, en état de communion avec le monde invisible — *teqse muyu amaru* —, un univers vivant rempli de la féconde énergie que contient tout son primordial. Pour des chamans ayant autant d'expérience qu'Oscar, le chant de la transe peut être presque chuchoté, mais on enseigne aux apprentis et à ceux qui viennent pour guérir à chanter très fort, car cela les aide à percer les barrières dressées par la « réalité perçue à travers nos cinq sens » pour atteindre les plans supérieurs de l'existence.

Réunis autour de leurs autels de guérison, ou *mesas*, Oscar et ses apprentis chantent d'abord à Pachamama, la Terre Mère et l'Esprit médecine du Sud : « *Pa-cha-ma-ma... Pa-cha-ma-ma... Pa-cha-ma-ma...* » Prolongeant les tons, la voix d'Oscar ondule littéralement dans de hautes harmoniques, envoyant de puissantes ondes sonores dans l'atmosphère. Ils chantent de trois à vingt et une fois, selon la nature cérémonielle de la guérison, parfois accompagnés de tambours et de hochets. Puis le groupe honore l'Ouest, invoquant l'Esprit médecine de Mama Killa, ou Grand-mère Lune : « *Ma-ma-ki-lla...* » Poursuivant le rituel, ils s'adressent à Wiracocha, créateur suprême et Esprit médecine du Nord ; à Inti, Père Soleil et Esprit médecine de l'Est, et enfin à K'uychi, l'arc-en-ciel éternel qui garde le centre sacré. Grâce au chant ancestral, la *mesa* devient un lieu de guérison consacré ainsi que l'incarnation en ce monde de l'énergie et des pouvoirs du monde de l'Esprit.

Comme d'autres mystiques que nous avons étudiés, les chamans comprennent intuitivement la vibration comme la nature de la réalité. Dans leur travail de guérison, ils utilisent leur maîtrise des pouvoirs du son de plusieurs manières. D'abord, à travers le son, ils se transportent dans un état modifié d'être. « Le chant est le chemin qui conduit le chaman jusqu'au monde de l'Esprit transcendant », dit l'anthropologue Joan Halifax.

O, he le. Tout en chantant je vais à travers les airs vers un lieu saint
où Yusum (l'être suprême) me donnera le pouvoir
de réaliser des choses merveilleuses.
Je suis entouré de petits nuages et tandis que je vais
à travers les airs je change, devenant pur Esprit.

GERONIMO, CHEF APACHE ET SAINT HOMME

Outre la voix, les chamans utilisent des tambours et des hochets — appelés « cheval céleste sacré », « canoé du chaman » ou « pont arc-en-ciel » — pour modifier la conscience. Le battement cadencé de ces tambours crée des fréquences de quatre à sept cycles par seconde — les mêmes que les ondes thêta du cerveau, typiques des états de transe.

Les chamans se servent aussi du chant pour invoquer la réalité vivante des ancêtres et des esprits. Semblables au *bija* hindou, les vibrations réelles des psalmodies chamaniques appellent la réalité de ce qu'elles représentent dans les êtres. Lorsque le chaman chante de manière sacrée le mot qui désigne « l'aigle », l'esprit de l'aigle est invoqué. Parlant de ses *tarjos*, ou chants médicinaux, Oscar me dit : « Je chante à la *mesa* pour réveiller ma vision du monde invisible et inviter l'Esprit médecine à prendre vie. J'utilise le timbre de la voix pour appeler et potentialiser la présence et la qualité de l'Esprit médecine offert par le monde supérieur, le monde moyen et le monde inférieur. »

Enfin, les chamans se servent du son pour modifier la réalité vibrationnelle de ceux qui sont venus se faire soigner. Elena Abila est une *curandera* (guérisseuse) chicana initiée dans la tradition aztèque, qui vit aujourd'hui au Nouveau Mexique. Me décrivant la manière dont elle utilisait le son pour « disperser et libérer le chagrin enfermé dans le corps », sans autre explication elle émit une série de sons intenses : « *Iihh ! Iihh ! Iihh ! Iihh ! Iihh !* » Le volume des sons continua d'augmenter, résonnant d'une façon très perçante qui fit vibrer tout mon corps, me donnant la sensation que mon crâne s'ouvrait comme sur des gonds. Puis elle psalmodia quelques-uns des tons qu'elle utilise dans sa pratique appelée *corazon cura corazon* — le cœur guérit le cœur. Sa voix se fit aussi mélodieuse que celle de toutes les mères chantant des berceuses, fredonnant doucement pour moi jusqu'à ce que je sente les larmes me monter aux yeux.

Certains chants sont traditionnels et enseignés au chaman lors de son apprentissage, alors que d'autres viennent du monde des esprits et ne lui sont le plus souvent transmis qu'après des rites de purification en profondeur qui comprennent le jeûne, le pèlerinage, l'isolement, la maladie et même le démembrement physique rituel. Les chamans croient que les chants de guérison ont une vie propre. Lorsqu'elle rendit visite à une guérisseuse en Inde, pendant son travail de recherche, la musicologue Pat Moffitt Cook fit l'expérience suivante :

« En réponse à mes questions, la guérisseuse me dit : "Eh bien, allez donc vous asseoir dans ma hutte ! Vous me direz ensuite ce que vous avez ressenti." Je restai assise là un certain temps avec mon bol de nourriture, sans très bien comprendre ce qu'elle me demandait. Puis ce fut comme si les murs commençaient à chanter ces airs inconnus, en les répétant sans cesse. C'était parfaitement distinct. Quand je suis sortie, elle m'a demandé ce qui s'était passé et je me suis mise à lui chanter les airs que j'avais "entendus". Il s'avéra que c'étaient les chants secrets de la guérisseuse, ceux qui lui avaient été donnés pour guérir. Elle se tourna vers moi et dit : "Vous voyez, ils vivent. Ils sont vivants, et c'est cela que vous devriez étudier !" »

Si vous écoutez des enregistrements de chants chamaniques, vous entendrez des sons qui d'un point de vue musical semblent fort étranges. Comme le dit Joan Halifax : « Les chants n'ont rien à voir avec la beauté, ils ont à voir avec une modification de la conscience. » Le chant est une médecine, et le chaman s'intéresse à une seule chose : son pouvoir et son efficacité.

Comme il l'a fait tout au long de l'histoire humaine, le chamanisme continue à évoluer et s'adapte aux nouvelles conditions. La Fondation pour les études chamaniques de Californie propose une formation de guérison chamanique, de réparation de l'âme, de conseils, et elle distribue des CD de tambour pour des voyages chamaniques. Au siège national de certaines grandes entreprises, des gens qui se donnent à eux-mêmes le titre de « chamans associés » travaillent à guérir l'esprit de l'institution ainsi que les cœurs et les âmes de ses employés. Leur large éventail de techniques de guérison, issues de la psychologie, de la science du management, de la méditation et des arts, comprend l'enseignement de mantras, des cours de chant et de tambour lors de retraites destinées aux équipes de travail.

Pendant ce temps continuent à se perpétuer les anciens rituels. Au cœur poussiéreux du continent australien, les parents d'un défunt se rassemblent pour un rite chamanique collectif consistant à transporter l'esprit détruit du mort, à travers le chant, dans le « temps du rêve ». Ces chants ne seront pas reproduits ici, car d'après cette ancienne société ils sont trop sacrés pour être entendus des non-initiés. Les ancêtres des Aborigènes chantaient le monde pour le faire exister et créaient les lignes de chant — les routes cachées de l'Esprit qui parcourent le pays, émanant de chaque animal, chaque trou d'eau, chaque rocher et chaque arbre, toujours là pour guider nos pas. Ils ont une expression qui peut nous rappeler le pouvoir de guérison du son sacré : « Sans les lignes de chant, nous ne trouverions jamais le chemin pour rentrer chez nous », disent-ils.

Les chants de la Terre et de la Déesse

Tout au fond d'un labyrinthe sinueux de cañons, sur les étendues désertiques de l'Utah du Sud, Judith et moi sommes assis avec notre groupe de chercheurs sur le lieu du rituel, un cercle presque parfait de falaises de grès blanc et rouge de plusieurs dizaines de mètres de haut, que nous appelons la *kiva*. Le quartier de lune apparaît à l'instant et le feu cérémoniel brûle haut au centre de notre cercle, projetant nos ombres gigantesques sur le mur de la falaise. Nous entonnons le chant arapaho du loup appelant la louve : « *Woa woa... Woa woa... Woa woa... Woa yeh... Yeh yeh... Yeh yeh...* » Les sons se répercutent à la périphérie du grand cercle de pierre. « *Woa... woa... woa... woa...* » Depuis le mur de la falaise nous regarde le pétroglyphe peint d'un chaman mi-homme mi-oiseau, laissé il y a des siècles par les « anciens habitants » mystérieusement disparus, les Indiens Anasazi. « Écoute le vent, porte-moi... » Nous chantons maintenant en anglais avec des tambours et des hochets, le son vibrant ricochant sur les falaises. « Ramène-moi jusque chez moi. »

L'un après l'autre, nos chercheurs masqués de blanc se lèvent. Demain ils partiront seuls dans les canons, trois jours et trois nuits durant, afin de chercher dans la solitude la sagesse et la guérison. Ce soir, ils participent à un rituel de séparation tandis que Judith psalmodie les poèmes que chaque personne a écrits comme si elle anticipait sa propre mort physique. Tandis que les tambours poursuivent leur pulsation hypnotique, un à un les personnages masqués se mettent à danser leur adieu à la vie et à ceux qu'ils aiment : sur la falaise, une ombre archétypale de quinze mètres de haut reflète chacun de leurs mouvements. De nouveau nous chantons : « Écoute le vent… » L'un après l'autre, nos courageux chercheurs disent adieu et déclarent leur intention. « Ramène-moi jusque chez moi. » Les tambours sont comme le battement collectif de nos cœurs, le chant, notre voix commune. Nous dansons, nous sentons nos pieds toucher la terre vivante alors même que nos esprits s'élèvent vers le ciel avec la fumée de notre feu. Et le vent, expiré par la bouche du cañon, porte notre chant… nous ramène « jusque chez nous ».

Les dernières décennies ont vu de plus en plus de gens des cultures occidentales chercher à rétablir leurs liens avec la spiritualité vivante du monde naturel. Incapables de trouver ce dont ils avaient besoin dans leurs propres traditions, ils ont cherché une aspiration, des pratiques et des chants sur ces chemins qui mettent l'accent sur un sens plus profond des interrelations entre toutes les formes de vie, sur l'importance d'une relation intime avec les saisons et les cycles naturels, et sur le respect de la terre notre Mère. Beaucoup trouvent une telle inspiration dans les traditions indigènes d'Amérique, auxquelles ils empruntent des rituels comme les quêtes de vision, les bâtons de parole, les *sweat lodges*, le battement du tambour et le chant :

Portant les longues plumes de mes ailes tandis que je vole.
Je décris des cercle, je décris des cercles.
Les limites de la Terre.

CHANT DE LA DANSE DES REVENANTS ARAPAHO

D'après David La Chapelle, enseignant dans les étendues désertiques de l'Alaska : « Chanter à l'extérieur transforme votre relation aux systèmes naturels — faisant de vous une partie de ces systèmes. Il n'y a pas de concept ; vous le sentez ! Je découvre des paysages qui vivent en moi, même si je vis de façon plus profonde dans le paysage extérieur. »

Steven et Meredith Foster, fondateurs de la *School of Lost Borders*, « l'École des frontières perdues », ont été des pionniers dans la réintroduction des rites de passage traditionnels. Bien qu'ils aient été initiés par des anciens de leur ethnie, ils tentent d'inventer des rituels qui s'accordent au contexte occidental contemporain en s'inspirant de leurs propres racines ethniques. Leur travail est centré autour du jeûne visant à induire une vision — un rite de passage d'un stade de la vie à un autre : adolescents entrant dans l'âge adulte, mariages ou divorces, personnes âgées souhaitant accéder à la dignité d'ancien ou d'ancienne.

Avant d'envoyer les gens dans la montagne, Steven et Meredith leur suggèrent des rituels pouvant être réalisés au cours des quatre jours et quatre nuits qu'ils passeront seuls, sans nourriture, par exemple créer un petit cercle de cérémonie en pierre, toute une nuit de veille pour saluer l'aube, et chanter. « Nous leur expliquons comment se servir du hochet, dit Steven, de la manière dont on peut l'utiliser pour guérir et faire venir les esprits. Nous montrons comment des plaintes et des gémissements prolongés, des cris et des hurlements peuvent émerger du rythme du hochet. Ils voient que l'énergie peut sortir directement de la terre à travers le corps et devenir un chant sans paroles qui résonne en différents endroits, dans le cœur ou dans le ventre. »

Chanter en groupe joue également un rôle important dans leur travail. Quand des personnes en quête se préparent à quitter le « cercle du seuil » pour partir dans la montagne, le groupe les bénit toujours en chantant :

Nous faisons un avec le soleil infini.
À jamais, à jamais, à jamais.

Quand les groupes reviennent et pénètrent dans le sauna de cérémonie, d'après Steven : « Nous chantons comme des fous — tous les chants que nous avons appris au cours des années, et parfois même ceux que des personnes ont rapportés de leur séjour dans la montagne. »

La terre, l'air, l'eau, le feu.
Reviens, reviens, reviens, reviens.

Il existe un corpus croissant de chants de la nature comme ceux-ci, se transmettant de groupe en groupe grâce à la longue tradition orale des chants sacrés.

★

Ces nouveaux chemins spirituels en plein développement tendent à être décentralisés et non hiérarchisés. Il n'y a pas de textes sacrés à mémoriser ou des règles vieilles de plusieurs siècles à suivre. Elizabeth Cogburn, célèbre chef de cérémonie, m'a dit : « Vous ne le lirez pas dans un livre. Lisez-vous vous-même et tout s'ensuivra. » Steven convint que Meredith et lui ne disent jamais quoi faire exactement, car ils veulent donner aux gens le pouvoir d'accéder à leur propre sagesse.

Mais inévitablement, au cours de ces quêtes dans la nature, le chant surgit de l'ennui, de l'inspiration, de la souffrance et des découvertes. Je me souviens d'une fois où je dirigeais un groupe dans les monts Sangre de Cristo, au sud du Colorado. Nous campions dans une haute prairie alpine entourée de sommets escarpés couronnés de neige qui formaient un fer à cheval autour de nous. Au cours de la dernière nuit que les participants devaient passer seuls, tandis que la nuit s'installait et que la température baissait, j'entendis une voix d'homme commencer à psalmodier. Les sons décrivaient des cercles autour des sommets qui renvoyaient leur écho, de plus en plus fort, jusqu'à ce que la vallée semble remplie de son chant et de son cœur. Puis, un à un, chacun à sa façon, d'autres se mirent à chanter, à crier leur passion, leur solitude, leur joie et leur peine, faisant vibrer toute la vallée de son et de chant.

Au cœur des traditions centrées sur la terre réside la vision que le Créateur vit dans chacune des formes de la création, et qu'en rendant hommage aux éléments, aux corps célestes et à toutes les créatures vivantes nous honorons le Divin. Comme le dit Elizabeth Cogburn : « La nature est le corps de Dieu. » Quand nous nous coupons du tissu vivant de la vie, quelque chose en nous se flétrit. Brooke Medicine Eagle, Indienne métisse et chef de cérémonie, m'a raconté qu'au début de sa formation l'un de ses instructeurs lui avait demandé : « "Depuis quand n'as-tu pas chanté en l'honneur de la fleur ? Depuis quand n'as-tu pas chanté en l'honneur de la grande baleine ? Depuis quand n'as-tu pas chanté en l'honneur des arbres ?" Je suis simplement restée assise là et j'ai pleuré, car je ne me souvenais pas l'avoir jamais fait. »

Steven Foster raconte qu'une fois, dans la montagne, il aperçut une harde de cerfs à une centaine de mètres de lui : « Sans y penser je me mis simplement à chanter pour eux, composant ma propre version du poème de William Blake :

Cerf sauvage, cerf sauvage
Errant ici et là
Épargne tout souci à l'âme humaine.

« J'ai dû chanter pendant une dizaine de minutes, tandis qu'ils venaient lentement vers moi, s'approchant tellement que j'aurais pu les toucher. J'étais accroupi, peut-être m'ont-ils pris pour un rocher chantant. J'eus la sensations d'être béni par le cerf. Mais ensuite, j'ai réalisé que nous aussi bénissons notre environnement lorsque nous chantons. Assis sous un saule, nous profitons de son ombre et de sa beauté, mais lorsque nous chantons pour lui, l'arbre reçoit aussi de nous, comme si nous l'avions touché avec notre cœur. »

La Terre est notre Mère, nous devons prendre soin d'Elle.

Hey yana ho hana hey yan yan.

Beaucoup d'autres, en particulier des femmes, se sont tournés vers une autre source pour ancrer leurs racines spirituelles — celle des traditions anciennes et longtemps réprimées de la Déesse.

Dans l'une de ces saisissantes juxtapositions du monde ancien et du monde moderne, vingt-six femmes se rendent en voiture jusqu'au grand monument de Stonehenge qui domine les vastes plaines du centre de l'Angleterre. Grands et austères, dressés contre le ciel que l'aube teinte de rose, ces vieux monolithes de granit ont vu des siècles passer, des empires naître et disparaître. Stonehenge est le plus connu parmi les milliers de cercles de pierre que l'on trouve partout en Europe. Certains disent que c'est un ancien lieu de sépulture, d'autres un calendrier cérémoniel qui indique les saisons, d'autres encore un observatoire primitif permettant de suivre les mouvements des corps célestes. Nous savons que tout au long de son histoire il a été considéré comme sacré par d'innombrables pèlerins et ceux qui désiraient faire un rituel.

Comme le ciel commence à changer, passant de l'obscurité à la lumière, et que les étoiles pâlissent dans les rayons orangés du soleil levant, les femmes — des enseignantes, des femmes exerçant des professions libérales, des artistes et des musiciennes — reprennent possession d'un rituel sacré qui se fonde sur des traditions païennes. Elle viennent évoquer l'aspect féminin du Divin et honorer la Terre en tant qu'incarnation vivante de Son Esprit. Entrant en procession, de l'est, ces prêtresses modernes passent entre les pierres en chantant calmement :

Terre Mère, j'honore ton corps.
Terre Mère, je chante à tes pierres.
Terre Mère, j'entre dans ton corps.
Terre Mère, j'honore tes os.

Debout en cercle — reflétant la disposition des grandes pierres — chaque femme à tour de rôle dit le nom d'une déesse ou d'une femme de pouvoir : Hécate, Artémis, Morgane la Fée, Marie-Madeleine. Chaque nom étant psalmodié, la femme imprime à son corps des mouvements spontanés et danse, invoquant les qualités uniques de cet Esprit. « Rhiannon », chante une femme, bougeant ses bras doucement et lentement comme les ailes d'une colombe, offrant sa dévotion à la déesse des oiseaux et du chant. « Gaïa », psalmodie une autre tandis que ses mains rendent hommage à la Terre Mère. Toutes les femmes s'inclinent ensuite et posent leurs lèvres sur la Terre. Lorsqu'elles inspirent, leur propre être absorbe une énergie terrienne féminine profonde et primordiale ; puis, lorsqu'elles expirent, elles la renvoient dans le sol, chacune vocalisant comme il lui plaît.

L'une de celles qui dirigent ce rituel, Kay Gardner, était musicienne et prêtresse dans la Confrérie d'Isis. « Nous avons senti notre Mère, la terre, comme un être vivant. Mes pieds sont devenus des racines que la force magnétique de la terre tirait jusqu'à son centre ; en même temps, je me sentais tirée vers le ciel, comme si j'avais été le lieu de rencontre du ciel et de la terre. On pouvait également sentir la présence invisible de toutes celles qui à travers les siècles ont effectué ce rituel à cet endroit précis. Nous appelons la Déesse, mais lorsqu'elle répond survient toujours un sentiment de crainte mêlée de respect. »

Plus près de chez elle, Kay retrouve chaque semaine, depuis cinq ans, un cercle comptant jusqu'à soixante femmes. Sous le nom de *Women with Wings*, « Les femmes avec des ailes », elles célèbrent l'Esprit féminin avec des chants de toutes les traditions touchant l'âme féminine, comme :

Mère ancienne, je t'entends appeler.
Mère ancienne, j'entends ton chant.

Comme de nombreux cercles semblables dans le monde, c'est un endroit sûr et enrichissant où les femmes peuvent trouver et exprimer leur voix dans un monde où les voix des femmes ont longtemps été étouffées.

Nous sommes une rivière d'oiseaux migrateurs,
Une nation de femmes avec des ailes.

La cérémonie de Stonehenge et « Les femmes avec des ailes » expriment une partie de la renaissance universelle d'une spiritualité féminine qui se fonde sur la terre. L'histoire des religions patriarcales est aujourd'hui réexaminée pour y découvrir les voix cachées des femmes. Dans les librairies, des étagères entières sont pleines de titres de livres, de prières et de chants sur les femmes et la spiritualité. À l'occasion de petits rassemblements, de conférences et de fêtes, des femmes viennent ensemble honorer le visage féminin du Divin. L'une des plus anciennes de ce mouvement, Z Budapest, dit : « Il n'y a pas de division entre le corps et l'âme. L'un n'est pas méprisé et l'autre glorifiée. Il n'y a pas de division entre les sexes. L'un et l'autre viennent de la Mère. Il n'y a pas de division entre le sacré et le profane : tout est lié dans l'univers et personne n'est à l'écart de la nature. Tout est nature. »

Ainsi, à une époque où la vision « rationnelle » et mécaniste dominante du monde voit le « progrès » comme le contrôle croissant de notre environnement, beaucoup de femmes et d'hommes choisissent au contraire de renouer avec le caractère sacré du monde naturel et de retrouver l'Esprit sensible et intuitif du féminin profond :

Nous venons tous de la Déesse,
Et nous retournerons à Elle...
CHANT DE Z BUDAPEST

Nous avons à présent fait le tour de tous les continents, « écoutant » les sons des chants sacrés et buvant aux sources profondes de l'Esprit. J'espère que ce voyage autour du monde vous a donné envie d'écouter quelques-uns de ces chants. Dans le « Guide des sources » que vous trouverez à la fin du livre figure une liste des enregistrements que je préfère dans chacune des huit traditions, ainsi que quelques partitions musicales. J'espère aussi que vous êtes impatient(e) de commencer à chanter tout(e) seul(e) quelques-uns de ces sons sacrés. Nous passons donc au chapitre suivant : « Apprendre à psalmodier ».

CHAPITRE V

Apprendre à psalmodier

Si vous ne pouvez m'apprendre à voler,
apprenez-moi à chanter.

SIR JAMES BARRIE

Deirdre est seule au volant de sa Toyota, et la route qui la ramène chez elle est bien plus encombrée que d'habitude. La tension qu'elle ne connaît que trop bien commence à crisper ses épaules, aussi se met-elle à fredonner un « Alléluia » ; peu à peu, sa voix d'abord à peine audible devient de plus en plus forte, de plus en plus assurée, et bientôt la voiture vibre de son chant : « Al-lé-lu-ia... Al-lé-lu-ia... Al-lé-lu-ia. » Ses inquiétudes au sujet de la circulation s'estompent. « Al-lé-lu-ia. » Ses muscles se relâchent. « Al-lé-lu-ia. » Un sentiment de joie tranquille et de gratitude envahit lentement son cœur. « Al-lé-lu-ia. »

Matt est assis en méditation après de trop longues heures de vente par téléphone. Il ferme les yeux et écoute son esprit qui pense à toute allure : « Je me demande ce que va donner cet appel... si seulement j'avais... demain il faut que je... je suis tellement énervé que j'ai du mal à rester assis... » Matt se met à scander la syllabe sanscrite primordiale : « Ommmmm... Ommmmm... Ommmmm... » Les longues vibrations du son ont presque instantanément un effet calmant sur son esprit emballé. « Ommmmm... » Sa respiration ralentit et, bientôt, son pouls et sa tension artérielle font de même. « Ommmmm... » Tandis qu'il continue à psalmodier, il a la sensation de recevoir une douche rafraîchisssante — à l'intérieur de son corps. Les pensées en suspens, les impressions décousues et les traces de la journée disparaissent dans le son : « Ommmmm... »

Assis au sommet de la colline qui se dresse derrière sa maison, John attend le premier rayon du soleil en chantant :

Oh ! Grand Esprit. Terre, soleil, ciel et mer.
Tu es en moi et tout autour de moi.

Sa voix se blottit doucement dans le silence extraordinaire qui précède l'aube. Puis, au moment où l'aube éclaire le jour, la voix de John s'élève aussi pour saluer la renaissance de la lumière. Lançant à leur tour leur réplique, les oiseaux entament leur chant du matin, un écureuil rejoint leur bavardage tandis qu'en arrière-fond le vent fait bruire doucement les feuilles de tremble. « Tu es en moi et tout autour de moi. » Dans un tel moment, en apparence ordinaire et pourtant magique, John ressent le son de sa voix, les appels des animaux et le chant du vent, tout cela vivant avec l'Esprit «... en moi et tout autour de moi ».

Deirdre, Matt et John font entrer le pouvoir du chant dans leur vie de chaque jour. Ce chapitre peut vous aussi vous aider à trouver votre propre voix et vous apprendre à chanter. Pour en tirer le maximum de profit, je vous invite à suivre les exercices point par point. Parler du chant peut être fascinant, l'écouter est sublime, mais il y a une telle joie à chanter !

Votre propre instrument de musique

Vous qui voulez mettre à profit le pouvoir du chant, vous avez énormément de chance. Vous n'avez pas besoin d'acheter un instrument coûteux, importé ou fabriqué artisanalement, ni de faire des gammes pendant des années sous la houlette d'un professeur intraitable avec un fort accent. Vous avez en vous le plus magnifique des véhicules pour guérir votre corps et votre esprit, ouvrir votre cœur, communier avec les autres et faire s'envoler vos prières vers les cieux — votre propre voix.

Ce remarquable instrument exprime l'émotion, unit le mental et le corps, invoque l'Esprit mieux que tout autre. Qui plus est, il ne coûte rien, est facile à apprendre, fait de matière naturelle, non toxique, biodégradable, aisément transportable.

Trouver votre voix

Étant enfant, chacun de nous a pris plaisir à la musicalité naturelle de sa propre voix. Nous allions et venions, inventions des chansons, envoyant notre voix naturelle dans le monde, absolument libres. En grandissant, certaines expériences nous ont appris à éprouver de la gêne et à être inhibés. Peut-être nous a-t-on dit : « Sais-tu que tu ne chantes pas juste ? » À moins que l'institutrice du cours élémentaire ait un jour lancé : « Toi là-bas, dans la deuxième rangée, ça t'ennuirait de faire semblant de chanter ? » Nous avons appris à comparer l'authenticité de notre voix à certaines normes extérieures — par rapport auxquelles, en général, nous n'étions pas à la hauteur. Encore aujourd'hui, nombre d'entre nous ne se risquent à chanter que seuls dans leur voiture ou sous la douche, et lorsqu'ils sont certains que personne ne les entend.

C'est une bien triste situation. Être gêné par notre voix ou nous trouver médiocre lorsque nous chantons reflète souvent les sentiments que nous avons sur ce que nous sommes et la manière dont les autres nous perçoivent. Si vous pensez que vous êtes incapable de chanter, il faut vous en convaincre : vous *pouvez* chanter. En fait, il n'y a qu'une voix au monde semblable à la vôtre. Si nous faisons abstraction du critère socialement déterminé de ce qu'est supposée être une « bonne voix », votre voix, comme celle de toutes les créatures de Dieu, a sa propre beauté, qui est unique. À travers l'expérience du chant psalmodié, où la participation est plus importante que la qualité de l'exécution, beaucoup de gens ont retrouvé la joie de s'abandonner pleinement au chant.

Notre fille aîné, Leila, a eu l'avantage discutable de grandir dans un foyer très musical. Sa cadette Danya a hérité de mon don pour la musique et notre maison résonnait souvent de nos duos pleins de subtils changements dynamiques et de vibrantes harmonies. Même si nous chantions souvent en famille, tous ensemble, Leila s'était toujours sentie un peu intimidée, et elle avait pris l'habitude de retenir sa voix. Pourtant, l'année dernière, elle est revenue d'une retraite de yoga de quarante jours où, pour la première fois, loin de la dynamique familiale, elle s'était immergée dans le chant. Nous étions assis autour de notre grande table en bois dans la salle à manger, chantant notre bénédicité traditionnel avant le repas, quand j'entendis soudain une voix que je n'avais jamais entendue auparavant. Levant les yeux, je fus stupéfait de voir que cette voix pleine et robuste était celle de Leila, qui avait toujours chanté si doucement qu'on l'entendait à peine. Pour la première fois, elle avait découvert l'expression joyeuse de sa propre voix et elle nous entraîna bientôt dans les nouveaux chants qu'elle avait appris.

Qui que vous soyez et quelle que soit votre expérience musicale, vous aussi pouvez tirer parti et plaisir du chant. Commençons par un exercice conçu pour vous aider à perdre votre timidité et échauffer votre voix.

Exercice n° 2-1 : Chantez une chanson que vous aimez.

Choisissez une chanson que vous aimez et connaissez bien, avec laquelle vous vous sentez à l'aise. Ce peut-être n'importe quoi : l'hymne national ou une chanson de votre groupe préféré. Levez-vous. Dans un instant, vous allez chanter cette chanson. Mais vraiment la chanter, à tue-tête ! Concentrez-vous entièrement sur les paroles de la chanson et sur le chant. Respirez profondément deux ou trois fois, et allez-y...

Maintenant, arrêtez-vous et réfléchissez. Comment était-ce pour vous ? Quoi que vous ayez ressenti, nous allons faire un pas de plus — ce n'était qu'une répétition.

Prenez un instant pour imaginer la meilleure version que vous ayez jamais entendue de cette chanson. Écoutez-la en imagination... avec tout son pouvoir et son sentiment.

Vous allez la chanter à nouveau, mais imaginez cette fois que votre interprétation sera au moins aussi belle que la version de votre souvenir. Et, cette fois, la chanson sera une représentation. Vous chantez pour un public imaginaire, un public qui aime cette chanson et qui aime votre voix. Le cœur et la passion du public monte et descend avec chacune des notes que vous chantez. Aussi, cette fois, n'ayez aucune retenue. Donnez-vous entièrement. Chantez, et que ce soit la représentation de votre vie !

Vous vous demandez peut-être ce que chanter à tue-tête un air de rock, un tube du Top 50 ou un air d'opéra a à voir avec le chant psalmodié ? Il y a des années de cela, tous les mercredis soirs, je faisais la route depuis le Massachusetts jusqu'à Manhattan, dans une fourgonnette avec des amis, pour aller écouter un maître spirituel du nom de Hilda Charlton parler à la cathédrale Saint John the Divine. Un soir, elle nous dit quelque chose que je n'ai jamais oublié. De sa vieille voix criarde, et avec ses manières un peu bizarres, elle nous dit : « Vous savez, les mômes [elle nous appelait toujours "les mômes"], Dieu ne veut pas de vos petits ego malingres. Dieu aime les ego grands et sains. Alors, donnez ce que vous avez ! »

Le chant psalmodié est passionnant. Même quand il devient doux et raffiné, il exige notre plénitude, notre pouvoir, notre cœur, nos tripes. Chanter une chanson que nous aimons, avec joie et enthousiasme, est une préparation parfaite pour « donner ce que nous avons » à travers le chant.

Vous n'avez pas besoin de beaucoup de technique vocale pour psalmodier. On dit que la psalmodie est « le soufle rendu audible », et apprendre à bien respirer est la première étape pour apprendre à psalmodier.

Exercice n° 2-2 : Respirez.

Asseyez-vous le dos bien droit, afin que vos poumons puissent pleinement se dilater.

Posez une main sur votre bas-ventre.

Sentez votre ventre bouger tandis que vous respirez... inspirant et expirant... inspirant et expirant.

Assurez-vous que votre ventre sort quand vous inspirez. Vous pouvez être sûr que vous le faites correctement en voyant si votre main est poussée vers l'extérieur par rapport à votre colonne vertébrale.

Quand vous exhalez, votre ventre doit se contracter, votre main revenant vers votre colonne vertébrale. Faites cela plusieurs fois.

Maintenant, inspirez à nouveau l'air dans votre abdomen. Une fois que votre ventre est empli d'air, et seulement alors, laissez votre poitrine se remplir à son tour. Ressentez votre souffle comme une vague qui emplit votre ventre, puis votre poitrine. Et quand vous exhalez, la vague commence dans votre poitrine : ayant vidé l'air de vos poumons, elle descend dans votre abdomen jusqu'à ce que celui-ci soit entièrement contracté et vide d'air. Faites cela plusieurs fois.

Vous pouvez maintenant enlever votre main, mais continuez à respirer en gardant la sensation de l'air qui poussait votre main vers l'extérieur, puis vers l'intérieur.

Tout en continuant, approfondissez peu à peu votre respiration. Sans pousser, augmentez lentement le volume d'air qui arrive dans votre ventre. L'approfondissement de la respiration devrait venir de votre ventre — la poitrine étant plutôt une pensée après coup.

Faites cela pendant quelques minutes, en approfondissant votre respiration et en vous détendant. Sentez les vagues déferler... enfler dans le ventre, puis dans la poitrine... et de nouveau refluer... Relâchez l'effort... laissez les vagues du souffle *vous* respirer.

Exercice n° 2-3 : Psalmodiez à partir du ventre.

À présent ayant pris une pleine et profonde inspiration,

comme nous venons de l'apprendre, chantez la voyelle : « Aaaaah ». Tout en chantant, relâchez lentement votre souffle, d'abord à partir du ventre, puis dans la poitrine... Inspirez à nouveau et chantez en expirant : « Aaaaah ».

Imaginez qu'une colonne d'air reposant sur votre ventre monte à travers vos poumons jusqu'à votre gorge. Quand vous chantez, visualisez cette colonne d'air venant de votre ventre et tenant la note qui sort de votre bouche. Autrement dit, chantez à partir de votre ventre !

Respirez à partir de votre ventre et chantez : « Aaaaah ».

Encore : « Aaaaah ». Et encore : « Aaaaah ».

Chanter à partir du ventre nous apporte plus d'air, nous donne la capacité de soutenir notre note plus longtemps et nous permet de mieux contrôler notre voix. Nous inaugurons un cycle de renforcement personnel : notre respiration pleine et profonde nous aide à psalmodier, alors que les longues phrases musicales rythmées de la psalmodie entraînent notre souffle, nous faisant devenir un avec la musique.

Notre premier chant

Vous voilà prêt(e) à chanter maintenant. Nous commencerons par un mantra que vous avez déjà reçu, qui a pour vous un sens et un pouvoir particuliers : votre prénom.

Bien qu'on puisse ne pas y penser en tant que tel, votre prénom est un mot doté de pouvoir. Pensez au nombre incalculable de fois où des personnes, dans votre vie, ont prononcé les sons qui le composent. Écoutez-les à présent, ces êtres chers ou rencontrés il y a peu, qui cherchent à attirer votre attention, qui lisent votre nom sur une liste d'appel, vous appellent d'une autre pièce, crient votre nom sur un ton de colère, le murmurent tendrement dans un moment d'amour.

Notre prénom est intimement lié à la sensation de notre moi. Répétez-le plusieurs fois à haute voix. Que ressentez-vous lorsque vous prononcez les sons par lesquels on vous connaît ? Ces sons pénètrent profondément votre psyché, provoquant toute une série d'associations.

Exercice n° 2-4 : Chantez votre prénom.

Dans cet exercice, vous chanterez en utilisant seulement votre prénom en guise de paroles.

Expérience. Chantez votre nom à haute voix, sur une seule note — ou inventez votre propre mélodie. Chantez une note par syllabe — « Ro-bert... Ro-bert... Ro-bert. » Ou une série de notes sur chaque syllabe — Ro-o-o-o ber-er-er-ert. » Chantez des notes au hasard ou répétez sans cesse la même phrase.

Vocalisez de toute votre force, comme si vous vouliez envoyer ce son unique à l'autre bout de l'univers. Pour éviter de fatiguer votre voix, tenez la note à partir de votre diaphragme et relâchez votre gorge. Chantez à présent aussi doucement que vous le pouvez, en murmurant votre nom dans le calme. Faites-en un jeu amusant — prenez-y du plaisir. Imaginez ensuite que chaque fois que vous entonnez votre nom, c'est comme une cloche qui appelle votre moi profond à se réveiller, qui appelle votre âme à s'incarner pleinement.

Donnez-vous entièrement à la psalmodie des sons qui composent votre prénom. Continuez pendant au moins cinq minutes.

Exercice n° 2-5 : Vocalisez.

Nous pouvons à présent goûter le plaisir de laisser notre voix jouer avec la pratique ancienne de la vocalise.

Plutôt que de suivre des instructions précises, imaginez-vous dans la peau d'un explorateur. Votre bateau est votre voix et vous allez l'utiliser pour voyager dans d'étranges nouveaux mondes. Je vais vous donner une carte élémentaire et vous indiquer quelques itinéraires.

Prenez une voyelle, par exemple : « Ohhhhh ! » Conservez-la un long moment — quatre ou cinq minutes. Essayez. Chantez : « Ohhhhh ! » sur une seule note. Voyez si vous pouvez faire vibrer la note dans différentes parties de votre corps. Tout en tenant la note, jouez à modifier légèrement la position de votre langue, de votre mâchoire et de vos lèvres. Montez et descendez dans votre registre vocal de chant : « Ohhhhh ! » Essayez de lentes et longues mélodies avec cette voyelle.

Faites à présent la même chose avec « iiiiiiii », puis avec « ahhhhh ». Et avec les autres syllabes… ou d'autres sons.

Tel un explorateur intrépide, jetez-vous dans l'inconnu. Consacrez-vous aux vocalises et voyez où cela vous emmène.

Comment chanter

J'ai reçu une instruction formelle dans plusieurs formes traditionnelles de chant. Parfois, les règles sont très précises : « Asseyez-vous jambes croisées, la colonne vertébrale bien droite, en joignant votre médium et votre pouce. » Ou : « Fermez les yeux et faites-les rouler en arrière dans votre tête comme pour regarder le sommet de votre crâne. » Mais dans une autre tradition, au lieu de vous faire asseoir, on peut vous dire : « Levez vos bras vers le ciel, et sautez tout en scandant votre chant : “Hou... Hou... Hou”. » Dans de nombreuses formes de chant psalmodié, on vous demande de fermer les yeux ; dans le bouddhisme zen, au contraire, vous vous entendez dire : « Gardez les yeux ouverts et fixez le mur. »

Quand on étudie le chant avec un professeur, mieux vaut suivre ses instructions à la lettre, mais pour notre objectif, qui est de vous inciter à chanter, il n’y a pas de règles strictes. Mes suggestions sont des lignes directrices, que vous mettrez à l’épreuve de votre expérience.

Que faire de votre corps ?

Le plus souvent, vous serez assis pour chanter. Le mieux est de s’asseoir bien droit, sur une chaise ou par terre, sur un coussin si vous voulez. Cela vous permettra de respirer plus profondément et de garder votre corps ouvert et disponible pour que les sons vibrent pleinement. Beaucoup de gens préfèrent chanter les yeux fermés, car cela les aide à s’abstraire de ce qui pourrait les distraire et peut approfondir la qualité de l’immersion et de l’abandon. D’autres chantent les yeux ouverts ou mi-clos.

Le chant voulant être une expérience incarnée de l’Esprit, il est souvent bon de laisser le corps se mouvoir lorsque l’on chante. Comme nous l’avons vu, du *kirtan* hindou au *zekr* soufi, le mouvement peut faire partie intégrante du chant. Faites confiance à votre corps. Ne vous tenez pas de façon rigide, à la manière d’une statue de pierre du Bouddha. Vous pouvez préférer rester debout, vous balancer, ou encore danser. Laissez votre corps se mouvoir naturellement... comme la musique vous meut.

L'intention

Comme nous l'avons appris, l'intention est cruciale pour faire l'expérience de tout le potentiel du chant. Il est très bien de se mettre brusquement à chanter sous la douche ou en allant faire ses courses, mais vous pouvez parfois vouloir faire une transition consciente entre la réalité quotidienne et l'espace-temps sacré. Préparez un espace physique. Asseyez-vous devant votre autel, arrangez des fleurs ou allumez une bougie. Avant de vous mettre à chanter, vous aurez peut-être envie de dédier le chant — en pensée ou à haute voix — à la joie de votre âme, à quelqu'un que vous aimez, pour le bien de tous ou pour honorer Dieu.

Le centre et l'abandon

Le chant nous appelle dans deux directions parfois paradoxales. Le chant est abandon, relâchement du contrôle habituel avec lequel nous approchons la vie la plupart du temps. Il nous invite à nous laisser aller si complètement que la limite entre le chant et celui qui chante, entre moi, ego séparé, et la vie se dissout. Il nous offre une entrée dans un monde libéré du temps et de l'espace ordinaires, ainsi que la possibilité de transcender les limites de la peur et du contrôle par lesquelles nous nous séparons nous-même de la pleine expérience de la vie.

Mais le chant est aussi une discipline. Si nous laissons notre esprit vagabonder, nous perdons le rythme et le schéma de la musique. Même lorsque nous nous laissons aller dans le chant, nous devons rester attentif à l'endroit où nous sommes, aux qualités uniques de cet instant et de l'instant suivant. Le chant est ainsi une métaphore pratique du chemin spirituel. Comme le dit le célèbre proverbe islamique : « Nous prions Allah, mais nous attachons notre chameau. » Nous apprenons à atteindre les cieux tout en gardant nos pieds fermement posés sur la terre.

Quand vous commencez à vocaliser, concentrez-vous vraiment sur les sons, les mots et la musique. Chantez avec tout votre cœur et toute votre âme. Glissez-vous dans le son, laissez les vibrations répétées vous laver en vous traversant, et perdez-vous dans le silence entre les notes. Mais restez présent. Pratiquez l'attention. Restez éveillé.

La principale barrière au plaisir du chant est notre mental toujours en train de calculer et de juger. « Ça fait combien de temps ? Combien de temps devrais-je encore chanter ? Je ne le fais pas bien. Décidément, ce n'est pas du travail. Comment se fait-il que je n'aie pas encore eu d'expériences paranormales ? Quoi, pas de lumière blanche ? »

Dans le chant, comme dans toute pratique de méditation, nous devons constamment, en douceur, ramener notre attention au centre. L'une des raisons pour lesquelles le chant fonctionne si bien, c'est que notre centre — le rythme, la mélodie, les paroles — est tellement fort et tellement irrésistible. Parfois, quand nous chantons, nous nous installons facilement en un lieu profond, notre attention reste naturellement et sans effort dans le chant. D'autres fois, notre esprit est agité, et il se peut que nous devions ramener constamment notre attention sur le chant. C'est une chose tout à fait normale, même si notre esprit passe son temps à nous noter comme si notre chant était un cours au collège : « Pour celui-ci je mérite un B. Assez bien, mais pas aussi puissant que la semaine dernière. »

Combien de temps ?

Combien de temps devez-vous répéter un chant donné ? La durée de notre attention moderne stimulée par les médias électroniques est plutôt courte. À l'Omega Institute for Holistic Studies, où ma femme et moi avons enseigné pendant de nombreuses années, à la question : « Qu'avez-vous aimé dans l'expérience que nous vous avons proposée ? », un participant a répondu par écrit le commentaire suivant : « Je n'ai pas aimé ces méditations pendant lesquelles l'on restait juste assis. »

Chanter n'est pas une chose. Chanter est une expérience qui a toujours lieu dans le moment présent. Vous ne chantez pas pour arriver quelque part. Il n'y a pas de bons points à accumuler, pas de récompenses à convertir en espèces lorsque vous avez comptabilisé trente mille répétitions.

Cela dit, mieux vaut chanter un bon moment plutôt que peu de temps. On m'a raconté l'histoire d'un Américain en quête de spiritualité qui s'était rendu en Inde pour y trouver l'illumination. Sur les hauteurs de l'Himalaya, il rencontra un vieux maître vénéré et lui demanda : « Comment puis-je atteindre l'illumination ? » Le gourou lui dit : « Chantez *Om Shri Ram* un million de fois et vous serez sûrement illuminé. — Oh, merci, merci », s'exclama l'homme en quête. Mais alors qu'il s'éloignait-il eut une hésitation : « Maître, comment saurai-je que je l'ai chanté un million de fois ? — Oh, c'est facile, dit le gourou, vous serez illuminé. »

Essayez de repoussez un peu vos limites. En chantant plus longtemps, nous fortifions les « muscles » du chant et approfondissons notre expérience. Il n'y a pas de limite : des gens chantent parfois pendant plusieurs heures... voire toute une nuit lors de rituels particuliers. Comme pour tout savoir-faire, nous acquérons plus d'habileté en pratiquant. Notre pratique du chant s'approfondit, nous apprenons davantage, nous nous enrichissons. À la fin, vous acquérez plus de sagesse en voyant ce qui est bien pour vous.

Vous découvrirez aussi qu'en utilisant les mêmes chants, jour après jour, année après année, vous approfondissez votre relation à ces chants. À travers le pouvoir de l'ancrage, leur sens s'élargit. Vos propres chants deviennent une fréquence spéciale de son et d'énergie dans votre vie, un ami cher et familier, une source constante de force et d'inspiration.

Le silence

Un dernier point important à propos du chant. Lorsque vous avez fini de chanter, un long ou court moment, asseyez-vous… et restez assis(e) dans le silence. Le silence après le chant est aussi éloquent que le chant lui-même. Dans certaines traditions, le principal objectif du chant est de vous mettre à l'unisson avec le son intérieur du Divin. D'après le mystique chrétien allemand, Maître Eckhart : « Rien dans l'univers n'est aussi semblable à Dieu que le silence. »

Restez assis dans le silence et respirez… Voyez si vous sentez les vibrations d'énergie mises en mouvement par le chant se répercuter dans l'espace autour de vous et à l'intérieur de votre corps. Absorbez la présence subtile qui souvent semble s'attarder dans la pièce.

Quelques chants faciles

Nous verrons un peu plus tard comment inventer vos propres chants dans la pratique de la psalmodie, mais en attendant sans doute souhaiterez-vous disposer d'un répertoire sur lequel travailler. Pour vous permettre de commencer, voici quelques chants très simples issus de différentes traditions spirituelles, choisis pour faciliter les choses à ceux d'entre vous qui ne lisent pas la musique. (Pour ceux qui la lisent, j'ai inclus des partitions de quelques-uns de mes chants préférés dans le « Guide des sources » situé à la fin du livre.)

En chantant ces anciennes phrases sacrées, nous utilisons des sons conçus pour affecter votre conscience, pour susciter des états modifiés d'être, pour guérir et nous amener à une plus grande communion avec Dieu, l'Esprit ou quel que soit le nom que nous donnions à l'expérience d'une puissance supérieure.

Chant n° 1 : *Om* (hindou).

De toutes les syllabes sacrées du sanskrit, OM est considérée comme la plus puissante. OM n'est pas un symbole — la vibration exacte de ce son serait le son même de la force créatrice de l'univers, le son qui contient tous les autres sons.

Le pouvoir de OM est le Soi en vous...
Le corps humain est une corde de OM.
Tout ce qui est – au-dedans de nous, au dehors de nous –
est né de OM...
Le son universel est OM.

NITYANANDA, SAINT HINDOU

Om, composé en réalité de trois sons distincts, se prononce AOUM :

— A, comme le *a* de « amen »

— OU, comme dans « vous »

— M, un long son vibrant, « mmmmm », produit par les lèvres.

Essayer de vocaliser AOUM plusieurs fois. Ce faisant, imaginez-le comme un son vocalique qui change continuellement, vos lèvres passant lentement d'une voyelle à la suivante. « AAAAOUUUUMMMMMMMM. »

Et de nouveau : « AAAAOUUUUMMMMMMMM. » Et encore.

On dit que *A*, le son né du souffle, représente Brahma, Dieu en tant que créateur. Le son médian soutenu, *OU*, joue le rôle de Vishnou, le protecteur, celui qui soutient. Quant au dernier son, *M*, qui ne se ferme qu'à la fin, à la mort du souffle, il représente Shiva, l'aspect destructeur de Dieu.

AUM est chanté sur une seule note, tenue sur toute la longueur du souffle. En respirant, n'oubliez pas d'inspirez l'air profondément, à partir du ventre. Au début, répétez AUM pendant au moins cinq minutes, puis, progressivement, augmentez la durée.

Chant n° 2 : *Ga-tay ga-tay* (bouddhiste).

Nous avons appris ce chant célèbre lors de notre « visite » au centre zen du dernier chapitre. Extrait du *Sûtra du Cœur* (les *sûtra* sont des textes contenant les paroles du Bouddha), il est chanté chaque jour dans les temples et les centres bouddhistes du monde entier.

Traditionnellement, on le chante très lentement. Toute la phrase est chantée sur un seul ton, une grande partie de son pouvoir venant de la vocalisation prolongée des voyelles. Le rythme, qui n'est pas exact, est mieux représenté par l'exemple de la page suivante. La traduction de ces anciennes paroles sanscrites est : « Parti. Parti. Parti au-delà, Parti au-delà de l'au-delà. Salut à celui qui éveille. »

Sûtra du Cœur

o= court ô= long

Chantez cette phrase sur un registre très bas, en faisant vibrer les notes profondément, dans votre ventre. Tenez la toute dernière note aussi longtemps que vous le pouvez sans difficulté, en laissant le son s'éteindre dans le silence. Restez assis(e) un moment en silence, puis répétez la phrase... Encore.

Ce chant parle du voyage — le voyage vers l'infini, le voyage du Soi. Nous devons aller au-delà du monde familier dans lequel nous avons vécu. Nous devons aller au-delà... au-delà de ce que nous pensons que nous sommes, au-delà de nos conditionnements, de nos croyances, de nos pensées et de nos préjugés. Au-delà de ce que nous croyons se trouver au-delà... et encore au-delà de cela. Nous honorons ceux qui ont ouvert le chemin par leur courage et leur exemple. Et nous saluons et honorons cet élan en nous qui nous appelle au-delà de l'au-delà.

Dans cet esprit, commençons à chanter : *Ga-tay gatay para sam gatay...*

Voici une variation possible : si vous avez une cloche tibétaine, un gong, ou n'importe quelle clochette qui ait un son agréable et prolongé, vous pouvez la frapper chaque fois que vous avez fini de chanter le dernier mot, *saha*. Restez assis en silence jusqu'à ce que le son de la cloche s'éteigne, puis chantez à nouveau la phrase entière.

Chant n° 3 : *Alléluia* (chrétien/juif).

Le mot *Alléluia* vient de l'hébreu et signifie littéralement : « Louez le Seigneur ». Bien qu'il soit communément chanté dans les églises, *Alléluia* s'enracine aussi dans la religion juive, comme nous le voyons dans les psaumes de l'Ancien Testament.

Louez Yahvé, tous les peuples
fêtez-le, tous les pays !
Fort est son amour pour nous,
pour toujours sa vérité.
PSAUME 111

Comme il s'agit d'un chant de louange, vous pouvez souhaiter que votre intention communique joie et remerciement à l'Esprit.

Alléluia a été chanté sur de nombreuses mélodies. Vous êtes bien sûr libre de le chanter sur un air que vous connaissez déjà ; je vous propose quant à moi la simple mais célèbre mélodie du *Canon en ré* du compositeur baroque Johann Pachelbel. (Un canon est une figure musicale simple plusieurs fois répétée.)

Alléluia d'après le Canon en ré de Pachelbel

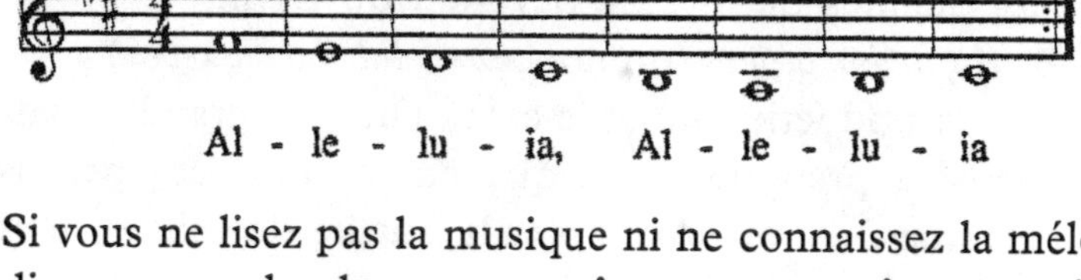

Si vous ne lisez pas la musique ni ne connaissez la mélodie, essayez de chanter en même temps qu'un enregistrement du Canon de Pachelbel ou un autre *Alléluia* enregistré figurant dans notre « Guide des sources », à la fin de l'ouvrage.

Quand je dirige des groupes de chant sur cet *Alléluia*, quelques personnes lèvent presque toujours spontanément les bras vers le ciel et commencent à se balancer. Essayez donc, ou improvisez tout autre mouvement. Laissez aller votre corps ! « Alléluia ! »

Chant n° 4 : Trois *wasifa* (soufi).

L'une des pratiques soufies traditionnelles consiste à psalmodier les *wasifa* — les quatre-vingt-dix-neuf noms d'Allah. Ces noms, donnés par Mahomet, représentent des qualités comme la compassion ou la vérité. Chez les initiés soufis, le *shaykh* (instructeur) assigne aux *mureeds* (disciples) la psalmodie de *wazifa* spécifiques.

Nous travaillerons sur trois *wazifa*, tirés de l'Appel islamique quotidien à la prière, que tous les chercheurs considèrent comme bons et utiles :

1. *Subhan Allah* (prononcez *sou-baan Al-lah*)
   Dans ce *wazifa*, nous méditons sur la qualité divine de la pureté, souvent cachée derrière les voiles de la personnalité ; nous chantons pour invoquer cette pureté qui est notre vraie nature.
2. *Alhum dullilah* (prononcez *al-lhoum dou-li-lah*)
   Cela veut dire : « Louez le Seigneur », comme « Alléluia ». En chantant cette phrase, nous évoquons les qualités de joyeuse dévotion du Divin.
3. *Allah hu akbar* (prononcez *al-lah hou ak-bar*)
   La traduction littérale est : « Dieu est grand », mais dans la pratique ésotérique on la considère parfois comme une méditation sur la qualité de paix en tant que pouvoir.

Chantez chaque *wazifa* à tour de rôle, en commençant par *Subhan Allah*. Chantez les paroles sur une seule note et sur un rythme de votre choix. « *Subhan Allah... Subhan Allah... Subhan Allah.* » N'oubliez pas l'importance de l'intention. Tout en psalmodiant, imaginez que les sons mêmes de « *Subhan Allah* » suscitent en votre être la qualité de pureté. Adoptez un rythme facile et fluide. Répétez trente-trois fois le *wazifa* : « *Subhan Allah... Subhan Allah...* »

Quand vous avez le sentiment d'avoir fini, continuez avec le deuxième, puis le troisième *wazifa*. Vous pouvez parfaitement inventer des mélodies simples pour chaque phrase, bien qu'elles soient efficaces sur un seul ton. Une pratique traditionnelle consiste à répéter chacun des trois *wazifa* trente-trois fois. Si vous voulez faire durer le chant davantage, répétez chaque *wazifa* quatre-vingt-dix-neuf fois.

Voici une autre variation que vous pouvez essayer. Dans de nombreuses formes de chant, le chanteur est accompagné d'une seule note tenue, appelée bourdon — par exemple le tambourin indien et l'harmonium. Tout en chantant les *wazifa*, vous pouvez créer un bourdon en gardant baissée une seule note sur un synthétiseur (vous pouvez même glisser un morceau de papier entre les touches) ou en répétant la même note sur un instrument à cordes tels que le piano ou la guitare. Continuez à tenir cette note tout au long de votre psalmodie.

Si vous lisez un peu la musique et voulez apprendre d'autres chants, voyez le « Guide des sources » à la fin de l'ouvrage. Vous trouverez des chants simples venant des traditions chrétienne, juive, bouddhiste, amérindienne, hindoue, soufie, africaine et de la Déesse/Terre. Même si vous ne lisez pas la musique, jetez-y un coup d'œil, car on peut trouver des enregistrements de la plupart de ces chants.

Inventez vos propres chants

Bien que les chants traditionnels recèlent un grand pouvoir, vous êtes également libres, dans votre pratique personnelle, d'inventer vos propres chants. Rappelez-vous : quelqu'un, quelque part, a inventé chacun des chants que nous psalmodions. Vous pouvez donc le faire aussi ! Dans le prochain exercice, vous allez inventer des mélodies et des rythmes simples pour donner vie et pouvoir aux paroles que vous aurez choisies.

Exercice n° 2-6 : Chantez un texte.

Commencez par trouver quelques mots qui parlent à votre cœur — un poème peut-être, ou une prière, ou encore un texte sacré. Lisez les mots à haute voix. Qu'évoquent-ils en vous ? À qui vous adressez-vous lorsque vous prononcez chacune de ces phrases ? À présent, regardez à nouveau les mots. Imaginez que vous entendiez ces mots chantés. À quoi ressemble la musique ? Quel en est le style ? L'ambiance ? La sensation du chant ? Le rythme ?

Imaginez-vous à présent en train de chanter ces mots. Que ressentez-vous ? Dans votre esprit, entendez votre voix en train de psalmodier ces lignes. À quoi cela ressemble-t-il ? À qui adressez-vous votre chant ? Écoutez un moment et imaginez ce que cela donnerait d'offrir une voix pleine et sans retenue aux mots et au sentiment de cette prière.

Votre chant peut n'avoir qu'un ton musical — ou être rempli de mélodies inventées. Très souvent, dans cette manière de chanter un texte, on fait alterner deux ou trois notes. Il y a des rythmes et des pauses naturelles dans l'écoulement des mots. Si vous vous abandonnez aux paroles, à leur message et leur sentiment, ils vous porteront. Le plus important, c'est de ne pas penser à ce que vous chantez. Laissez venir... et voyez ce qui vient.

Maintenant, prenez votre texte, et chantez.

D'OÙ VIENNENT LES CHANTS ?

Dans le dernier chapitre j'ai raconté comment, lors d'un rite de passage, j'avais envoyé une bande intrépide de chercheurs spirituels dans les cañons déserts de l'Utah, une terre primitive de grès jaune et rouge, avec des falaises courbes et des obélisques sculptés par le vent. Après trois jours et trois nuits de solitude dans cette nature sauvage, enfermés dans un silence virginal, les pèlerins revinrent au camp à l'heure où le crépuscule s'enfonçait dans la nuit. Comme la température baissait, nous nous sommes tous serrés autour du feu cérémoniel, nos ombres gigantesques à nouveau projetées sur les murs du cañon qui nous surplombaient. L'un après l'autre, chacun a raconté son histoire. Quelques-uns avaient rapporté des chants qui leur étaient venus dans leur solitude. Certains de ces chants constituaient un récit intime du voyage unique d'une personne. D'autres ressemblaient davantage à un chant qui donnait voix à toutes nos histoires, avec une mélodie qui nous invitait à répéter ensemble :

Esprit de l'arbre, rends mon âme libre.
Esprit de la tempête, laisse-moi renaître.

Souvent, un chant ne vit qu'un instant, puis il s'évanouit à nouveau dans l'informe comme un château de sable dans la mer. Mais parfois, un chant semble s'emparer du cœur. Quelques personnes s'en souviennent et le chantent avec leurs amis, qui le partagent avec d'autres, et ainsi de suite... jusqu'à ce qu'un nouveau chant soit né... comme cela s'est fait depuis des temps immémoriaux. D'où viennent les chants ? D'un moment d'inspiration, ou projetés dans l'air depuis la nuit noire de l'âme, nés d'un désir enfin exprimé, ou s'élevant d'un simple instant de découverte de l'Esprit dans le son.

Exercice n° 2-7 : Le chant spontané.

Dans cet exercice, nous exprimons simplement ce que nous ressentons au fond de notre cœur. Le chant psalmodié est essentiellement une prière chantée, aussi nous contenterons-nous, dans le chant spontané, de mettre de la musique sur nos prières. C'est là un autre bond de la foi — de plus d'une façon. Pour ceux qui ont déjà l'habitude de prier à haute voix, le bond consiste à « venir comme de petits enfants » et à donner à vos prières les ailes du chant. Et pour ceux qui n'ont pas l'habitude de dire leur prière, laissez la musique vous porter, quelle que soit l'hésitation ou la gêne qui vous empêche de laisser votre âme exprimer sa voix juste.

Il y a peu d'instructions à donner, car il n'y a pas de bonne façon de prier. Quand je me suis réveillé ce matin, je me sentais plein de reconnaissance et cette prière était dans mon cœur et chantait doucement sur mes lèvres.

Pour vous animer, essayez de chanter ces paroles, sur l'air et le rythme que vous voudrez. Ne réfléchissez pas — commencez, simplement.

> *Esprit saint. Merci pour cette journée. Merci pour l'air que je respire, et l'eau que je bois. Merci pour le soleil et les étoiles, pour la beauté qui m'entoure. Merci pour l'amour de ma famille et de mes amis. Puisse ce jour être rempli de joie et d'émerveillement. Puisse votre présence être aussi proche que mon souffle.*

Maintenant, essayez avec vote propre prière, fermez les yeux et laissez, en chantant, s'exprimer tout ce qui est dans votre cœur.

Les affirmations

Il y a plus de dix ans, on diagnostiqua un grave mélanome sur la paroi pigmentée à l'arrière de mon œil gauche, et on me laissa peu d'espoir. Dès le début, j'eus le sentiment intérieur très net et très vif que ma vie dépendait de mon attention à quelque chose en moi que j'avais ignoré depuis trop longtemps. Pendant mon voyage de guérison, j'ai dû affronter des parties de moi-même qui étaient trop longtemps restées ensevelies, cachées à ma vue, ainsi que des manières dont je m'étais détourné de la vie. Tout en suivant divers traitements — conventionnels et alternatifs — pendant des mois, j'ai aidé mon attention à se focaliser et puisé du courage en travaillant très souvent sur le mantra : « Je choisis la vie. »

Beaucoup de gens utilisent de simples phrases répétées — qu'on appelle « affirmations » — contribuant à créer un changement dans la conscience ou les croyances et favorisant ainsi la guérison. Traditionnellement, les affirmations sont dites à voix haute ou répétées intérieurement à la manière de mantras personnalisés. Voici quelques exemples d'affirmations :

« Je suis un avec l'Esprit. »

« Je relâche tout contrôle. J'embrasse l'inconnu. »

« Je suis plein de force de vie et de vitalité. »

« Je suis en paix avec cet instant. »

En travaillant sur des affirmations, nous créons dans notre esprit et notre cœur l'ouverture qui nous permettra de recevoir ce que nous désirons. Les affirmations sont une sorte de reprogrammation consciente par laquelle nous essayons de faire contrepoids à quelques-unes des croyances et habitudes les moins utiles de notre mental. Face à la menace de mon cancer, je voulais désespérément vivre. « Je choisis la vie ! » En même temps, je devais cependant affronter mes propres sentiments de ne pas vouloir faire face à certaines choses de la vie, de *ne pas* choisir pleinement la vie. J'ai appris combien il est important de ne pas utiliser les affirmations comme une forme de dénégation dans laquelle nous continuons à répéter nos phrases de façon mécanique au lieu de nous occuper honnêtement de ce que nous sentons, comme pour esquiver la responsabilité de nos difficultés.

Énoncer des affirmations sur des rythmes répétés ou des mélodies leur donne un regain de vitalité. Je chantais ma phrase de façon rythmée : « Je choisis la vie... Je choisis la vie... Je choisis la vie... »

Marchant dans les collines derrière notre maison, à Boulder, dans le Colorado, je psalmodiais : « Je choisis la vie. » Le matin, en prenant ma douche : « Je choisis la vie. » Dans la joie de tenir dans mes bras et de bercer mon fils nouveau-né : « Je choisis la vie. » Face à ma terreur, à l'hôpital, tandis que j'attendais les résultats de mes dernières analyses : « Je choisis la vie. » Cela devint mon mantra, parfois en repos à l'arrière-plan de ma conscience, d'autres fois chanté à pleine voix. Les mots et les tons de ce simple chant imprégnaient mon esprit et mon cœur, ils me remplissaient de l'énergie dont j'avais besoin pour vaincre mes craintes et mener mon combat pour ma survie physique et mon éveil spirituel.

Exercice n° 2-8 : Chantez des affirmations.

Inventez vous-même la phrase qui vous inspire ou sentez-vous libre de travailler sur une affirmation que vous avez entendue ou lue. Écrivez-la sur un morceau de papier avant de continuer.

À présent, répétez sans cesse votre phrase à voix haute. Jouez avec jusqu'à ce que vous trouviez un rythme qui semble s'accorder avec les mots.

Commencez à chanter l'affirmation sur son nouveau rythme. Vous pouvez ou non vouloir lui mettre une mélodie. Parfois, le seul rythme est suffisant.

Tout au long du jour, laissez l'affirmation-mantra-chant pénétrer votre conscience. Chantez-la à haute voix, chuchotez-la ou récitez-la intérieurement et silencieusement. Laissez la vibration des mots et des rythmes emplir votre être.

Les huit exercices de ce chapitre vous donne de nombreux outils pour créer votre propre pratique de chant. Mais vous avez sans doute remarqué que pour l'instant nous nous sommes contentés d'apprendre à chanter en solo. Il existe un autre monde du chant, également plein de merveilles et de vie — le monde du chant avec d'autres dans la « communion du son ».

CHAPITRE VI

Communier dans le son

Et plus il y a d'âmes qui résonnent ensemble
Plus grande est l'intensité de leur amour
car, tel un miroir, chaque âme reflète les autres.
DANTE

Judith et moi sommes debout sur scène face à quinze cents personnes dans la salle de bal d'un hôtel de Kansas City. À une autre époque et en d'autres lieux nous pourrions apparaître comme des chamans ou des prêtre et prêtresse. Mais dans le cadre de ce rassemblement annuel de l'Institut des sciences noétiques (IONS), on nous appelle simplement les « tisserands du congrès ». Comme d'autres dans la corporation sacerdotale, notre rôle consiste à nous assurer que les rituels prescrits sont correctement exécutés (en présentant les intervenants et veillant au bon déroulement des ateliers), à rassembler les gens en communauté et à faire en sorte que toute la cérémonie baigne dans le Sacré.

Même gêné par les projecteurs, je perçois la présence de différentes castes et tribus d'après les visages et les costumes de cérémonie. Scrutant la foule, je peux tous les voir, les jeunes initiés comme les plus anciens. Certains portent des complets d'hommes d'affaires, beaucoup sont en T-shirts et en jeans, d'autres arborent des dashikis africains ou des saris indiens. C'est la soirée d'ouverture du congrès et les fidèles rassemblés sont visiblement excités de se trouver là, bien qu'épuisés par leur voyage en avion, puis dans des navettes bondées avant de faire la queue au bureau d'accueil de leur hôtel.

Les choses sont parfois très faciles pour nous qui dirigeons des séances de chant. C'est toujours un plaisir de guider des gens assis dans le doux silence d'un lieu saint ou d'un temple qui exhale paix et présence spirituelle. Ce soir, la salle de bal résonne encore des échos des rencontres et banquets commerciaux de la veille, l'air conditionné semble avoir été mis sur zéro, les sièges durs ont l'air d'avoir été dessinés pour promouvoir des consultations chez le chiropracteur et l'espace caverneux a l'acoustique d'un supermarché.

Heureusement, nous sommes versés dans un art mystérieux qui nous aide à faire face à de telles situations — l'art et la magie du chant ! M'approchant du micro, je me mets à gratter ma guitare et entame un chant :

C'est en chacun de nous, pour être sage...

Instantanément, des sourires illuminent les visages et beaucoup font entendre des « ahhh » de reconnaissance, car ce chant est une sorte d'hymne pour ceux qui se trouvent dans le champ de la conscience.

Trouvez votre cœur, ouvrez grands vos yeux...

Et des voix nous rejoignent, de plus en plus nombreuses :

Nous pouvons tous connaître chaque chose, sans jamais savoir pourquoi...

Lorsque les gens commencent à chanter, quelque chose se passe. Comme l'a exprimé l'un des participants :

« C'était comme une vague d'énergie. Je pouvais la sentir. » Sur scène, je la sens aussi — une expérience palpable de personnes qui unissent leurs voix et leurs cœurs, la sensation d'une sorte de force qui prend corps.

C'est en chacun de nous, bientôt.

Au bout de quelques minutes, quelque chose de significatif commence à se passer. Mon co-auteur, Kathy, qui assistait au congrès, explique qu'elle a eu « le sentiment de ne plus être au milieu d'un groupe d'étrangers. Tout le monde souriait et quelques-uns ont spontanément passé leur bras sur l'épaule de leur voisin, en se balançant en musique. La salle ne paraissait plus aussi froide. »

Judith et moi prévoyons rarement ce que nous allons chanter, car nous avons confiance et savons que ce dont il sera besoin viendra tout naturellement au moment voulu. Lorsque s'éteint la dernière note, dans le silence, j'ai l'étrange sensation qu'une partie du psychisme des gens qui sont assis là se trouve encore en transit quelque part. Me vient alors l'idée d'inciter les gens à être vraiment présents, ce qui me rappelle l'exercice du chapitre précédent : « Chantez votre prénom. » Quelques instants plus tard une mer de quinze cents voix enfle, chacune chantant, psalmodiant, murmurant, criant ou appelant un prénom : « Ma-rie... Pierre... Sté-pha-nie » — quinze cents mantras personnels tourbillonnent, palpitent, s'enchevêtrent. Comme le décrivit ensuite une personne : « J'ai eu une vision de ma mère et de ma tante Laura et j'ai entendu leurs voix appeler affectueusement mon nom, mêlées à la mienne et à toutes les voix des gens présents. C'était plein de souvenir, de sentiment et de larmes, comme si l'on appelait nos âmes elles-mêmes. »

Pressentant que tous sont maintenant prêts à aller plus loin, je propose à certains de chanter le puissant mantra *Om Namaha Shivaya*. Nous commençons à psalmodier les anciennes syllabes sanscrites, dont chacune a été conçue pour susciter la réalité vibrationnelle de Dieu. À chaque répétition, les voix individuelles des chanteurs entrent davantage en résonance, le silence entre les notes se fait plus pur. À chaque répétition, nous entrons plus profondément dans le son et la vibration, tandis que quinze cents âmes disparates — appartenant aux traditions chrétienne, juive, musulmane, bouddhiste, hindoue, païenne et tribale — font l'expérience commune de l'Esprit à travers le chant.

L'ÉNERGIE DE GROUPE

Quand je parlais avec les participants de leur expérience du chant, les mêmes mots revenaient sans cesse : vibration, ondes et, le plus souvent, énergie.

On ne peut être surpris d'entendre le mot *énergie* car, comme nous l'avons vu, le chant est une manifestation d'énergie sonore. Mais de quoi parlent exactement les gens ? Nous utilisons ce mot tous les jours : « Son énergie était communicative. » « Toute énergie semblait avoir disparu dans cette réunion. » « Il y avait une bonne énergie entre eux. » Pénétrez dans un espace rempli de gens : dès que vous passez la porte vous avez une sensation presque palpable d'énergie. C'est la manière dont les gens parlent, la qualité du son, le rythme, le timbre de leurs voix, la tonalité... et quelque chose en plus. Envisagez ces deux scénarios :

Scène 1. Vous poussez la porte battante d'un club de rencontres pour célibataires bondé et vous êtes assailli par une cacophonie de conversations qui s'entremêlent, de voix amplifiées par l'alcool, de rires nerveux de gens dans tous leurs états qui essayent désespérément de s'amuser.

Scène 2. Vous passez une épaisse porte en chêne et arrivez dans une chapelle faiblement éclairée qui contient à peu près le même nombre de personnes — mais en train de prier cette fois. Un silence respectueux imprègne l'espace ; les gens se déplacent lentement ou demeurent immobile. Les sons qui s'élèvent sont répercutés par les hautes voûtes en pierre. Les murs eux-mêmes semblent renvoyer les dévotions des fidèles qui se sont succédé ici au cours des siècles.

En passant chacune de ces portes, même les yeux fermés, nous vivons une expérience viscérale absolument différente de ces deux groupes de personnes. Je crois que le meilleur moyen de comprendre ce phénomène est d'examiner les champs d'énergie. Toute l'expérience du chant dans des groupes peut être comprise à travers les modifications de ces champs d'énergie de groupe.

En physique, les champs sont, très simplement, des forces non matérielles invisibles qui affectent d'autres entités sans qu'il y ait contact direct. La pesanteur en est un exemple familier. Ce n'est pas un objet matériel — nous ne la voyons pas. Mais si vous doutez encore de l'existence des champs d'énergie, tenez bien ce livre, car sans le champ de gravitation de la Terre, vous et le livre iriez bien vite flotter au plafond. La façon la plus simple de visualiser la nature d'un champ est de tenir un aimant au-dessus d'une poignée de limaille de fer. Nous ne voyons toujours pas le champ, mais la limaille se rassemble et révèle ses courants de force.

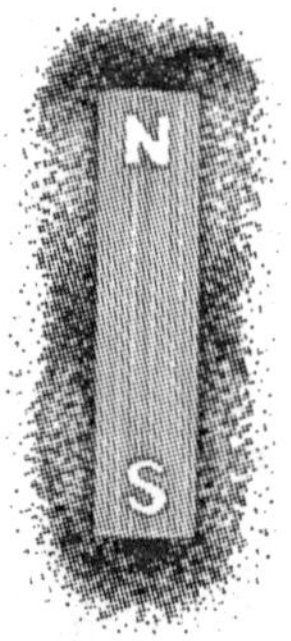

Aimant déplaçant la limaille de fer sous la forme d'un champ.

Tous les groupes humains — votre famille, vous et les gens avec qui vous travaillez, une pièce remplie de gens qui chantent — difusent un champ d'énergie semblable qui rayonne dans l'espace environnant. Comme tous les champs, les champs de groupe sont composés d'ondes d'énergie — nées dans ce cas des pensées, des émotions, des sons et de l'énergie corporelle des individus. Comme le champ magnétique, nous ne pouvons le voir, mais nous sommes aussi sûrement affecté que la limaille de fer. Quand nous poussons la porte du bar pour célibataires, de la chapelle ou d'une pièce où des gens sont en train de chanter, le champ du groupe influence inexorablement notre respiration, ce que nous ressentons, notre propre énergie. À nos ateliers d'« Ouverture du cœur », j'ai à plusieurs reprises observé des non-participants entrer dans la salle du séminaire et, à leur grande surprise, se mettre à pleurer, simplement à cause de l'impact du champ du groupe chargé d'émotion.

Le champ d'énergie d'un groupe est semblable à un organisme vivant. Il change d'instant en instant, n'est jamais exactement le même : il enfle et se contracte, se dilue et s'aiguise, s'intensifie et s'apaise.

Les champs de groupe sont facilement influencés par des stimuli internes et externes. Imaginez que vous êtes assis au milieu d'un groupe et que brusquement quelqu'un se lève, se mette à crier et hurler sans pouvoir se dominer. Comme dans une harde d'animaux qui flaire un danger, en un instant il va y avoir un changement total dans l'attention et l'énergie du groupe. L'attention d'un groupe est également affectée par des événements beaucoup moins dramatiques : des gens qui arrivent ou partent, des activités qui commencent ou se terminent, des changements de température ou de lumière. La musique, même si elle n'est qu'un bruit de fond, a le même effet. Vous avez sans doute remarqué à quelle vitesse l'énergie peut être modifiée au cours d'une soirée lorsqu'on change de musique, passant par exemple d'un élégant concerto baroque de harpe à de la musique de danse au rythme endiablé.

LA MAGIE DU CHANT PSALMODIÉ EN GROUPE

Pour ceux qui travaillent avec des groupes, le chant est presque magique dans la mesure où il a l'extraordinaire pouvoir de transformer si rapidement et de façon si prévisible le champ d'énergie de tout un groupe, le faisant passer d'un état à un autre. Quand une participante au congrès de l'IONS dit : « Nous sommes passés d'une bande de gens fatigués, affamés, grincheux — presque comme des enfants passée l'heure du coucher — à ce merveilleux et chaleureux sentiment de connexion », elle décrit le changement produit dans le champ du groupe par vingt minutes de chant psalmodié.

Pensez au chant comme à un schéma de vibrations sonores. La mélodie, le rythme, les tons vocaliques, les harmoniques et la signification des paroles représentent un type d'énergie. Lorsqu'un groupe psalmodie *Om Namaha Shivaya* ou toute autre phrase, le champ d'énergie du groupe se modifie pour se rassembler autour du modèle du chant, un peu à la manière d'un liquide visqueux que l'on verse dans un moule. La psalmodie altère les champs de groupe en exploitant tous les mécanismes que nous avons déjà explorés : l'ancrage, l'entraînement, la respiration, les effets soniques et l'intention.

Le pouvoir transformateur du chant dans un groupe dépend essentiellement de la volonté de participation des personnes. Si je commençais à chanter sur scène et que personne ne se joignait à moi (l'une de mes frayeurs récurrentes), il ne se passerait pas grand-chose au niveau de l'énergie du groupe. Quand nous chantons dans un groupe et que notre voisin ne chante pas, nous sentons son absence — c'est comme s'il y avait un trou dans le champ. Si les gens chantent sans enthousiasme, le champ d'énergie sera moins vibrant et puissant que celui d'un autre groupe qui chante la même chose en y mettant tout son cœur.

Les chefs de chœur focalisent souvent l'intention d'un groupe lorsqu'ils introduisent un chant. Au congrès de l'IONS par exemple, avant de commencer *Om Namaha Shivaya*, j'ai suggéré que l'on chante pour honorer en chacun de nous ce lieu qui est divin. Ce genre d'instruction contribue à guider les chanteurs vers un centre d'intérêt commun, donnant forme, cohérence et direction au champ d'énergie du groupe. L'expérience du groupe aurait été très différente si j'avais décrit le mantra comme conçu pour évoquer une énergie érotique et recommandé aux gens de visualiser leur fantasme sexuel préféré tandis qu'ils chantaient.

Une fois que le groupe se met vraiment à chanter survient, simultanément, un certain nombre de choses. Les

« cinq pouvoirs » du chant que nous avons évoqués précédemment commencent à exercer leurs forces, modifiant peu à peu la conscience des participants.

D'abord, des souvenirs et des sentiments ancrés peuvent être suscités : les sourires sur les visages du public lors du congrès de l'IONS quand j'ai commencé à chanter cette phrase familière : « C'est en chacun de nous » ; la nostalgie et l'espoir dans les yeux des juifs devant la synagogue de Moscou lorsqu'ils ont entendu la mélodie de *Hatikvah* ; la vie d'un lignage de près de deux mille ans de prière quand un rassemblement de musulmans entend *Allah hu akbar*. Lorsque ces associations sont provoquées et ces émotions relâchées chez les individus, le ton, la texture et le mouvement du champ d'énergie du groupe commencent à se modifer. Toutes les personnes n'ont pas une association personnelle avec « C'est en chacun de nous », mais elles sont emportées par la vague de reconnaissance et de sentiment agréable générée par celles qui en ont une.

Tandis que ce processus d'association et de déclenchement se poursuit, les harmoniques et les tons prolongés transforment le champ d'énergie. Quand des groupes psalmodient une syllabe comme *Ommmm*, les longues vibrations sonores qui se répètent commencent à masser les corps et à modifier les ondes cérébrales ; elles harmonisent les variations individuelles à l'intérieur du champ et mettent en place une nouvelle fréquence fondamentale pour le groupe — d'un point de vue à la fois musical et énergétique.

Lorsqu'un groupe continue à répéter un chant, de puissantes forces d'entraînement entrent en jeu. Vous souvenez-vous, au chapitre II, des balanciers d'horloges posées côte à côte se mettant à osciller à la même cadence ? Pensez aux quinze cents personnes rassemblées côte à côte dans cette salle de bal au congrès de l'IONS, vibrant chacune à son propre rythme au début de la soirée. Nous commençons à chanter *Om Namaha Shivaya*. Les lèvres forment le son *oh*, puis un long *mmmmm* vibrant emplit la salle. À quelques secondes d'intervalle, le son *sh* de Shivaya traverse le champ sonique à la manière d'un jet de lave-glace : « Sh... Sh... Sh... » Nous commençons à inspirer en même temps selon les pauses naturelles de la phrase, amenant les nombreuses réponses physiologiques liées à notre souffle à s'aligner les unes sur les autres. Les entrées et sorties des consonnes s'enclenchent ensemble et les espaces entre les phrases commencent à briller de toute la pureté de leur silence. Les voix individuelles se mêlent et s'harmonisent plus délicatement ; instinctivement nous nous mettons à suivre la dynamique musicale subtile dans la montée et la chute des lignes mélodiques, réagissant au signal le plus subtil, tel un vol d'oiseaux tournant simultanément comme s'ils étaient reliés par des fils invisibles. Tout comme les balanciers de Huygens qui oscillaient à la même cadence, les quinze cents voix et âmes, entraînées par le chant, forment à présent un champ d'énergie vibrant et harmonieux.

Des chants pour toutes les occasions

Si psalmodier est si extraordinairement profitable aux groupes, c'est que chaque chant représente un type différent d'énergie pouvant transformer différemment un champ de groupe. Pour la conscience, notre répertoire de chants est semblable à une boîte à outils ou à la palette d'un artiste avec toutes ses couleurs. Pratiquement, toute expérience recherchée par un groupe peut être induite ou rehaussée par le chant. Dans cet ensemble illimité d'expériences, regardons quelques-unes des utilisations les plus courantes du chant psalmodié en groupe.

La dévotion

Quand nous évoquons le chant psalmodié, nous pensons le plus souvent à des personnes rassemblées pour un office du culte. Comme nous l'avons vu, les traditions du monde entier utilisent le pouvoir du chant pour provoquer l'expérience tangible de l'Esprit. Cela peut être aussi peu formel que la récitation du bénédicité en famille avant les repas, ou aussi rigoureux que la psalmodie du *Sûtra du Cœur* dans les temples bouddhistes.

Le chant psalmodié en groupe ajoute une dimension communautaire à la dévotion. Comme le décrit mon ami le soufi Murshid Elias Amidon : « Nous ne sommes pas simplement assis sur un coussin en train de nous occuper individuellement de notre salut. Nous mêlons nos voix, nous prions ensemble, nous partageons notre moi le plus profond. Ce mélange de son est aussi intime que vous le pouvez. Vous chantez, je chante, et nous nous mélangeons. L'authenticité de votre dévotion touche mon cœur. Je m'autorise à me laisser aller davantage et le résultat est que quelqu'un d'autre est soulevé. C'est la grande beauté du chant psalmodié — nous sommes tous ensemble à l'intérieur, renforçant, encourageant la douceur qui est au-delà des mots. »

La guérison

En focalisant l'intention à travers le son et les mots, le champ du groupe peut devenir un puissant instrument de guérison comme nous l'avons vu dans les rituels chamaniques. Plus près de chez nous, des guérisseurs contemporains, dans le cadre d'églises charismatiques ou de cabinets de thérapeutes, utilisent le pouvoir du chant en groupe à des fins de guérison.

Dans notre atelier intitulé « Ouvrir le cœur », nous aidons les participants à affronter des vérités difficiles et à lutter contre leurs tendances autodestructrices en soutenant le feu roulant d'émotions qui vont de la tristesse et de la colère à la joie et au pardon. Tard dans la soirée, les chercheurs fatigués se rassemblent par petits groupes sur le tapis couleur de rose de la pièce au plafond en bois de pin éclairée d'une douce lumière. Dans chaque groupe, une personne est allongée par terre sur le dos, tandis que les autres forment un cercle autour d'elle. Suivant les instructions de celui qui dirige la séance, des mains viennent doucement se poser sur la personne qui se trouve au centre. Quand la guitare commence à jouer, les « guérisseurs » s'unissent dans le chant :

Puisse l'amour de mon cœur passer de ma main dans la tienne...

Presque aussitôt, ceux que l'on touche et qui reçoivent les courants de guérison du chant réagissent — certains par des larmes, en se recroquevillant en position de fœtus, d'autres par de petits soupirs de plaisir — tandis que leur corps et leur cœur baignent dans l'amour.

Bienvenue en ce monde, cher enfant,
Bienvenue sur terre...

Les chaudes vibrations du chant ondulent doucement autour des cercles de guérison, caressant les corps et les cœurs de douces ondes sonores. Comme le décrit l'un des participants : « C'était comme si des anges chantaient pour moi. »

Cher ami, cher ami.
Laisse-moi te dire ce que je ressens...

Les chants de guérison ne cessent de couler, tandis que ceux qui sont allongés par terre commencent à faire face aux barrières qu'ils ont dressées devant l'amour : « J'essayais de me détourner, comme je l'ai toujours fait devant l'amour, mais le chant et l'amour ont continué à affluer, jusqu'à ce que, Dieu merci, j'abandonne la lutte. »

Vous m'avez donné vos richesses...

« Il y avait au fond de moi un lieu solitaire que je n'avais jamais laissé voir à personne ; pour la première fois, je me suis senti regardé — et aimé. »

Je vous aime ainsi...

En voyant les visages rayonnants de ceux qui chantent, appuyés sur leurs mains, on pourrait penser que ce sont eux qu'on est en train de soulager. Qu'il s'agisse d'un groupe qui chante à l'hôpital pour apaiser l'angoisse de la maladie, d'un thérapeute qui dirige un groupe en train de faire des vocalises pour retrouver la santé, ou encore d'un groupe d'amis rassemblés autour du lit d'un malade, la thérapie par le son, comme toute véritable thérapie, est un échange dans lequel le guérisseur et celui qu'il soigne sont transformés.

La communion

J'ai intitulé ce chapitre « Communier dans le son » à cause de l'extraordinaire capacité qu'a le chant de rassembler les gens dans l'amour. Je vous donnerai deux exemples très différents de ce pouvoir : le premier vous montrera comment le chant peut être utilisé pour une plus grande union sexuelle, et le second comment le chant a établi un rapprochement entre deux mondes.

Mon ami Margot Anand est l'une des grandes autorités de ce monde en matière de *tantra*, la pratique de l'amour physique en tant que voie spirituelle. La vocalisation et le chant psalmodié sont devenus des outils importants dans son travail, et Margot m'a un jour raconté sa propre initiation à l'utilisation du son dans l'acte d'amour.

« J'étudiais le tantra en Inde, avec un maître spirituel qui un jour m'a dit : "Quand vous faites l'amour avec l'homme que vous aimez, au moment le plus fort de l'excitation, détendez-vous complètement et, toujours allongés l'un sur l'autre, chantez le mantra OM." Ce soir-là, lorsque nous faisions l'amour, c'est ce que mon amant et moi avons fait. J'étais couchée sur lui, nous avons ouvert la bouche et chanté *Ommmm*, en laissant les sons résonner dans notre ventre. Ce qui s'est passé est incroyable : les frontières entre nos deux corps se sont dissoutes, nous avons eu l'impression qu'ils formaient ensemble une cathédrale, comme si OM était un long écho de nos cœurs fusionnant dans le son. Pour la première fois, j'ai vraiment fait l'expérience de ce dont parlent tous les mystiques — quand deux êtres fusionnent pour ne plus faire qu'un. Du désir purement sexuel, nous sommes passés dans la dimension de l'Esprit. Le son devenait la vibration commune dans laquelle nos deux âmes se retrouvaient, et nous avons véritablement fait l'expérience de l'unité. »

Margot recommande maintenant à ses élèves de commencer par vocaliser et psalmodier ensemble lorsqu'ils font l'amour. « Cela revient à accorder deux instruments ensemble avant un concert, si bien que lorsqu'ils commencent à faire l'amour ils vibrent selon la même fréquence », dit-elle. Le tantra est strictement une question d'énergie et, comme nous l'avons vu, le chant psalmodié transforme les champs d'énergie. Margot nous encourage à penser tous nos sons d'amour comme du chant. « Quand les gens commencent à faire ces sons "ahhh... ahhh... ahhh...", ils respirent profondément, ils relâchent leur gorge, et c'est la plus pure expression de leurs sentiments et de leur éveil extatique. Notre corps répond au son et le son crée un terrain commun, une vibration commune pour les amants. »

Une expérience très différente de communion a eu lieu par une chaude journée d'été de juillet 1983, en Virginie. Notre groupe de musique composé de quarante personnes, « On Wings of Song », venait de stopper devant un lieu de concert très improbable : le Pentagone. Je regardai les visages des deux fusiliers marins au garde-à-vous, raides comme des piquets, tandis que nous débarquions, deux bus scolaires peints d'un arc-en-ciel annoncés par un autocollant proclamant : « Les sorcières qui guérissent ». Notre chauffeur, torse nu, coiffé d'énormes dreadlocks rastafari et à qui manquait ses dents de devant, ouvrit les portes pour déposer son chargement : des hommes en chemises indiennes blanches et pantalons de yoga, des femmes en jupes longues (l'une d'elles donnant le sein à son bébé) et une bande bigarrée d'adolescents accompagnant la tournée, douze jeunes enfants et notre masseuse. Un militaire « adepte de la méditation mais n'osant pas l'avouer » nous avait engagés — nous les vétérans de rassemblements pour la paix et de fêtes thérapeutiques — pour un concert destiné à des officiers et des civils dans le centre commercial du Pentagone à l'heure du déjeuner. J'étais quelque peu nerveux, car une grande partie de notre répertoire habituel était composé de chansons contre la guerre et de chants païens. De plus, les enjeux étaient élevés, car l'émission « All Things Considered », de la chaîne NPR, avait entendu parler de cet improbable événement et nous enregistrait pour diffuser à l'échelle nationale un reportage intitulé : « *On Wings of Song* apporte son message de paix au Pentagone ».

De la scène, je regardai les rangées de personnes en uniforme, me souvenant de ma dernière représentation ici, en 1967, quand sur les marches extérieures nos chants contre la guerre avaient été accueillis par des grenades lacrymogènes. Les concerts de notre groupe rassemblaient les gens dans le chant et l'Esprit, mais je me trouvais ici face à un public que j'avais toujours redouté. Tandis que je luttais contre mon appréhension, nous avons commencé à jouer.

Nos percussionnistes dressaient un solide rempart derrière la chaleur irrésistible de notre chœur bien accordé :

Puisse l'amour que nous partageons étendre ses ailes,
Et voler à l'autre bout de la Terre...

Je regardai le public et, quelque peu surpris, vis ce que je vois toujours : des sourires, des gens qui battaient doucement la mesure avec leurs pieds, des corps qui se mettaient à bouger. Je vis des visages humains et de vraies personnes, pas des uniformes. Je vis des gens qui vivaient chaque jour, peut-être plus que tout autre, avec la menace de la guerre nucléaire et faisaient tout ce qu'ils pouvaient pour tous nous protéger de ce danger. Mon propre cœur s'adoucit, notre batteur Marc nous entraîna dans une prière pour la paix. Un moment de quiétude envahit le centre commercial tandis que les vétérans des marches pour la paix et les vétérans des guerres étrangères unissaient leurs cœurs dans la prière. Et nous chantâmes en chœur le refrain de la chanson de John Lennon, *Imagine* :

Vous direz sans doute que je suis un rêveur...

Je levai les yeux et vis les larmes couler sur le visage d'un officier bardé de décorations. Je vis un homme qui comme moi aimait sa famille et voulait voir ses enfants grandir dans un monde en paix.

J'espère qu'un jour vous nous rejoindrez
Et que le monde ne fera qu'un.

Et malgré les différences apparentes entre notre groupe et notre improbable public, nous ne faisions qu'un ce jour-là, précisément là, dans le centre commercial du Pentagone.

Le plaisir

Nous avons évoqué le chant pour accompagner les mourants, pour rassembler les gens, pour trouver Dieu. Mais avons-nous parlé du plaisir que l'on éprouve lorsque l'on chante ? Quand je pense au plaisir que donne le chant, je me souviens d'une excursion en radeau avec mes « frères » — David, Marc et Richard. Nous surnommant les *Galluci boys*, nous étions partis pour une classique expédition entre hommes. Dans l'eau calme entre les rapides, notre énergie masculine enflammée, nous chantions à pleins poumons un mantra des Indiens nord-américains : « *Hey-hey, hey-hey, hey ungawa* », en tambourinant sur les côtés des radeaux (et parfois sur nos poitrines). Quand les grosses vagues cognaient, le chant se transformait en véritables rugissements du refrain de *Bonanza* tandis que nous pagayions de toutes nos forces, fendant l'eau vive. Chanter est un trop grand plaisir pour le garder pour des occasions « spirituelles ». Le chant est le tub chaud ou le sauna.

Chantez avec vos amis pendant de longs trajets en voiture. Allez avec quelqu'un d'autre dans un bel endroit et célébrez ça avec une miche de pain, un pichet de vin et... un chant. Chantez des mantram. Chantez du rock 'n' roll. Chantez n'importe quoi. Mais chantez.

COMMENT CHANTER AVEC LES AUTRES

Chanter avec d'autres est l'une de ces choses qu'on apprend sur le tas. Voici cinq pratiques spécifiques qui peuvent vous aider à approfondir votre expérience du chant en groupe.

Exercice n° 3.

Pratique n° 1 : Écoutez.

Écouter est le vrai secret pour faire de la musique avec d'autres personnes. Quand nous chantons dans un groupe, nous avons tendance à écouter surtout notre propre voix. À l'extrême, nous sommes tellement perdu dans l'expression libre que nous perdons contact avec le champ du groupe, notre voix claironnant comme une trompette de jazz au milieu d'un quatuor à cordes de Mozart. La prochaine fois, écoutez vraiment les voix de vos compagnons, leur son venant des quatre directions à la fois. Écoutez le son qui est le lieu de rencontre de tous les sons individuels — le moment où tous se mêlent pour ne faire qu'un. S'il y a des instruments, laissez-vous emporter par la guitare ou la batterie. Sentez le rythme du chant qui palpite comme un organisme vivant. Écoutez la musique à l'intérieur de la musique. Comme le dit T. S. Eliot : « Une musique entendue si profondément qu'on ne l'entend pas du tout. »

Pratique n° 2 : Laissez-vous aller.

Tôt ou tard, dans n'importe quel livre de spiritualité, vous tomberez inévitablement sur ce conseil tout bête : « Simplement, laissez-vous aller. » C'est étrange comme quelque chose d'aussi facile que de ne rien faire peut paraître difficile. Quand je donne un enseignement à de nouveaux chanteurs, je leur conseille toujours : « Consacrez-vous au chant de façon à ce que le chant vous chante. » Laissez-vous façonner, comme l'argile s'abandonne aux mains fortes et sûres du sculpteur. Comme si vous vous abandonniez aux mots et aux caresses de votre amant. Simplement, laissez-vous allez.

Pratique n° 3 : Donnez-vous entièrement.

Et tout en écoutant et vous abandonnant, jetez votre corps, votre cœur et votre âme dans la vocalisation. Chantez comme si vous étiez un fermier affamé et que vos récoltes dépendaient de la ferveur de vos prières. Chantez comme si vous étiez perdu dans la brousse et que votre seul espoir d'être sauvé reposait sur l'écho retentissant du son de votre voix. Chantez comme si vous mouriez d'envie de partager votre amour, mais que les seuls sons que vous puissiez prononcer soient *Alhum dul-lilah* ou *Kyrie Eleison*.

Pratique n° 4 : Restez éveillé.

Même si chanter peut nous transporter dans des états de transe, cette pratique a pour objectif de nous éveiller — de nous éveiller de la transe de la vie quotidienne. Dans le chant, nous faisons un usage important de la forme, de la structure du chant, du texte, de la mélodie et du rythme. Même si nous nous laissons intoxiquer par le son extatique, nous savons toujours que nous sommes dans le chant. Tout en répétant continuellement la même phrase, nous apprenons à être attentif à de subtiles variations, car chaque instant de musique est unique. La forme répétée du chant psalmodié devient le terrain sur lequel nous nous tenons debout, même quand la chaleur du *kirtan* sanscrit atteint ses ardents sommets ou que l'*Alléluia* prend des ailes et commence à s'envoler. Restez éveillé.

Pratique n° 5 : Chantez, simplement.

Ne vous souciez pas de le faire comme il faut, vous n'y parviendrez pas. En fait, vous *ne pouvez pas* le faire correctement, car psalmodier n'a rien à voir avec la notion de faire les choses comme il faut. Aucun examen final ne vient sanctionner ce cours. Celui qui dirige ne s'apercevra pas que vous avez une apparition ou que vous avez raté une entrée. Personne ne s'en soucie. Rien de cela n'est réel. Contentez-vous de ramener votre attention sur le chant : *Om Namaha Shivaya*. Si vous êtes comme la plupart des gens, il vous arrivera sans doute de regarder autour de vous et de comparer votre expérience à celle des autres tandis que vous chantez. Peut-être certains ont-ils l'air de bouddhas dans leur sérénité, tandis que d'autres paraissent tout près d'atteindre des orgasmes d'extase, et vous vous dites : « Je ne dois pas le faire comme il faut. » Ce que vous ne savez pas, c'est que derrière beaucoup de ces expressions apparemment impassibles ou extatiques courent des pensées telles que : « Combien de temps allons-nous continuer avec ce maudit chant ! » ou : « C'est trop haut, ma voix sonne mal dans ce ton-là. » Nous sommes tous distraits à un moment ou un autre. Revenez au chant : *Om Namaha Shivaya*. Psalmodier est une occasion de se débarrasser des jugements personnels et de laisser derrière soi l'esprit critique. *Om Namaha Shivaya*.

Exercice n° 4 : Les cinq pratiques.

Voici un exercice qui vous permettra de travailler chacune des cinq pratiques que nous venons de voir. Il vous faudra un CD ou une cassette d'un chant répétitif ou facile à suivre, comme notre *Om Namaha Shivaya*, *Alléluia*, *Shri Ram* ou tout autre enregistrement figurant sur la liste que vous trouverez à la fin de l'ouvrage, dans le « Guide des sources ». Vous répéterez le chant cinq fois séparément, une fois pour chacune des cinq pratiques. Vous pouvez faire cela à la suite ou l'étaler sur plusieurs jours.

Pratique n° 1 : Écoutez.

Mettez le volume fort ou écoutez avec un casque. Accompagnez le disque doucement, en concentrant toute votre attention sur l'écoute des voix enregistrées. Relisez et suivez les instructions concernant la pratique n° 1 à la page 196. Continuez à chanter ainsi pendant au moins dix minutes.

Pratique n° 2 : Laissez-vous aller.

Répétez la même opération. Cette fois, chantez un peu plus fort et suivez les instructions de la pratique n° 2 page 197 — et laissez-vous aller. Abandonnez tout contrôle, abandonnez tout effort et cessez de vous préoccuper du temps pendant lequel vous devriez chanter. Cessez de penser au fait que vous êtes en train de psalmodier.

Pratique n° 3 : Donnez-vous entièrement.

Cette fois, psalmodiez avec vos tripes — chantez avec des vocalisations pleines et fortes, mais veillez à ne pas fatiguer votre voix. Relisez les instructions de la pratique n° 3 à la page 197. N'oubliez pas de chanter à partir de votre ventre et de garder votre gorge détendue, comme nous l'avons appris au chapitre V. Pendant au moins dix minutes, donnez au monde toute la passion et toute la ferveur de votre chant.

Pratique n° 4 : Restez éveillé.

Mettez l'enregistrement une quatrième fois. Cette fois, pensez-y comme à une méditation. Suivez les instructions de la pratique n° 4, page 197. Tandis que vous psalmodiez, prenez conscience que vous êtes en train de chanter. Restez éveillé. Continuez pendant au moins dix minutes.

Pratique n° 5 : Chantez, simplement.

Contentez-vous d'accompagner l'enregistrement. Ne vous préoccupez de rien de ce que nous venons d'apprendre. Chantez et laissez le chant être ce qu'il est. Continuez aussi longtemps que vous voulez.

Comment diriger un chant psalmodié

Quand j'ai mis pour la première fois le pied sur la scène du congrès de l'IONS, j'ai pris quelques instants pour sentir le champ du groupe avant de faire quoi que ce soit. Tous les grands artistes se servent de leur intuition pour sentir leur public. D'excellents prédicateurs prennent un moment pour se mettre à l'écoute de l'assemblée des fidèles et les directeurs d'ateliers, les conseillers ayant une longue expérience et les thérapeutes sociaux utilisent ce moment pour ausculter un groupe et faire le diagnostic de ses besoins. Lorsque nous dirigeons un chant psalmodié, nous travaillons directement avec le champ d'énergie du groupe, utilisant le motif du chant ainsi que notre propre énergie pour aider le champ du groupe à former une nouvelle constellation. Nous influençons, nous ne contrôlons pas. Nous sommes au service du champ du groupe, nous ne le possédons pas. Quand nous dirigeons un chant psalmodié, nous pouvons entendre dans notre esprit et notre cœur les mots de la prière de saint François pour la paix : « Seigneur, faites de moi un instrument... »

N'importe lequel ou laquelle d'entre vous peut apprendre à diriger un chant. Sans vouloir minimiser le raffinement de l'art du chant psalmodié, qui s'acquiert au cours de toute une vie d'expérience, c'est un don trop merveilleux pour qu'il soit limité à la relative rareté des maîtres de chant « professionnels ».

Peut-être pensez-vous : « Facile à dire pour lui, il est musicien. » Il y a quelques années, j'ai participé à un rituel dirigé par une femme dont la présence et l'aisance laissaient supposer qu'elle faisait cela depuis des années. Très douée dans les domaines du mouvement et de la poésie, plusieurs fois elle psalmodia une prière et fit chanter le groupe. Je fus alors frappé par l'évidente réalité que cette femme n'était en rien une « chanteuse » : son sens de la tonalité laissait fort à désirer et, d'après les normes conventionnelles, elle n'avait pas une « jolie » voix. Pourtant, la puissance que dégageait son chant et son habileté à nous réunir dans le son étaient absolument remarquables.

Même sans de solides talents musicaux on peut aller loin, pourvu qu'on ait le désir de servir, le courage de se jeter à l'eau et l'habileté de créer un rapport avec les gens. Joan Boryshenko, écrivain célèbre, fait un puissant usage du chant psalmodié dans les ateliers qu'elle dirige dans le monde entier, bien qu'elle ne considère pas qu'elle soit une « chanteuse ». « Après avoir longtemps demandé à d'autres de s'occuper du chant, m'a-t-elle confié un jour, j'ai commencé à diriger moi-même. J'ai été stupéfaite d'entendre combien c'était beau. Il vaut finalement beaucoup mieux que celui qui dirige n'ait pas une belle voix, car cela permet aux autres de produire leur propre voix. »

Vous avez probablement déjà dirigé des chants au moins une ou deux fois dans votre vie. N'avez-vous jamais fait chanter *Old MacDonald had a farm* à un ou plusieurs enfants ? Don Campbell pense que cette chanson est en fait un mantra américain — il possède même les tons vocaliques prolongés qui caractérisent le chant psalmodié traditionnel : « iiiii-aïe-iiiii-aïe-ohhhhh. » Il n'y a pas grande différence entre diriger « iiiii-aïe-iiiii-aïe-ohhhhh » et « Aaaaa-lé-luuuu-ia ». La plupart d'entre nous n'avons aucune difficulté à chanter avec des enfants. N'est-il pas intéressant de voir combien nombre d'entre nous devenons timides dès lors qu'il s'agit de faire la même chose avec nos semblables ? Tout le monde aime vocaliser — les enfants comme les enfants adultes — et les gens aiment toujours ceux qui ont le don du chant. Si vous enseignez, chantez avec vos élèves. Si vous êtes thérapeute, chantez avec vos patients. Chantez avec vos amis. Chantez avec votre famille. Comme Jonnhy Appleseed, jetez des graines sur votre chemin, des graines d'amour et de joie à travers le chant.

Pour ceux d'entre vous qui ont encore des doutes concernant cette proposition, il existe un chemin encore plus facile. Le grand nombre de chants psalmodiés enregistré ces dernières années vous permet de faire le don du chant aux autres sans avoir besoin de vous lever et de chanter. Je connais des masseurs qui en font passer doucement dans leur cabinet afin de créer une atmosphère de guérison pendant les séances de massage ; des directeurs de séminaires qui renforcent la communauté et invoquent l'Esprit en faisant chanter leur groupe sur des cassettes ; des infirmières de chimiothérapie qui créent une atmosphère de sécurité et de confort en en faisant passer en musique de fond dans les salles de traitement ; et le président d'une association qui dit : « Aucun d'entre nous n'est musicien, mais quand nous chantons sur ces cassettes, ça donne un genre de réunion tout à fait différent. »

Au chapitre III, nous avons vu les effets du chant que j'ai dirigé au chevet de mon amie mourante. Voici l'histoire de la directrice d'un programme d'accompagnement des mourants qui toucha profondément la vie d'une jeune femme médecin en train de mourir d'un cancer du rein, en utilisant seulement l'enregistrement d'un chant psalmodié.

« Mary était terrifiée à l'idée de mourir et de laisser ses jeunes enfants. Ayant rejeté toute religion, dans son désespoir elle me demanda de l'aider à trouver le moyen de connaître la réalité de Dieu. Nous avons tout essayé : les méditations, la prière, la lecture, la discussion, mais rien ne semblait l'aider. Deux semaines avant sa mort, j'ai apporté une cassette de *Om Namaha Shivaya* dans la chambre de Mary, à l'hôpital. Tandis qu'elle passait, nous avons commencé à psalmodier, et nous avons fait cela pendant une heure environ. À partir de ce jour-là, le chant passait continuellement dans la chambre de Mary. Le mari de Mary se joignait au chant, les membres de la famille aussi, et même les infirmières tandis qu'il flottait dans les couloirs de l'hôpital. Ce chant était la *seule* chose qui apaisait la malade. J'ai dit à Mary que son passage serait sans encombres si elle partait sur le mantra *Om Namaha Shivaya*, et qu'il y aurait des assistants pour l'accueillir si elle prenait la route du mantra. Les derniers mots de Mary à son époux avant de sombrer dans le coma et de mourir furent : "Quelle route Susan m'a-t-elle dit de prendre ?" Et son mari dit : "Prends la route de *Om Namaha Shivaya*." Nous avons fait passer *Om Namaha Shivaya* pendant tout le service qui a eu lieu à la mémoire de Mary. »

Dès que deux ou plusieurs personnes se mettent à psalmodier ensemble — dans un acte de dévotion, de guérison ou pour le plaisir — un processus alchimique se met en marche. À travers le pouvoir du son et le déplacement des champs d'énergie, quelque chose de nouveau est créé. Les vibrations rythmiques du chant deviennent un creuset dans lequel les éléments de la conscience individuelle sont affinés, transmués en l'or de l'Esprit partagé. Les frontières qui me séparent de vous, et nous des autres, se rencontrent à travers la magie du chant, dansent et se fondent dans la communion du son.

CHAPITRE VII

Le chant psalmodié et le rituel dans la vie quotidienne

Une personne devrait
remuer le soi avec la poésie,
rester fermement dans le rituel,
achever le soi dans la musique.

LI YU, *ancien sage chinois*

Marie, âgée de douze ans, a passé ces quatre derniers jours à chanter, à broyer du maïs, dormant seule dans un endroit sacré, courant à travers le désert à la rencontre des cris et des chants de sa tribu lui souhaitant une vie longue et heureuse. À l'occasion de sa première menstruation, Marie est initiée selon l'ancienne cérémonie *kinaaldá* de sa tribu navajo. Cet événement sacré perpétue le mythe de la belle déesse Femme changeante, qui raconte comment celle-ci devint pubère en quatre jours exactement, et comment tout le Peuple saint — ceux qui voyagent sur les arcs-en-ciel, les éclairs et les rayons du soleil — est venu chanter pour elle à son *kinaaldá*.

L'odeur du pain de maïs en train de cuire au four flotte dans l'air chaud et sec. Les vieilles femmes assises bavardent tout en égrenant le maïs, les enfants courent dans la poussière du village, jouant et riant ; il y a une incontestable sensation de célébration dans l'air. Vêtus de leurs plus beaux habits, les membres de la famille de

Marie se rassemblent dans une petite maison en bois et en terre, le *hogan*, où ils se bénissent les uns les autres et honorent les quatre directions avec du pollen. Des paniers de cérémonie, des petits sacs de pollen et d'autres présents symboliques sont soigneusement déposés sur une couverture spéciale.

Et ils chantent — les chants prescrits, inchangés depuis des milliers d'années, qui accueillent toutes les jeunes filles navajo lorsqu'elles deviennent femmes. Les tons nasals aigus traditionnels, riches en vibratos, chantent à l'unisson leur gratitude et demandent des bienfaits au Dieu qui parle. Tous joignent leurs voix à celle du « Chanteur », l'officiant, pour chanter jusqu'au bout les principaux chants rituels du répertoire connu comme la « Voie de la bénédiction », car le peuple sait que le pouvoir de la cérémonie est inextricablement lié aux chants eux-mêmes. Plus tard, chacun à tour de rôle dirige le chant de son choix : *Montagne*, *Cheval*, *Douces étoffes*, *Chants relatifs aux mauvais rêves* et *Chants de la sauterelle*, par exemple. Toute la nuit ils chanteront pour Marie.

Le matin, le Chanteur clôt le rituel par ce chant navajo :

Le bienheureux est derrière, le bienheureux est devant,
La félicité est au-dessous, la félicité est au-dessus,
La félicité s'étend partout alentour,
jusqu'à l'horizon, dit-on.

À ce stade du rituel sacré du *kinaaldá*, soixante-quinze chants différents ont été chantés. Maintenant, représentant Femme changeante elle-même, Marie va rendre les couvertures et les présents des invités, et partir seule dans le *hogan* pour quatre autres jours de calme et de contemplation.

Pendant ce temps, à cinq cents kilomètres de l'endroit où Marie pénètre dans le *hogan*, une adolescente de treize ans prénommée Rachel pénètre dans une synagogue du Renouveau juif à Boulder, dans le Colorado. La préparation officielle de son rite de passage à l'âge adulte, appelé *Bat Mitzvah*, a commencé un an plus tôt. Rachel a travaillé de très nombreuses heures avec son tuteur, mémorisant les anciens mots hébreux des textes sacrés qu'elle va devoir lire. Elle a appris à psalmodier chaque ligne dans le style traditionnel appelé *trope*.

La veille de la cérémonie, des parents ont commencé à arriver de Philadelphie, Saint-Louis et Los Angeles tandis que Rachel se rendait au salon de beauté. Cet après-midi-là, sa mère et deux de ses tantes lui ont donné un châle de prière en soie, peint à la main, avec des franges sacrées en macramé appelées *tzit-tzit* en guise d'attaches aux quatre coins, tandis qu'elles chantaient : « J'ai trouvé une grande paix sous les ailes du *Shechinah* (la Présence féminine divine). »

À la tombée du jour, Rachel et tous les membres de sa famille étendue se sont rassemblés pour célébrer le sabbat. L'odeur des *challah* juste sortis du four flottait dans l'air ; Rachel et chacune des femmes de sa parenté ont allumé une bougie du sabbat tandis que tous chantaient les prières qui accompagnent rituellement ce geste, la bénédiction du vin, et le *Hamotzee* pour rompre le pain. Posant leurs mains sur la tête de Rachel, son père et sa mère ont ensuite chanté leur bénédiction afin qu'elle soit protégée. Après avoir chanté plusieurs fois ensemble le *Shalom Aleychem* — le salut des anges du sabbat — chacun a pris place à table.

Le lendemain matin, le *Bat Mitzvah* de Rachel commence par une ronde : une centaine de personnes tournent autour du percussionniste et du guitariste en chantant le Psaume 121 : « Je lève mes yeux vers les montagnes : mon secours, d'où viendra-t-il ? »

Disposée en demi-cercle, l'assemblée fait face à l'arche contenant la Torah sacrée couronnée de lumière éternelle. La pièce se remplit d'énergie. Rachel se tient debout devant nous, à côté du rabbin, et ensemble ils font chanter à l'assemblée des dizaines de prières comme *Elohai neshama* — « Ô Dieu, l'âme que Tu m'as donnée est pure », et *Sh'ma Yisra'el*, la prière la plus importante, qui est en quelque sorte l'« acte de foi de la religion juive ». Après une brève méditation silencieuse, Rachel dit le petit discours qu'elle a préparé, puis elle se dirige vers le fond de la salle.

D'une voix forte, le rabbin rappelle ensuite Rachel en psalmodiant son nom en hébreu, tandis que chacun fait pleuvoir des bonbons sur la jeune initiée, afin que sa vie soit douce. La Torah est précautionneusement sortie de l'arche par le rabbin, puis elle circule de main en main le long d'une rangée de parents, du plus vieux au plus jeune, en finissant par Rachel, qui symbolise la chaîne des générations. Enveloppée dans son *talit* (le châle de prière), Rachel psalmodie les bénédictions traditionnelles et embrasse le parchemin écrit à la main. Prenant la baguette en filigrane d'argent yéménite en forme de main, Rachel se met à chanter. Un impressionnant silence remplit la synagogue tandis qu'elle psalmodie le texte ancien.

Après la clôture du rituel, les amis et la famille se mettent spontanément à chanter le chant qui souhaite bonne chance : *Simantov u'mazeltov*. Les mains applaudissent et les pieds commencent à remuer. Après une joyeuse fête, Rachel s'en va avec ses amis. (Contrairement à ce qui se passe chez les Navajo, dans la tradition juive nous gardons les cadeaux !)

Le pouvoir du rite

Comme celle des Navajo et des juifs, chaque culture a ses propres rituels pour marquer les transitions importantes survenant dans le cycle de vie des personnes. Les rites de passage de Marie et de Rachel présentent certes de nombreuses différences, mais dans les deux cas les communautés se trouvent rassemblées — l'une dans le *hogan*, l'autre dans la synagogue —, des prières sont dites et des bénédictions demandées, des présents sont échangés et tout le monde participe à la fête. Les voix des ancêtres navajos, oralement transmises de génération en génération, et celles des prophètes juifs, conservées dans les rouleaux sacrés de la Torah, psalmodient une fois de plus leur sagesse éternelle à la nouvelle initiée. Revêtant leur costume de cérémonie, les deux jeunes filles, comme les héroïnes des grands mythes, sortent transformées du rituel. Tout au long de celui-ci, le chant a soufflé la vie et l'Esprit dans les formes.

Le rituel — du latin *ritus*, qui veut dire « mettre ensemble » — aide chacun de nous à « mettre ensemble » les morceaux de sa vie — les gens, les lieux, les activités — dans un contexte vivant qui a du sens. Dans chaque société, le rituel a le pouvoir de tisser ensemble les vies séparées de ses membres pour en faire un tissu collectif qui relie les cœurs et les âmes aux fils de l'appartenance et du but. Nous autres humains avons un besoin inné, une faim profonde, d'appartenir à quelque chose de plus grand que nous. À travers le rituel, le temps mesuré le cède au temps éternel, nos drames individuels sont joués sur la grande scène de l'histoire mythique et le monde connu devient espace sacré — rempli de mystère et de la présence vivante de l'Esprit. Les rituels transforment les grands passages de la vie que sont la naissance et la mort, la puberté et la vieillesse, les cycles naturels des saisons qui tournent et l'obscurité faisant place à la lumière en des vaisseaux pour l'âme.

Mais comme nous le rappelle ma femme Judith, qui est très douée pour les rituels : « Loin d'être une fuite du quotidien, le rituel peut aussi imprégner les activités ordinaires de notre vie d'Esprit et de sens. » Les activités routinières — comme manger en famille, mettre les enfants au lit, rentrer à la maison après le travail et se lever le matin — peuvent toutes être des occasions de nous rappeler qui nous sommes, et pourquoi nous sommes là, à travers le rituel et le chant.

Arrivés à ce point, certains d'entre vous se disent peut-être : « Ça a l'air formidable, mais il y a fort peu de rituel dans ma vie, et une grande partie de ce qu'il y a donne l'impression d'être desséché ou vide de sens. » Vous n'êtes pas les seuls. Dans le monde moderne, beaucoup d'entre nous ont cette impression ; aussi allons-nous voir dans ce chapitre comment ramener un peu du pouvoir et de la magie du rituel dans notre vie. Mais avant tout, examinons le rôle du chant psalmodié.

Le chant et le rituel

Les éléments mêmes qui donnent au chant son pouvoir de guérir et de transformer la conscience — l'ancrage, l'entraînement, la respiration, les effets soniques et l'intention — en font aussi un puissant allié dans la création de rituels.

Une grande partie du pouvoir du rituel réside en ce qu'il suscite notre mémoire individuelle et collective. Nous assistons au baptême de l'enfant d'un ami et d'autres baptêmes nous reviennent en mémoire ; nous pensons au bain rituel de notre propre enfant et s'ouvre à nous le champ morphique de deux mille ans de baptêmes, jusqu'à Jésus lavant ses disciples dans la mer de Galilée et disant ces mots : « En vérité, en vérité, je te le dis, à moins de naître d'eau et d'Esprit, nul ne peut entrer dans le Royaume de Dieu » (Jean, 3, 5). Comme nous l'avons vu, par l'effet de l'ancrage et de la stimulation, la musique et le chant psalmodié ont le pouvoir à peu près sans égal de susciter le souvenir et l'émotion. Nous connaissons les chansons, et la part en nous qui le plus souvent accueille l'inconnu en restant sur le qui-vive se détend, justement parce que la suite nous est connue. Nous nous détendons car la musique nous est profondément familière et touche toute une vie de souvenirs. Quand les Navajos chantent la Voie de la bénédiction ou que les juifs entendent *Sh'ma Yisra'el* — en fait, quand n'importe quel groupe chante ses chants traditionnels —, toute la force de l'âme et du cœur collectif est libérée.

La capacité qu'a le chant psalmodié d'entraîner par la répétition est utilisée dans le rituel pour mettre littéralement les gens en harmonie, à la fois dans le corps et dans l'Esprit. Judith et moi entamons toujours un rituel par un chant psalmodié. Debout face aux autres dans la pièce, la chapelle ou l'amphithéâtre, nous sommes souvent accueillis par une sensation d'énergie largement dispersée parmi ceux qui composent l'assemblée : beaucoup sont encore pris dans les événements de leur journée ; certains parlent de façon animée à ceux qui se trouvent assis à côté d'eux ; d'autres restent perdus dans leurs propres drames intérieurs ; quelques-uns attendent avec impatience que le rituel commence, tandis qu'un petit nombre, renfrognés, qu'on a traînés jusqu'ici, gardent les bras croisés. Mais au moment où nous commençons à chanter, une à une, presque toutes les personnes présentes sont touchées par le pouvoir du chant.

L'attention se porte sur les paroles et la musique, les bouches s'ouvrent et se ferment à l'unisson, tous inspirent ensemble à la fin des phrases, entrant lentement dans un état de résonance psychologique, entraînés par le chant.

Pendant la cérémonie du *kinaaldá*, les Navajos psalmodiaient tandis qu'ils donnaient des présents, faisaient la course à pied et lavaient les cheveux de Marie. Au *Bat Mitzvah* de Rachel, les juifs allumaient des bougies, se faisaient passer la Torah et rompaient le pain — constamment accompagnés par le chant. Pénétrant le monde tangible de leurs rituels — la récitation de prières, la danse, les objets cérémoniels, la réalisation d'un acte symbolique —, les vibrations invisibles des longs tons vocaliques et des harmoniques étaient à l'ouvrage, massant les corps et les psychismes, faisant entrer les consciences dans le royaume de l'âme.

Enfin, le chant unifie et fortifie l'intention collective, fondamentale dans le rituel. Tandis que le marié et la mariée prêtent serment, nous les tenons fermement dans notre amour en leur souhaitant d'apprendre à traduire ces serments dans la vie quotidienne. Nous pouvons donner vie à cette intention en chantant : « Où que tu ailles j'irai… notre amour sera le présent de nos vies. » Tandis que nous chantons, les jeunes époux sont littéralement imprégnés de la force des voix et des cœurs unis dans un même but. Ou, rassemblés près de la tombe, nous partageons notre intention que le don de cette personne et de sa vie soit honoré et qu'on ne l'oublie pas en chantant : « Écoute, écoute, écoute la chanson de mon cœur. Je ne t'oublierai jamais… » Lorsque nous bordons nos tout-petits dans leur lit, nous espérons qu'à l'instant précieux où ils glisseront dans le monde du sommeil et des rêves, ces adorables êtres vulnérables seront saufs, protégés, enveloppés dans notre amour, et nous chantons : « Je te bercerai et te tiendrai dans mes bras tandis que les anges te chanteront une chanson pour t'endormir *. »

Reconquérir le rituel dans notre vie

Dans la société moderne, nombre d'entre nous, à un moment ou un autre, ont profondément regretté l'absence de rituel. La tendance à la mobilité géographique et à l'isolement, la dégradation de la vie communautaire et la sécularisation de la société de masse font obstacle au partage de rituels chargés de sens. La plupart des jeunes gens entrent dans l'âge adulte sans avoir reçu une véritable initiation. Les cérémonies de remise de diplômes et les réceptions données à l'occasion de départs à la retraite sont généralement dépourvues de toute dimension mystique. Les enfants partent au collège, les foyers de l'enfance sont démantelés, des femmes sortent de leur période d'enfantement et les années passent sans que la profondeur de l'émotion et l'importance de ces événements soient jamais pleinement reconnues.

Devant cette perte, des personnes de plus en plus nombreuses agissent pour retrouver le pouvoir vivant du rituel. Dans des institutions où la force du rituel a peu à peu décliné, des réformateurs — que ce soit les Catholiques charismatiques ou le Renouveau juif — travaillent à revitaliser les rites de leur foi, en s'appuyant essentiellement sur de nouvelles formes de musique et de chant. D'offices protestants très cérébraux et pleins de retenue où, assis sur des bancs d'église, les gens chantent des hymnes très formels, on en est venu à un culte

* Paroles et musique de Cris Williamson.

de l'Esprit saint d'inspiration charismatique où, debout, les gens frappent dans leurs mains et se balancent au rythme de la musique gospel ou rock, psalmodiant sans retenue avec le groupe. Les librairies proposent des titres comme *L'Art du rituel* ou *Nouvelles Traditions* pour ceux qui veulent faire leurs propres rituels. Quand Judith et moi, il y a bien des années, avons imaginé notre mariage sur la plage, à l'aube, peu de gens avaient déjà assisté à un mariage qui associait les prières et symboles de la tradition juive aux serments que nous avions inventés, à la danse soufie, à des percussions africaines et au chant. Aujourd'hui, beaucoup de couples inventent des rituels qui reflètent le caractère unique de leur union.

Accompagner de chant et d'un rituel vivant les moments importants de notre vie et les introduire dans les cultes religieux organisés est vital, mais il reste tous les autres moments de la vie. Contrairement à la plupart des cultures indigènes, dans lesquelles il n'y a pas de séparation entre la vénération spirituelle et la vie quotidienne, nous pouvons passer la plus grande partie de notre temps éveillé à des activités qui paraissent n'avoir aucun lien avec ce que nous vivons à l'église ou dans une retraite. Le rituel quotidien et la pratique du chant nous aident à faire descendre l'Esprit des sommets montagneux et à le faire sortir des lieux de culte pour imprégner nos vies de la présence du Sacré.

LES CYCLES DE LA VIE

Quand nous regardons la nature, nous voyons à quel point la vie est gouvernée par des cycles : les saisons se succèdent, la lumière fait place à l'obscurité avant de revenir, l'eau s'évapore à la chaleur du soleil et retombe sous forme de pluie. Lorsque nous créons un rituel, il est utile de comprendre les cycles de notre propre vie afin de voir comment le chant peut accentuer les rythmes naturels, susciter plus d'harmonie et donner une expression à notre musique intérieure.

Les rituels quotidiens

Créer des routines régulières pour certains rituels quotidiens contribue à introduire le rythme dans une vie trop souvent régie par le chaos. Nous voyons ce principe incarné au plus haut point dans les monastères bénédictins : année après année, décennie après décennie, la vie s'écoule, chaque jour se déroulant selon le même rythme, les mêmes rituels et les mêmes chants.

Nous vivons certes dans un monde beaucoup plus rapide et plus chaotique que celui des moines bénédictins, mais rien ne nous empêche d'utiliser des rituels quotidiens simples pour nous soutenir dans nos activités et nourrir notre vie. Encore faut-il trouver le moment et ne pas oublier de le faire. C'est là que le *rituel* intervient. Peut-être voulons-nous chanter et méditer tous les jours une demi-heure. Nous pouvons alors chercher un endroit où nous installer, l'arranger, et enfin nous asseoir pour méditer. Parfois nous le faisons, d'autres fois non. Nous pouvons encore avoir un *rituel* quotidien de chant et de méditation. Nous nous installons chaque jour, à une certaine heure, dans un endroit particulier que nous avons préparé — peut-être un autel, une alcôve ou le jardin — et nous nous asseyons sur le coussin ou la chaise que nous n'utilisons que pour cela. La structure du rituel, avec son heure précise, rend plus sûr que nous méditions vraiment chaque jour ; tous les détails extérieurs étant réglés à l'avance, nous pouvons entreprendre notre voyage intérieur.

Notre corps est biologiquement codé pour les cycles quotidiens du jour et de la nuit, appelés cycles circadiens. On a démontré que plus d'une centaine de fonctions physiques séparées opèrent selon des cycles de vingt-quatre heures : la température du corps, le rythme cardiaque, les taux d'hormones, la sensibilité à la douleur... Les rituels quotidiens sont particulièrement bénéfiques lorsqu'ils sont liés à nos cycles naturels.

Les rituels du réveil sont une bonne manière d'imprégner dès le début votre journée de sacré. Au moment où la nuit cède le pas à l'aube et que notre corps se prépare à se réveiller, notre cerveau passe peu à peu des ondes delta caractéristiques du sommeil profond à des vagues thêta plus nombreuses dans l'état de demi-sommeil où se produisent les rêves ; enfin, nous nous réveillons complètement quand notre cerveau commence à émettre un plus fort pourcentage d'ondes bêta. Quand nous nous levons, nous reproduisons au niveau mythique le voyage qui conduit de la mort à la naissance, de l'obscurité à la lumière, comme si chaque jour en lui-même était une nouvelle vie. On dit que le premier pas d'une journée donne leur direction de toutes les choses qui suivent et, d'après un vieux proverbe hollandais : « Mieux vaut planter les graines de la journée dès la première heure. » Quelle intention remplit notre esprit et notre cœur quand nous nous mettons en route pour notre aventure quotidienne ?

Bien trop souvent, notre première pensée est quelque chose comme : « Jeudi ? Zut ! Il faut que j'arrive tôt au travail aujourd'hui, et je n'ai pas encore préparé le déjeuner des enfants. » Quelques secondes plus tard, nous voilà debout en train de courir, et le ton est donné pour la journée. Une manière plus réjouissante de commencer la journée est de rejoindre ceux qui tout au long de l'histoire ont salué le retour du soleil comme un acte de magie, de grâce, et remercié pour cette nouvelle journée. Un rituel très simple consiste à essayer de saisir la première pensée consciente de la journée et d'en faire une offrande à l'Esprit, peut-être en psalmodiant OM. Vous émergez du sommeil, vos pensées commencent à se former et... « Ommmmm ». Comme une cloche nous appelant à la prière, nous utilisons la vocalise pour nous tirer du demi-sommeil et nous réveiller tout à fait. Vous pouvez aussi ritualiser l'occasion de faire le premier pas. Avant de vous lever, préparez-vous à poser le pied par terre et psalmodiez doucement : « Puissé-je marcher dans la beauté à chacun de mes pas. »

Les rituels du réveil n'ont pas besoin d'être très sérieux pour avoir du sens. Quand nos enfants étaient plus jeunes, nous les réveillions presque toujours avec une chanson très simple que Judith avait composée :

Bonjour, petit oiseau, comment vas-tu aujourd'hui ?
Bonjour, petit oiseau, nous sommes heureux que tu sois là,
Bonjour, petit oiseau, oh nous t'aimons tellement,
Bonjour, petit oiseau, depuis ta tête jusqu'au bout de tes orteils.

La phrase : « depuis ta tête jusqu'au bout de tes orteils », est un excellent prétexte pour chatouiller vos « petits oiseaux » qui se tortillent et rient de plaisir.

Manger et partager la nourriture est une autre occasion, importante et féconde, d'accomplir un rituel. Les dîners en famille ou avec des amis proches donnent la sensation d'un centre à des vies qui filent à toute allure dans des directions différentes de travail, d'école, d'activités et de relations. Et le concept d'un centre devient une réalité vibrante lorsque nous entamons le repas par un chant. Depuis plus de vingt ans, nous commençons nos repas familiaux en nous prenant par la main et en chantant : « De toi je reçois, à toi je donne. Ensemble nous partageons, et de cela nous vivons. » Nous avons quitté les montagnes du Massachusetts pour nous installer dans le Colorado, près d'une ville, les enfants ont grandi, certains sont partis, d'autres sont revenus, mais quand nous (et les fréquents invités de notre auberge de jeunesse) nous asseyons à table, la chanson évoque toujours l'expérience et le sentiment de notre famille — « Ensemble nous partageons, et de cela nous vivons. »

La préparation du repas, loin d'être une corvée ennuyeuse, peut être une expérience contemplative et satisfaisante si, comme l'a dit saint Benoît, nous rendons « chaque marmite et chaque casserole aussi sacrée que les vases de l'autel ». Lors de ma première retraite de yoga, je fus affecté à la cuisine pour le *seva*, autrement dit « le travail fait pour rendre service ». Nous avons épluché des pommes de terre, nettoyé la salade et préparé plusieurs centaines d'amuse-gueules végétariens pour l'apéritif, tandis que nos chants sanscrits de remerciements à Dieu, à la terre et à tous les gens qui avaient apporté cette nourriture à notre table emplissaient la pièce, la nourriture et nos cœurs de joie. Chanter peut transformer votre cuisine en une oasis de l'Esprit.

Dans la journée, beaucoup d'autres actes peuvent être sacralisés par le chant et le rituel : nous laver, nous habiller, mettre le contact dans la voiture, quitter le travail. Beucoup de pratiquants juifs, en guise de bénédiction, touchent le *mezuzah*, une petite amulette contenant un texte de la Torah attachée au chambranle de la porte, chaque fois qu'ils sortent ou rentrent chez eux. Comme beaucoup, je travaille en grande partie par téléphone, si bien que les heures s'écoulent dans une masse confuse d'appels. Près de mon téléphone se trouve maintenant une plaque faite par ma fille Danya, avec une fleur peinte à la main et ces mots du maître zen Thich Nhat Hanh :

Les mots peuvent voyager à des milliers de kilomètres.
Puisse mes mots créer amour et compréhension mutuelle.
Puissent-ils être aussi beaux que des pierres précieuses,
aussi merveilleux que des fleurs.

Ils me rappellent que je dois attendre quelques instants avant de prendre le téléphone, afin d'être centré dans mon cœur au moment où je parlerai. Au lieu de faire cette pause, vous pouvez préférer vocaliser ou psalmodier quelques instants avant de composer un numéro.

Mais la journée est passée, et arrivé à la fin de notre voyage quotidien nous nous préparons à aller au lit. C'est un achèvement, une mort symbolique. De nombreuses personnes utilisent les rituels de prières avant de se coucher, passent en revue les événements de la journée ou chantent pour apporter fermeture et transition sur la terre du sommeil et des rêves.

Merci pour cette journée, Seigneur.
Merci pour cette journée.
CHANT DE L'ÉGLISE DES INDIENS AMÉRICAINS

Exercice n° 5-1 : Les rituels quotidiens

Prenez maintenant un peu de temps pour réfléchir à votre vie de chaque jour, depuis le réveil… jusqu'à l'heure du coucher. Où, dans ce cycle quotidien, pourriez-vous introduire un rituel simple pour donner du sens à un acte que vous faites chaque jour, pour vous aider à vous sentir mieux relié, pour faire participer les autres à un moment de communion, ou pour invoquer le sacré ? Écrivez quelques possibilités sur un bout de papier. À quoi ce rituel pourrait-il ressembler ? Laissez votre imagination courir librement. Quel rôle la musique et le chant pourraient-ils jouer dans chacun de ces rituels ? Parmi ces possibilités, choisissez-en une que vous aimeriez vraiment essayer. Mieux vaut accomplir un seul rituel quotidiennement qu'en essayer plusieurs de façon sporadique. De quoi avez-vous besoin pour commencer ce rituel ? Quelle est la meilleure façon de l'intégrer dans votre vie ?

Puis, dans le mode de vie comme pratique, faites un essai. Commencez dès aujourd'hui. Faites-vous plaisir... et apprenez.

Les rituels hebdomadaires

Alors que les cycles de la journée sont liés à un grand événement naturel — le lever et le coucher du soleil —, la semaine est une invention purement humaine. Néanmoins, nos institutions sociales sont tellement organisées autour de la semaine de sept jours (avec, en particulier, l'idée du week-end), qu'elle peut apparaître comme une circonstance naturelle. Après tout, comme il est dit dans la Bible, Dieu a bien travaillé pendant six jours et s'est reposé le septième.

L'idée d'un sabbat est largement répandue, même si musulmans, juifs et chrétiens ne le célèbrent pas le même jour, mais respectivement le vendredi, le samedi et le dimanche. Pour certains, le sabbat consiste à changer complètement de rythme par rapport à la semaine de travail, à se reposer et se détendre. Pour d'autres, c'est le moment de tourner leur attention vers l'intérieur, le spirituel. Outre la pratique du rite du sabbat, nous pouvons utiliser des rituels spécifiques pour nous aider à faire la transition et passer à un rythme plus lent, à une texture plus douce. Les chrétiens se mettent souvent sur leur trente et un et vont ensemble à la messe le dimanche matin, célébrant le jour du Seigneur avec des chants. Les juifs accueillent le sabbat comme s'il s'agissait d'une mariée — avec des bougies, du vin et des chants.

Faites de votre sabbat un jour consacré au chant. Asseyez-vous dans un bel endroit, libérez votre voix et faites entendre vos prières à Dieu. Mettez votre enregistrement préféré de chants sacrés, augmentez le volume et chantez avec. Réunissez quelques amis et faites un cercle de chant en mêlant vos voix et vos cœurs. Ou encore, rendez-vous dans un endroit où des gens chantent — votre centre de méditation, une cathédrale ou les Danses de la paix universelle — et immergez-vous dans les rythmes profonds du son sacré.

Voici quelques autres idées de rituels hebdomadaires : un rendez-vous régulier avec la personne que vous aimez ; le karma yoga de la maison (autrement dit le ménage) ; faire le point de la semaine en parlant avec d'autres ou en écrivant un journal ; des moments précis de récréation en famille.

Exercice n° 5-2 : Rituels hebdomadaires.

Reprenez l'exercice précédent, cette fois en observant votre cycle de vie sur une semaine. Y a-t-il dans la semaine des événements prévisibles auxquels un rituel pourrait donner plus de sens ? Comment pourriez-vous introduire, sur la base d'une semaine, plus de contacts aves les autres, avec l'Esprit et avec la vie ? Voyez quels rituels vous voudriez instaurer et définissez le rôle de la musique et du chant dans chacun.

Les rituels mensuels

Notre système de calendrier ordinaire fut créé à l'origine par l'empereur romain Jules César (qui rebaptisa le mois de juillet en son honneur) et fondé sur diverses formules mathématiques afin de diviser l'année solaire en douze mois. Mais beaucoup d'autres systèmes de calendrier sont fondés sur le phénomène naturel du cycle lunaire — les calendriers juifs et islamiques, ceux de la plupart des peuples indigènes, y compris les Indiens d'Amérique, dont les mois lunaires comprennent la Lune de Pleine Neige, la Lune de Pleine Faim et la Lune du Maïs Vert.

Alors que notre calendrier mensuel affecte nos rendez-vous, le cycle lunaire a une influence directe sur notre corps et notre psychisme. La sagesse populaire (appuyée par certaines études) nous dit que les admissions dans les services psychiatriques, les tentatives de suicide et les overdoses de drogue ont tendance à augmenter au moment de la pleine lune, d'où le mot *lunatique* qui désigne aujourd'hui une personne d'humeur changeante, mais qui à l'origine avait le sens beaucoup plus fort de : « soumis aux influences de la lune et, de ce fait, atteint de folie périodique ». Le mot *menstruation* vient du latin *mensis*, mois, et il y a une relation intime entre le cycle menstruel féminin et les phases de la lune.

Certaines femmes ont choisi de resacraliser leur cycle menstruel, un événement mystérieux et hautement ritualisé dans de nombreuses traditions, donnant lieu à une période de retraite dans une hutte menstruelle — ou *de la lune* — et à des bains rituels comme le *mikvah* juif. Avec son flux puissant, semblable à celui des marées, la menstruation peut devenir l'occasion d'opérer un repli par rapport au plein engagement dans la vie, de créer un espace et un temps sacré. Voici un verset, parfois chanté, d'un rituel de menstruation contemporain :

Je me relie à mon Moi.
Je suis Femme sacrée.
Je me relie à toutes celles qui saignent
qui ont saigné
ou qui saigneront pour la Vie.
Femme sacrée
Je me relie à la Vie.
Que je sois bénie.
FELICITY ARTEMIS

Dans la plupart des cultures indigènes, les phases clés du cycle de la lune étaient des occasions de rituels. Aujourd'hui, beaucoup accueillent l'apparition de la pleine lune par une cérémonie. Lors de rituels inspirés de ceux des Amérindiens, les gens se rassemblent pour bénir les quatre directions, ils chantent et battent du tambour au clair de lune ; les néo-païens et les Wiccans se réunissent et, avec des bougies et de l'encens, ils chantent en l'honneur de la déesse ; enfin, et c'est encore plus surprenant, des groupes importants de jeunes gens du monde entier, dont beaucoup n'ont pas d'orientation spirituelle déclarée, se rassemblent au moment de la pleine lune pour des cercles de percussions, des danses en état de transe et, invariablement, des chants improvisés.

La prochaine fois que la lune sera pleine, essayez d'aller dehors, dans un endroit où il y ait peu de lumières et où la déesse lunaire ronde — qui porte les noms de Lune, Hécate, Séléné et Akua'ba — brille dans toute sa majesté, jetant des rayons de lune sur un paysage qu'anime sa mystérieuse luminescence. Restez dans le champ de sa lumière et, dans un rituel dont les origines se perdent dans la nuit des temps, levez les bras au ciel et chantez à la lune :

Mère Lune, brille sur moi.
Je suis toi et tu es moi.
Et nous appartenons au tout.
Nous appartenons au tout.

Ou, si vous vous sentez particulièrement ému (et les gens du voisinage supporteront la force de votre expression extatique), inspirez à fond et, comme le font traditionnellement les chiens et les loups, laissez échappez un terrible houuuuuuuuu...

Les rituels annuels

Notre corps aussi est accordé sur les changements de saison : le refroidissement et le réchauffement de la Terre pendant le voyage qu'elle effectue autour du soleil, l'allongement ou le raccourcissement des jours, l'alternance des pluies et de la sécheresse, des périodes de vent et de calme plat. Bien que nos changements intérieurs ne soient pas aussi visibles extérieurement que chez le lapin raquette, dont la fourrure passe du brun rougeâtre au blanc, ou chez l'ours, qui emmagasine de la graisse pour ses mois d'hibernation, nous aussi sommes affectés par les saisons : pensons à l'augmentation largement répandue de la dépression (appelée désordre affectif saisonnier) pendant les mois où la lumière est plus rare, aux allergies, aux rechutes de sclérose en plaques...

La plupart de nos vacances sont reliées au cycle annuel des saisons. Les origines de Noël et de Hanukkah (la fête juive des lumières) sont étroitement liées aux rituels païens encore plus anciens du solstice d'hiver. Les Pâques chrétiennes et la Pâque juive reflètent l'arrivée du printemps et la renaissance, alors que Thanksgiving (le jour de l'action de grâces) et Kwanza sont des versions de la fête universelle de la moisson. Presque toutes les fêtes traditionnelles ont leurs chansons spéciales, et vous pouvez rendre plus profonde l'expérience de quasiment toutes les célébrations en y associant plus de chansons et de psalmodies en groupe.

Il est un rituel annuel sur lequel je voudrais plus particulièrement m'attarder : l'anniversaire. Pour la plupart des enfants, les anniversaires sont magiques, un jour excitant plein de cadeaux et d'attention. Quand nous entrons dans l'âge adulte, les anniversaires font souvent figure de bric-à-brac. Nous nous attendons peut-être à ce que ce soit un jour spécial, ce qui peut bien sûr entraîner une déception. Dans notre jeunesse, nous sentant immortel, nous attendions avec impatience et fierté d'ajouter une année de plus à notre total. Mais en prenant de l'âge, le sentiment de beaucoup d'entre nous devient plus ambigu, car une année de plus signifie une année envolée. Le célèbre *Joyeux Anniversaire* que l'on nous chante suscite en général un large éventail d'émotions mélangées et de souvenirs.

Si vous voulez mettre plus de sacré dans votre vie, le jour de votre naissance est un excellent moment pour commencer. Prenez-le comme un jour saint et comme une célébration. Essayez de trouver un moment de solitude. Méditez, réfléchissez sur l'année qui vient de s'écouler, et sur celle à venir. Et chantez. Pami notre cercle d'amis, les réunions d'anniversaire sont en général l'occasion de nombreux jeux et d'un rituel profond. Lors d'une récente célébration, un instructeur est venu nous apprendre à danser une salsa terriblement sensuelle. Plus tard, comme dans beaucoup de nos fêtes d'anniversaire, nous avons fait un cercle par terre autour de la « fille » que nous fêtions, appuyés sur les mains, et nous avons longtemps psalmodié :

Nous sommes venus te rendre hommage, sœur bénie.
Nous sommes venus te prendre dans nos cœurs.
Nous sommes venus pour te remercier d'être avec nous.
Et célébrer le présent qu'est ta vie.

Passages

À travers les cycles quotidiens, hebdomadaires, lunaires et annuels serpente le grand cycle de la chanson de notre vie : les pleurs d'ouverture de la naissance ; les innocentes mélodies de l'enfance ; l'impétueux battement fantasque de l'adolescence faisant place au développement de notre thème principal ; puis nous nous joignons aux autres dans l'harmonie et le contrepoint ; vient ensuite le crescendo de la plénitude avec l'orchestration et la profondeur ; enfin nous nous éteignons, lentement, jusqu'à ce que la chanson de notre vie, comme toutes les chansons, atteigne son final. Chacun de ces grands passages de la vie peut être marqué par le rituel et rendu plus profond par la musique et le chant.

Priya et Thomas, tous deux quinquagénaires, ont récemment décidé de se marier après avoir laissé leur amour et leur confiance s'approfondir pendant plusieurs années. Familiarisés avec le pouvoir de la musique par leur travail de thérapeutes et de directeurs d'ateliers, ils ont accompagné de chants toute leur cérémonie. Comme le dit Priya : « Thomas et moi, notre amour et nos serments, étions réellement le cœur de la cérémonie, mais la musique et le chant étaient le battement de cœur. » Comme de nombreux mariages, celui-ci rassemblait deux familles aux sensibilités très divergentes, embrassait plusieurs générations et rapprochait de multiples réalités sociales. Thomas nous confia après le mariage : « Nous savions que si nous faisions une cérémonie sacrée, il fallait trouver le moyen de rendre le champ homogène, de rapprocher toutes les personnes qui étaient venues, avec leur fardeau de chagrins et de douleurs, pour créer un espace sacré. Voilà pourquoi nous avons choisi *Alléluia* comme chant d'ouverture. » Priya décrit la manière dont elle a descendu la nef latérale avant de pénétrer dans l'espace où les gens venaient de chanter : « J'avais l'impression d'entrer dans une matrice de bonne volonté, en partie créée par leur parenté avec nous, mais aussi par le fait d'avoir chanté quelques minutes ensemble avant que nous entrions. » Chaque phase du rituel — l'invocation, la participation des membres de la famille et des amis, les serments, l'échange des alliances, l'écharpe liant symboliquement leurs mains — avait son chant et sa musique. « Chanter fait naître en moi un sentiment d'émotion partagée, de communauté consciente, dit Thomas. On aurait pu avoir une jolie chanson. Mais c'était vraiment une transmission de l'Esprit. Ce qui nous transportait, c'était le fait que tout le monde chante ensemble et la répétition des phrases. C'était cyclique, comme les saisons, comme la vie. »

Il y a bien longtemps, j'ai été conseiller de l'Unité d'oncologie pédiatrique d'un grand hôpital urbain. Dans ce qui devint un rituel, chaque année au mois de décembre je dirigeais un office en souvenir de tous les enfants qui étaient morts pendant l'année. Chaque fois, cela me faisait un choc de me retrouver face à cette foule particulière de plusieurs centaines de personnes — les parents des enfants décédés, en général si accablés qu'ils ne parvenaient pas à lever les yeux de leur cocon protecteur ; les frères et sœurs, agités et pleins de vie malgré la perte subie ; mais aussi des médecins et des infirmières, des assistants de service, essayant d'avoir l'air professionnel, mais ayant autant besoin d'être réconfortés que les autres, car ils n'en finissent pas de vivre des deuils.

Trouver un réceptacle commun pour l'Esprit dans un groupe aussi divers est toujours délicat — ce n'est évidemment pas un soir pour *Om Namaha Shivaya*. J'invitais les gens à chanter :

Écoute, écoute, écoute la chanson de mon cœur.
Jamais je ne t'oublierai, jamais je ne t'abandonnerai.

La douceur de la musique et les paroles tellement éloquentes soulevaient un flot instantané d'émotion qui emplissait la salle. Tandis que les voix s'unissaient doucement dans la chanson, le sens de la communauté, bien que blessée et hésitante, commençait à grandir. Je suggérais ensuite de fermer les yeux et d'imaginer le visage de l'enfant, du frère ou de la sœur qu'ils avaient perdu, comme si leur présence, leur esprit, était avec nous. Tandis que je chantais doucement, dans l'intimité de leur cœur les personnes partageaient les mots, les sentiments et les larmes en ce moment de souvenir. Quand les yeux s'ouvraient, nous regardions des diapositives des enfants — des photos du temps où ils étaient en bonne santé, ou d'enfants chauves à cause de la chimiothérapie, la plupart d'entre eux souriants, quelques-uns avec des tubes d'intraveineuses. Les visages apparaissaient sur l'écran, puis disparaissaient dans le néant, tandis qu'avec des voix tremblantes, quelques-uns éclatant en sanglots de chagrin, nous chantions :

Puisse le soleil éternel briller sur toi.
Tu es entouré d'amour,
Et la pure lumière qui est en toi
Guide tes pas vers ta demeure.

Puis les enfants survivants s'avançaient, et ils allumaient un cierge en l'honneur de leur frère ou sœur disparu, tandis que nous chantions :

Va dans la beauté, la paix soit avec toi.
Jusqu'à ce que nous nous retrouvrions dans la lumière.

Enfin, après un moment de silence, de chagrin partagé, les personnes se prenaient pas la main, rétablissant le lien avec les vivants, trouvant une connexion et un peu de réconfort en s'unissant à ceux qui savaient vraiment ce que c'est que de perdre un enfant.

De toi je reçois, à toi je donne.
Ensemble nous partageons, et de cela nous vivons.

Bien sûr, les rituels peuvent être beaucoup moins formels, ce qui ne les empêche en rien de marquer une occasion importante. Lorsqu'au bout de quatre ans de bons et loyaux services, j'ai abandonné la présidence d'une société de conseil, Judith et mes amis m'ont guidé à travers une cérémonie quelque peu saugrenue, mais vraiment libératrice. Après m'avoir habillé d'un complet veston, on me donna une paire de ciseaux. Accompagné de battements de tambours lancinants et de cris d'encouragements rythmés, une lueur sauvage dans les yeux, je lacérai ma cravate — le nœud coulant symbolique qui sépare l'esprit du cœur. Puis j'en brûlai solennellement les lambeaux dans une marmite — qui se mit aussitôt à renvoyer des bouffées de fumée toxique dans le salon. Heureusement pour nos poumons, je fus ensuite conduit à l'extérieur — les yeux bandés — et emmené faire une promenade, mes amis m'entourant en chantant. Derrière notre maison, à Boulder, se trouve un réservoir où il est strictement interdit de se baigner. Dans un acte de libération de la contrainte des convenances (et de mon seul emploi « normal » en cette vie), on m'a fait avancer dans le réservoir — avec mon complet veston et tout. Nous avons hurlé, poussé des cris de joie, j'ai déchiré mon complet — un rite de passage terriblement enthousiaste.

Dans l'exercice qui suit, vous allez voir comment utiliser le pouvoir du chant et le rituel pour honorer les transitions de votre propre vie.

Exercice n° 5-3 : Rite de passage.

Réfléchissez au prochain passage important de la vie pour vous-même ou l'un de vos proches. Comment pourriez-vous utiliser le rituel pour donner à cette transition toute sa profondeur et sa signification ? À quoi votre rituel pourrait-il ressembler ? Quel rôle particulier la musique et le chant pourraient-ils jouer pour donner vie au rituel ?

L'ART DU RITUEL

Il est important d'éviter d'accomplir le rituel seulement pour lui-même. Il doit y avoir une interaction sensible entre vos idées « éclairées » sur l'introduction d'un rituel dans votre vie et la « réalité ». Nous avons besoin d'expérimenter les rituels, d'apprendre ce qui marche — et surtout de tirer la leçon de ce qui marche vraiment. Nous autres inventeurs de rituels devons constamment faire des corrections à mi-chemin, affiner les rituels, les laisser évoluer au fil du temps et au fur et à mesure du déroulement de la vie. Si le rituel de l'année précédente n'était pas très animé, il nous faudra sans doute renoncer aux usages anciens pour permettre à de nouvelles formes de se développer — sinon, nous risquons de nous installer dans le même genre de rituels vides de contenu contre lesquels nombre d'entre nous se sont rebellés.

Vous devez, à ce stade, avoir une image quelque peu déformée de la vie de famille Gass d'après toutes les descriptions de réveil et de lever en chanson, de bénédicité récité en se tenant par la main avant chaque repas. Bien que notre vie familiale soit riche et pleine d'amour, comme toutes les familles nous avons notre lot de conflits et de ruptures. Notre rituel le moins réussi fut celui du « temps de la famille ». Il s'agissait de réserver le dîner et la soirée du dimanche à la famille, pour être ensemble, s'amuser et avoir des expériences « pleines de sens ». Ce fut au contraire une catastrophe hebdomadaire. Tous les dimanches, il nous fallait laisser tomber ce que nous étions en train de faire pour nous retrouver ; nous étions rarement d'accord sur le menu et sur les activités de la soirée. Nous aurions dû appeler cela le « temps de l'ombre », car immanquablement chacun apparaissait sous son plus mauvais jour. Alors qu'à d'autres moments de la semaine nous partagions des moments heureux, rarement planifiés. Au bout d'environ six mois, sans discussion, le « temps de la famille » est tombé dans l'oubli, comme un mauvais feuilleton que l'on retire de l'antenne.

Seize façons de faire chanter votre vie

Les rituels planifiés sont merveilleux, mais si nous donnons libre cours à notre imagination le chant peut animer notre vie de manière inattendue. Voici quelques idées que d'autres ont essayées :

1. Faites de votre voiture un sanctuaire mobile. Mettez un panneau sur le tableau de bord qui dit « Respire », faites une provision de cassettes de chants psalmodiés, baissez (ou remontez) la vitre, et roulez tranquillement.
2. Quand vous avez l'une de ces obsessions qui vous pousse à vous gaver d'aliments que vous ne devriez pas manger, essayer d'y subtituer les plaisirs du chant.
3. Allumez une bougie dans la chambre, faites asseoir votre bien-aimé(e) sur le lit, et offrez-lui une sérénade en lui chantant une chanson d'amour.
4. Pendant une promenade ou une excursion à pied, trouvez ou inventez un mantra qui ait un bon rythme et chantez-le en suivant la cadence de vos pas. L'un de ceux que je préfère est : « À chaque pas que je fais, je marche sur Ton sol sacré. »
5. Profitez de la bonne résonance et de la relative intimité de la douche pour chanter une psalmodie lancinante. Laissez votre voix se délier — tout au long !
6. Passez-vous en musique de fond des enregistrements de chant psalmodié pour améliorer votre humeur. Quand vous y êtes allé trop fort et avez besoin de

vous détendre, passez-vous un mantra au rythme lent. Quand vous vous sentez apathique et avez besoin de retrouver de l'énergie, mettez un chant extatique.

7. Au cours des prochains mois, faites la tournée de toutes les formes de chants qui existent dans votre région. Allez dans les églises, les temples, les ashrams, les monastères — vous pouvez même vous arrêter en passant pour écouter des supporters scander leurs encouragements à l'équipe sportive locale.
8. Si votre lecteur de CD ou de cassettes possède une fonction réveil (et que vous savez comment vous en servir), programmez-le afin d'être doucement tiré de votre sommeil par des sons psalmodiés.
9. Allez voir le bébé d'une amie et proposez à celle-ci une heure de liberté. Prenez le bébé et chantez-lui des chansons. Les bébés adorent ça, et vous allez adorer, car un bébé n'émet jamais aucune critique sur votre voix.
10. Servez-vous du chant psalmodié pour transformer vos humeurs. Quand vous vous sentez blessé ou en colère, au lieu de broyer du noir ou de passer votre temps à retourner les mêmes pensées dans votre tête, lancez-vous dans un chant spontané — vocalisations retentissantes de syllabes et de bruits n'ayant aucun sens, cris scandés, manifestations exagérées d'affect — mettez toute votre énergie émotionnelle dans le chant. Et voyez ce qui advient.
11. Trouvez un endroit qui résonne beaucoup — une église, une pièce au plafond très haut, la cage d'escalier d'un bâtiment public, un garage souterrain, un court de squash — et profitez de l'extraordinaire résonance pour jouer avec de longs tons vocaliques.
12. Trouvez un maître de chœur dans votre région. Organisez une réunion pour vos amis, que vous inti-

tulerez « Soirée en-chantée », et avec l'aide du maître de chœur, faites connaître à vos amis les joies du chant psalmodié.

13. Dans nos vies tellement occupées, nous passons un temps fou à attendre — aux feux rouges, au téléphone, dans les cabinets médicaux. N'attendez plus jamais !!! Faites de ces expériences exaspérantes des occasions parfaites pour pratiquer le chant. (En public, vous préférerez sans doute chanter intérieurement, en silence.)
14. Chantez pour vos plantes — dans la maison et au jardin. Imaginez que, d'une manière ou d'une autre, elles chantent avec vous. Mêlez le son de votre voix aux sons imaginaires des végétaux. Peut-être vos plantes deviendront-elles gigantesques, ou peut-être pas, mais c'est de toute façon très amusant.
15. Rendez visite à un ami malade ou infirme, chez lui ou à l'hôpital. Asseyez-vous près de son lit et, avec ou sans l'aide d'un enregistrement, faites-lui le présent du chant.
16. Répandez la bonne énergie. Faites passer du chant en musique de fond quand vous enregistrez un nouveau message sur votre répondeur téléphonique.

Ces suggestions, lorsqu'elles sont offertes d'une manière enjouée, sont exactement le genre de rituels et de pratiques qui introduisent l'Esprit et la joie dans la vie quotidienne. Utilisez-les. Changez-les. Inventez les vôtres. Puisse votre vie être remplie du rituel du chant — sous ses multiples formes.

CHAPITRE VIII

À la découverte de l'Esprit dans le son

Ceux qui le connaissent crient d'une seule voix :
Il est le chanteur, Il est la chanson et Il est la musique.
Il parle à travers chaque air.
Il est manifeste dans chaque mélodie.

NAZIR, *poète soufi*

Nous avons vu comment des gens de toutes les traditions religieuses se rassemblent dans la communion du chant pour adorer Dieu, la Déesse, l'Esprit, le Seigneur, Allah, Brahma, Wakan Tanka, Hécate et les Orishas. Nous avons examiné comment le pouvoir évocateur et celui de l'entraînement, la respiration, les effets soniques et l'intention des chantres se combinent pour donner au chant psalmodié l'impressionnant pouvoir de transformer notre conscience.

Le chant est un outil que l'on peut utiliser pour aider des âmes à s'éveiller ou inciter des foules à la haine. Si nous voulons nous en servir avec sagesse, notre but doit être bien clair dans notre esprit. Dans les premières années de mon mariage, ne sachant pas très bien quelle attitude adopter en cas de conflits, je fuyais parfois une dispute désagréable avec Judith en me précipitant dans la pièce voisine et me mettant à psalmodier OM très fort — juste pour être sûr qu'elle savait que je faisais quelque chose de « spirituel ». Inutile de dire que cette expression particulière du son universel ne faisait pas grand-chose pour apporter la paix dans mon ménage. Au fil du temps, je me suis aperçu qu'il valait beaucoup mieux chanter ensemble afin de créer un champ de coopération et d'amour. Plutôt qu'une fuite de la vie, le chant psalmodié est un outil remarquable pour imprégner notre vie d'Esprit. D'après le grand militant spirituel Mahatma Gandhi : « Le mantra nous enseigne la vie et continue à le faire à travers les épreuves. Chaque répétition a une signification nouvelle, chaque répétition nous rapproche de Dieu. » Lorsqu'il fut tué par un extrémiste hindou peu après avoir atteint son but, l'indépendance de l'Inde, Gandhi prononça simplement ce mantra — *Ram* —, le nom de Dieu, et il mourut.

Si nous voulons que le chant serve notre éveil spirituel, cultivons-le comme une pratique spirituelle.

LA PRATIQUE DU CHANT PSALMODIÉ

Le concept de « pratique » est utile dans notre travail spirituel, car il nous dit que nous sommes tous des apprentis. Quand je me suis mis en route sur le chemin spirituel, j'ai lu de nombreux livres qui parlaient de l'illumination. Malheureusement, mes seuls critères en matière d'apprentissage venaient de mes années de formation académique orientée vers la réussite et fondée sur la compétition ; j'imaginais que l'illumination était une sorte de super doctorat. Étant donné que j'avais toujours été un élève précoce, je me figurais que cela me prendrait environ cinq ans. C'était il y a trente ans. Je suppose que je suis un élève lent. Mes journées fluctuent encore entre les moments où je me souviens, ceux où j'oublie et ceux où de nouveau je me souviens qui je suis. Parfois je suis éveillé, d'autres fois j'ai l'esprit ailleurs.

Il se trouve que sur le chemin spirituel il n'est pas question d'atteindre quelque chose ou d'arriver quelque part. Une préoccupation telle que : « Comment est-ce que je fais ? » ou : « Je suis encore ici ? » est juste quelque chose de plus, un bruit de fond de plus qui couvre la musique de l'âme. Faire un travail spirituel, c'est s'engager pour la vie dans un voyage du devenir — un voyage sans fin.

Lorsque nous travaillons un instrument de musique, nous faisons des gammes, nous trébuchons sur les passages difficiles et les répétons jusqu'à ce que nous soyons capables de les jouer correctement. Il n'y a pas d'« erreurs » dans la pratique, parce que revenir sans cesse sur les endroits où nous trébuchons est précisément ce qui nous aide à développer nos capacités. Il n'y a pas de raccourcis, pas de trucs pour aller plus vite. Nous sommes d'éternels apprentis — même les grands musiciens travaillent plusieurs heures par jour.

Il en est de même dans la pratique du chant psalmodié. Nous n'attendons pas que l'inspiration frappe — nous chantons parce que telle est notre pratique. Le rabbin Zalman Schachter-Salomi m'a avoué que certains jours l'élan du *daven* vient tout naturellement, alors que d'autres : « Je le fais simplement parce qu'il faut le faire — sinon, je perdrais le contact. » Nous nous en remettons à la forme de la pratique, qui nous aide à continuer malgré les changements d'humeur et les baisses d'énergie. Michal Harrison, un musicien accompli qui dirige des séances de chant soufi, parle de l'importance de pratiquer chaque jour pour « créer une dynamique ». Lui-même fait de la méditation vocale tous les matins pendant trois heures.

Lorsque nous travaillons nos gammes au piano, certains jours nos doigts nous paraissent gourds et malhabiles ; d'autre jours, ils semblent danser, alertes, sur le clavier. C'est pareil pour la pratique du chant psalmodié. Joyce Wells, qui dirige des séminaires de Siddhayoga, nous dit : « Parfois, lorsque je chante, je me retrouve profondément plongé dans la méditation au bout de quelques minutes sans même m'en rendre compte. D'autres fois, je n'arrive pas à y entrer. » Nous apprenons à ne plus évaluer notre expérience d'un jour donné — nous prenons notre envol, nous nous écrasons au sol, nous atteignons l'extase, nous éprouvons de l'ennui, nous sommes concentré, nous nous endormons — tout cela fait partie de la pratique.

En tant que pratique spirituelle, le chant psalmodié présente certains avantages. Il est libre, sans danger, on peut s'y adonner n'importe où et n'importe quand. D'après Joyce Wells : « Psalmodier est si simple — on peut le faire à n'importe quel moment, où que ce soit. C'est le chemin le plus facile pour arriver jusqu'à Dieu. » Swâmi Akandananda, maître de Siddha-yoga, acquiesce : « Ce qu'il y a de beau dans le chant, c'est qu'il permet très facilement d'atteindre un état de concentration. Les gens ont parfois des difficultés à méditer parce que leur esprit est trop occupé ou qu'ils ne sont pas confortablement assis, mais quand ils entendent les merveilleux hymnes à leur propre Moi divin, quand ils sentent le rythme et les frappements de mains, quand ils sont capables de régler leurs oreilles, leur cœur et leur corps sur la même longeur d'onde — quand tout cela arrive en même temps, ils vivent des expériences profondes que la méditation ne leur permet de vivre qu'au bout de nombreuses années. »

L'un des grands défis auquel beaucoup d'entre nous sont confrontés sur le chemin spirituel est de savoir quoi faire de nos facultés d'analyse et de jugement. Notre esprit rationnel est un outil merveilleux, le produit de dizaines de milliers d'années d'évolution. Il n'a qu'un gros défaut de conception — il n'a pas d'interrupteur pour s'arrêter. Notre pauvre intellect se débat avec l'expérience mystique parce que la réalité de l'Esprit transcende les mots et les concepts. Psalmodier contourne complètement l'intellect, court-circuite nos concepts, nos questions et nos doutes à propos de l'Esprit. Le soufi Murshid Elias Amidon m'a dit un jour : « Ce qu'il y a de formidable avec le chant psalmodié, c'est qu'il nous isole complètement des livres et des bibliothèques pleines de mysticisme et de mots qui essayent de dire l'ineffable. C'est la chose vraie. »

Dans le chant, il n'y a pas d'intermédiaire — tout le monde a la même opportunité de faire l'expérience directe et personnelle de l'Esprit. Comme nous l'avons vu, les grandes traditions mystiques du monde partagent un cœur résonant d'Esprit. Le chant suscite la réalité vivante, vibrante, de ces vérités du cœur : la dévotion, le calme, la louange et l'unité.

DÉVOTION

Dinabandu, un ancien résident du centre de yoga Kripalu de Lenox, dans le Massachusetts, me raconte cette histoire :

« Tandis que l'harmonium entamait la mélodie familière de *Shivaya natraja*, je levai les yeux vers le portrait de Bapaji, au-dessus de l'autel. Sur son visage, je vis reflétée l'incarnation de la totale dévotion à Dieu. Plus que tout, je veux donner cet amour. Quand le chant s'est fait plus rapide, je me suis mis sur mes pieds et j'ai commencé à danser.

« *Shi-va-ya na-tra-ja, Shi-va-ya na-tra-ja, Shi-va-ya na-tra-ja*. Mon corps vibrait aux boum-boum-boum de la grosse caisse, le rythme du *mridingam* ondulait sur ma peau et le tching-tching-tching des cymbales courait sur toutes les choses. Je sautais aussi haut que je pouvais, atterrissant en même temps que le boum du gros tambour. Je volais de plus en plus haut — j'avais l'impression que ma tête allait toucher le plafond. *Shi-va-ya na-tra-ja, Shi-va-ya Shi-va-ya* ! J'étais entouré et soulevé par les voix de mes frères et sœurs, et je sentais leur amour, comme ils sentaient le mien. Nous vibrions tous de notre amour pour Dieu.

« Je ressentais une mystérieuse mais familière sensation d'éternité, comme si j'avais chanté ces mots au cours de dix mille vies, dans dix mille pièces, au milieu des champs et dans des cavernes éclairées par des torches. Dans les anciens récits, Shiva danse sur un tambour cosmique ; à chaque battement éternel du tambour, l'univers est créé, puis détruit au suivant. Je ressentais cela. Boum ! Et le monde vacillait et s'éteignait un moment. Boum ! Et il réapparaissait. Je ressentais en moi combien cette vie est éphémère, mais combien l'amour de Dieu est éternel.

« Mes yeux étaient fermés, des flots d'énergie montaient de mon cœur et sortaient du sommet de mon crâne. Je me donnais tout entier, sans réserve, m'abandonnant à mon amour pour Dieu. »

Dans ce récit, nous voyons le pouvoir qu'a la prière psalmodiée. Nous chantons des chansons d'amour à Dieu du fond de notre cœur. Tout cela évoque l'intensité du désir. Au lieu d'essayer de transcender le désir, ou de cultiver le détachement comme dans la tradition bouddhique, nous nous abandonnons complètement au désir. Mais tous nos désirs — le désir sexuel, ceux de pouvoir, de célébrité, de glace au chocolat… — sont canalisés en un seul désir : le désir de Dieu. Il y a une faim, une urgence dans le chant psalmodié religieux. Nous nous y abandonnons complètement. Vous êtes distrait(e) ? Chantez avec plus de passion. Vous êtes fatigué(e) ? Chanter comme si votre vie en dépendait.

Tu as marché sur le rivage de l'océan,
en tenant tes robes pour ne pas les mouiller.
Tu dois plonger nu dedans, et plus profondément,
mille fois plus profondément...
RÛMÎ

Comme l'ardeur croissante de la passion dans l'union sexuelle, la flamme de la bougie de notre désir explose en une conflagration, nourrie par l'intensité de notre ardent désir. Nous chantons et chantons encore, jusqu'à ce que tous nos désirs soit consumés dans le désir unique. Nous chantons et chantons encore jusqu'à ce qu'il n'y ait plus que cette aspiration :

Voici comment je voudrais mourir dans l'amour que j'ai pour vous :
comme des fragments de nuages se dissolvent dans la lumière du soleil.
RÛMÎ

Dans la pratique de la dévotion, nous sommes l'amant, Dieu est le Bien-Aimé. Cet amour dévorant pour Dieu peut avoir une qualité érotique. Mirabai, une sainte hindoue du XIIIe siècle, abandonna sa vie fortunée pour errer à la recherche du Dieu Shiva. Composant plus de cinq cents chansons d'amour divin, elle errait pieds nus de village en village en chantant et dansant. Imaginez Mirabai en extase en train de chanter ces phrases, la voix pleine de désir pour son Bien-aimé :

Viens dans ma chambre.
J'ai éparpillé des boutons de fleurs sur la couche,
Parfumé mon corps.

Dieu est là pour rencontrer pleinement l'amour de Mirabai, comme le Divin le fait toujours quand le désir du chercheur est pur :

Mon ami, la souillure du Grand Danseur a pénétré mon corps.
J'ai bu la coupe de la musique et je suis désespérément ivre.
Ayant goûté le nectar de l'amour de Dieu,
Mirabai lui appartient à jamais :

Telle une abeille emprisonnée à vie dans le piège de la douce fleur,
Mira s'est offerte à son Seigneur.

Dans la pratique dévotionnelle, le plus important, c'est le désir, la danse de l'amante et de son Bien-aimé. Comme le décrit Ram Dass : « Votre joie se fait de plus en plus proche… et la dévotion devient une sorte de long prélude : elle ne se perd pas dans l'instant orgasmique de la fusion, elle reste juste à peine séparée, mais séparée. »

Le soufi Elias Amidon s'accorde sur l'importance du désir. « Mon maître disait toujours que ce n'est pas tant la présence de Dieu que nous adorons, que son absence. En permettant à Dieu d'être absent, nous autorisons le mystère. Le désir et l'aspiration créent un espace pour l'inconnu, et dans cet inconnu réside la possibilité d'une réelle expérience. »

Le chant religieux fait aussi partie de la tradition mystique chrétienne. Dans le livre célèbre de l'Église orthodoxe orientale, *Voie du pèlerin*, l'auteur décrit son expérience alors qu'il errait dans la campagne russe du XIXe siècle en psalmodiant continuellement cette prière : « Seigneur Jésus-Christ, aie pitié de moi. » Chantant jour après jour, mois après mois, il découvre que « la Prière, par sa propre action, passait de mes lèvres à mon cœur ». Le pèlerin chante en marchant, il chante en mangeant, il chante quand il se couche et quand il se lève. « La Prière mettait de la douceur dans mon cœur et me faisait ignorer tout autre chose. »

Dans le gospel chrétien contemporain, nous trouvons le même débordement d'amour pour le Divin que celui que nous entendons dans le *kirtan* indien. J'ai eu un jour la chance d'accompagner au piano les Heavenly Echoes, un groupe de gospel noir composé de deux grandes familles — les parents, les enfants, les oncles et les tantes. Beaucoup plus qu'une prestation, leur musique était une évocation de leur amour pour Dieu.

Je L'aime... je L'aime... parce qu'Il m'a d'abord aimé.
Et qu'il a racheté mon âme au Calvaire.

Celle qui dirige les Heavenly Echoes, madame Andrews, est une femme vive et sincère qui répond au téléphone en disant : « Dieu vous bénisse », et qui lorsqu'elle vous appelle « Très Cher » le pense vraiment. Elle décrit ainsi leur musique : « C'est vraiment une musique qui vient de mon cœur. Je peux voir les bras de Jésus se tendre vers moi, je peux en fait *sentir* ses bras autour de moi. Son amour n'est pas simplement fait de mots — il est réel. Je peux le voir sur la croix, et sentir le lien spirituel qui me rattache à Lui. La présence de Dieu est en moi quand je chante. »

Comme dans d'autres formes de chant, les Heavenly Echoes répètent les phrases, afin que tout le monde chante avec eux :

C'est pourquoi je L'aime... C'est pourquoi je L'aime.
Il va me délivrer.

« Un courant se forme quand nous chantons vraiment. Certains l'appellent l'énergie, nous l'appelons l'Esprit de Dieu. Il coule de nous vers les personnes qui composent le public. Elles nous le renvoient, nous le prenons et le leur renvoyons. Maintenant, il a plus de pouvoir, et il continue à grandir comme un cercle d'amour. Quand les gens sont vraiment prêts et que le courant continue à circuler, c'est pour nous comme le ciel. C'est délicieux. Mmmmm ! Mmmmm ! Mmmmm ! »

Le son du silence

Mais peu entendront les secrets
cachés dans les notes.

Rûmî

Dans le monde du son audible — les vibrations que nous produisons en soufflant dans une flûte, en pinçant les cordes d'une harpe ou en chantant — existe un monde sonore secret. C'est le son qui a toujours été et sera toujours, le son essentiel, la vibration intrinsèque de l'univers. C'est le son de la création, la voix de Dieu entendue par Mahomet dans la caverne de Ghar-e-Hita, par Shiva dans sa demeure de l'Himalaya et par Jésus dans le désert. Les mystiques de toutes les traditions prient, méditent, jeûnent, absorbent des herbes sacrées, dansent et chantent dans le désir d'entendre ce son qui transcende l'âme — appelé *anahat nad* en sanscrit, *sarmad* par les soufis et le *logos* par certains chrétiens.

De même que notre fascination pour les plaisirs du monde matériel nous distrait du monde de l'Esprit, notre absorption dans les vibrations denses du son audible nous empêche d'entendre les sons intérieurs plus subtils. Pour entendre la musique intérieure, nous avons besoin de silence. Le mystique chrétien du Moyen Âge saint Jean de la Croix écrit : « Le Père a prononcé un mot, ce mot est Son Fils, et Il Le prononce à jamais dans le silence éternel ; et l'âme doit l'entendre dans le silence. »

Le chant est le sentier qui mène du son manifeste au son silencieux ou, pour emprunter les mots du maître soufi Allaudin Mathieu : « Le pont entre le son et le silence. » Allaudin nous propose quelques instructions simples pour marcher sur ce pont. « Mettez le mantram sur votre souffle et répétez-le en silence. Vous l'entendez, et vous le sentez intérieusement, mais vous ne produisez aucun son audible. Vous faites un son… et vous n'en faites pas. C'est le son du silence. »

Le chant psalmodié porte le son audible à un état aussi raffiné ; c'est comme si on ouvrait une fenêtre sur le monde du son spirituel intérieur. Elias Amidon dit : « Le chant est certainement important, mais c'est souvent le silence qui suit qui nous émeut vraiment. Après un *zekr*, mon professeur nous demandait simplement de rester assis — trente, quarante-cinq minutes, dans cette atmosphère qui avait été ouverte, dans la douceur intime. » Si nous nous arrêtons brusquement au milieu d'une journée agitée et nous mettons à écouter, nous entendons en général le tourbillon des sons du monde et le bruit de nos propres pensées et sentiments. Mais d'après le moine bénédictin David Stendl-Rast : « Quand la musique du chant s'arrête… un silence audible se répercute à travers la pièce… le silence n'est pas simplement l'absence de son, c'est une présence mystérieuse, l'immense néant qui est notre origine et notre demeure. Si nous écoutons attentivement, nous découvrons que lorsque tout est dit et fait, le chant nous installe dans ce silence qui est le territoire de notre être. »

Écoutez bien au-delà de l'ouïe,
Et appelez ce que vous n'avez pas entendu.
LAO TSEU

Dans le récit qui suit, le rabbin Tirzah Firestone raconte un voyage avec sa congrégation, une expédition à travers le chant pour atteindre la musique intérieure du silence : « D'après la tradition cabalistique, au moment de la Création la lumière surnaturelle de Dieu se répandit dans des vases destinés à recevoir Sa force créatrice. Mais les vases ne purent contenir la majesté impressionnante de la lumière de Dieu et ils se brisèrent ; le monde est fait de leurs débris. Notre tâche en tant qu'âme en développement est de trouver et de reconquérir la lumière cachée.

« Rassemblés le soir de Yom Kippour, le jour le plus saint de l'année juive, nous avons prié ensemble pour que cette lumière cachée nous soit révélée :

Ohr zarua la'Tzaddik
U-l'yish'ray layv simcha.

La lumière se lève pour le juste,
Et la joie pour ceux qui ont le cœur droit.
PSAUME 97

« Doucement accompagnés par une guitare et le battement d'un tambour, nous chantions lentement, conscients que les juifs du monde entier chantaient eux aussi avec nous : *Ohr zarua la'Tzaddik*... Nous chantions de plus en plus lentement, laissant résonner chaque syllabe, chaque mot. Ayant psalmodié toute la phrase sacrée, nous la reprîmes une deuxième fois, les vibrations réelles du son invoquant la présence divine. Et une troisième fois : « La lumière se lève... » Nous étions envahis par une sensation de crainte révérentielle, comme si à chacune des sept répétitions nous nous débarrassions de l'illusion extérieure, démasquant les apparences de la réalité pour révéler la lumière essentielle de Dieu.

« *Ohr zarua la'Tzaddik...* À travers notre chant et notre prière, nous aussi nous mettions à nu, enlevant une à une nos apparences, nos petits égo, pour laisser briller la lumière de notre vraie nature. Nous psalmodiâmes les cinquièmes et sixièmes répétitions : *Ohr zarua la'Tzaddik.* Des ondes de son et d'énergie traversèrent la pièces, palpitant dans mon corps à la manière d'un battement de cœur silencieux. Et pour la septième et dernière fois, *Ohr zarua la'Tzaddik... U-l'yish'ray layv simcha...*

« Dans la pièce, le silence était profond. Nous étions tous sortis de ce temps, abandonnant cette réalité pour entrer dans une autre, une réalité remplie de la présence vivante des âmes de nos ancêtres et de celles de nos descendants pas encore nés. Je suis en général très surmenée, confrontée à de nombreux défis, à mes propres combats et ceux du peuple juif... Il n'y avait rien de cela ici, pas d'efforts ou d'inquiétude. Juste la paix — et l'éternelle et émouvante palpitation de la musique silencieuse de Dieu. »

Si vous voulez connaître la vérité, je vous la dirai,
Écoutez le son secret, le son vrai, qui est en vous...
La musique que font les cordes que personne ne touche.

KABIR

LOUANGE ET GRATITUDE

On raconte l'histoire d'un autre rabbin et du président du temple qui sont en train de prier devant le Saints des saints. Le rabbin, envahi par le sentiment de son indignité devant Dieu, tombe à genoux et commence à psalmodier : « Oh Dieu, je ne suis rien. Je ne suis rien. » Le président, ému par cette manifestation d'humilité, tombe lui aussi à genoux et se met à prier : « Oh Dieu, je ne suis rien. Je ne suis rien. » Le portier, qui balaye tranquillement derrière eux, est si ému de voir les chefs de la congrégation agenouillés qu'il se joint à eux : « Oh Dieu, je ne suis rien. Je ne suis rien. » Voyant cela, le président se tourne vers le rabbin en haussant les sourcils. Faisant un signe de tête en direction du portier, il dit : « Regardez donc qui pense qu'il n'est rien. »

Sur la voie spirituelle, l'un des plus grands dangers est ce que le maître bouddhiste Trungpa Rinpotché appelle le « matérialisme spirituel » — ce qu'il advient quand notre ego détourne et coopte notre pratique spirituelle pour servir ses propres besoins. « Dieu me parle à *moi* (pas à vous)... Pas ma volonté mais la Tienne (et *je* sais quelle est la volonté de Dieu)... *J'*ai eu hier, tandis que je chantais, l'expérience la plus incroyable (probablement un signe d'illumination naissante). » Nous confondons notre moi avec le Soi. Alors que toutes les traditions mystiques nous disent que Dieu est à l'intérieur, nous ne devons pas oublier de nous mettre dans une juste perspective par rapport au Divin. Dieu est vraiment, vraiment grand — et nous sommes plus petit qu'un grain de sable sur une plage sans fin.

L'une des choses qui peut nous aider à garder l'esprit clair est la pratique qui consiste à chanter la louange et la gratitude. Ce n'est pas que Dieu ait tellement besoin d'une réaction positive. Le mot anglais *praise* vient du latin *pretium* qui veut dire « récompense, prix » : chanter des louanges est en soi une récompense. Nous chantons en l'honneur du Divin parce que cela nous ouvre le cœur et attire plus près de nous la présence de l'Esprit. Comme le dit le théologien C. S. Lewis : « La prière ne change pas Dieu, elle me change. » Quand, en chantant, nous nous adressons au Créateur, nous nous souvenons que ce n'est pas nous qui remuons ciel et terre. Quel soulagement !

Depuis que le langage existe, des personnes ont chanté des louanges aux êtres divins. Le premier auteur identifié dans l'histoire, Enheduanna, a écrit ce cantique à la déesse Inanna sur des tablettes cunéiformes, il y a plus de cinq mille ans, dans l'ancienne Sumer :

À ma Dame enveloppée de beauté.
Gloire à Inanna.

Depuis l'aube des temps, en Inde, les Upanishads chantent les louanges de Dieu : « Tout cet univers est dans la gloire de Dieu, de Shiva le Dieu de l'amour. » Des hiéroglyphes sculptés dans la pierre de l'ancienne Égypte proclament : « Dieu est Un et Seul, et il n'y en a pas d'autre auprès de lui. » Depuis plus de mille ans, dans le monde entier, cinq fois par jour les musulmans se prosternent sur leur tapis de prière dans la direction de la Mecque en psalmodiant : « Dieu est grand. *Allah hu akbar*. Dieu est grand. Je témoigne que personne n'est digne d'adoration en dehors de Dieu. »

Les Psaumes de l'Ancien Testament, psalmodiés à l'origine par David, sont un beau et persistant hommage à Dieu, ponctué par Alléluia — « louez le Seigneur ».

Criez vers le Seigneur, toute la terre,
Éclatez et chantez de joie, oui, chantez des louanges.
Chantez des louanges au Seigneur avec la harpe... Alléluia !
Oh Seigneur mon Dieu, Tu es très grand... Alléluia !
Je louerai le Seigneur tant que j'aurai un souffle de vie...
Alléluia !

En fait, si nous faisons abstraction des nuances linguistiques, la traduction approximative de la plupart des cantiques se réduit à « Oui Dieu ! »

Ce n'est pas seulement le Créateur que nous honorons, mais la création elle-même. Quelle que soit la direction dans laquelle nous nous tournons, nous sommes accueillis par la beauté et la merveille des formes innombrables sous lesquelles l'Esprit est caché. Nous n'avons pas besoin de chercher profondément dans la méditation une présence invisible et informe, car la gloire de Dieu est un don pour les sens : la beauté pour les yeux, l'harmonie pour les oreilles, le parfum pour le nez, l'ambroisie pour le palais. Toutes les traditions spirituelles chantent en l'honneur de la création :

Gaïa, mère de tous, aussi splendide que la roche,
Le plus ancien de tous les êtres. Je chante la grandeur de Terre.

GRÈCE, VIe SIÈCLE AVANT J.-C.

Écoutons les Ashanti de l'Afrique de l'Ouest :
Ô Dieu, créateur de notre sol,
de notre terre, des arbres, des animaux et des humains.
Tout est en ton honneur.

Le célèbre cantique de saint François d'Assise est chanté depuis un demi-millénaire, que ce soit dans les cathédrales et les églises, par les troubadours italiens du Moyen Âge ou les chanteurs contemporains :

Sois loué mon Seigneur, pour toutes Tes créations
En particulier pour Frère Soleil
qui rend le jour brillant et lumineux.

Les Maoris de Nouvelle-Zélande chantent leurs traditionnels *karabia* — cantiques à la gloire de Io, l'« Un céleste », à la vitesse stupéfiante de trois cents syllabes à la minute. Dans ce chant, ils rendent grâce à l'Esprit des forêts qui sacrifie l'un de ses « enfants » (les arbres) pour l'usage de la tribu :

Kua kotia nga putake o te rakau o te whare nei.

Quand nous louons, cela nous remet en mémoire que ce corps, cette vie
et toute chose est un don de l'Esprit.
Ô Grand Esprit
dont j'entends la voix dans le vent
et dont le souffle donne vie au monde entier...
CHANT AMÉRINDIEN

Dans un monde où la technologie donne l'illusion de contrôler la nature, où les tomates semblent pousser dans des emballages de cellophane dans les allées des supermarchés et où les bébés peuvent être conçus dans des éprouvettes, nous oublions parfois que tout cela est un miracle de l'Esprit. Quand la plupart d'entre nous est confrontée à des questions telles que : quel menu préparer pour le dîner ou quelle couleur de pull-over acheter, plutôt que celle d'avoir assez à manger ou de vêtements à se mettre, il n'est que trop facile de prendre les dons de l'Esprit comme allant de soi.

Chanter nos louanges et notre gratitude nous rappelle la valeur de la vie. Nous saluons le soleil en sachant que notre vie dépend de ses allées et venues :

Écoute la salutation de l'aube,
Veille sur ce jour car il est la vie, l'essence même de la vie...
CHANT SANSCRIT

Nous serrons dans nos bras ceux qui nous sont chers pour leur souhaiter bonne nuit, en sachant que nous pouvons être séparés à tout instant :

Vous m'avez donné vos richesses,
Je vous aime tant.
CHANT POPULAIRE CONTEMPORAIN

Chantez des louanges quand vous vous réveillez et quand vous vous couchez, quand vous arrivez et quand vous partez. Chantez la gratitude dans la bonne santé et dans la maladie, dans les temps de disette et dans les temps d'abondance. Honorez l'Esprit qui nous donne la vie — à chaque respiration.

Loué soit le Souffle de Vie...
Ne m'abandonne pas.
ATHARVA VEDA

Alléluia ! Louez Dieu ! *Alhamdulillah ! Jai Ram !*

UNITÉ

Surya Das, un lama né en Amérique qui appartient au lignage Dzogchen de la tradition du bouddhisme tibétain, m'a raconté cette histoire puissante d'une expérience de chant psalmodié qui eut lieu dans les débuts de sa formation :

« C'était mon premier voyage en Orient en 1971, et après avoir cherché quelque temps j'avais trouvé mon maître, un lama bouddhiste dans un monastère situé au sommet d'une colline juste en dehors de Katmandou, au Népal. Je souhaitais beaucoup faire une retraite en solitaire et le lama eut l'amabilité de m'envoyer dans une hutte avec l'instruction de chanter et d'écouter le son de la chute d'eau. Il m'enseigna le fameux mantra de cent syllabes du *Vajra Sattva* — l'Être de Diamant, conçu pour vibrer dans les cent états de conscience. Les dévots du bouddhisme tibétain sont tenus de chanter ce mantra cent mille fois au cours de leur vie.

« Je venais d'avoir vingt et un an et j'étais impatient de commencer. Ayant fourré mes quelques affaires dans mon sac à dos, je remontai jusqu'à un endroit appelé Tatapani (qui veut dire « eau chaude »). Installé dans ma minuscule hutte de terre au toit en bois couvert de chaume, je chantais et chantais, m'interrompant seulement de temps à autre pour de légers repas de *tsampa* (la farine d'orge tibétaine) et de thé. J'essayais de faire quatre à cinq mille répétitions par jour — environ douze heures. Je restais assis près de la chute d'eau, jour après jour, psalmodiant jusqu'à me vider la cervelle. Je ne sais depuis combien de jours je chantais ainsi quand j'eus cette première vision : je devenais un beau calice de cristal qui se remplissait de pure lumière. Il y avait tant d'énergie que je chantai toute la nuit.

Om Vajra Sattva Samaya : Manu Palaya
Vajra Sattva : Tveno Patisha.

« Au fil des heures, je me sentis devenir de plus en plus transparent. Des pensées et des perceptions se mirent à flotter à travers le clair écran de ma conscience en un mouvement lent. C'était comme si le calice de cristal commençait à se remplir de nectar.

« Le son du mantra et le son de la chute d'eau se fondirent en un seul son. Je ne savais plus si c'était moi ou la cascade qui chantait le mantra, si je chantais la cascade ou si la cascade me chantait. Je suppose que mes lèvres continuaient à remuer, mais c'était en réalité le Soi qui psalmodiait.

« Chaque instant ressemblait à l'instant présent éternel — ni long ni court — hors du temps. Je devenais clair comme le ciel, comme le soleil et au-delà du soleil, je devenais un être de lumière de diamant — conscience lumineuse. Mes cinq sens s'étaient repliés au centre à la manière d'un parapluie, se retirant du monde comme à travers le chas d'une aiguille... Je devins conscience vide. C'était tout le *Vajra Sattva,* l'être de diamant, les reflets d'un champ de bouddhas infinis. C'était moi et pas moi. J'étais eux. C'était...

« Et à un certain point, comme toutes les expériences, ce fut terminé. Le parapluie s'ouvrit, la conscience vide se déplia et de nouveau il y eut les cinq sens, et de nouveau je fus dans mon corps... assis près des sources d'eau chaude... revenu au Népal... purifié. »

Surya Das a fait l'expérience de l'unité avec le Divin à travers la pratique du chant. La sensation quotidienne d'être « moi » s'est dissoute, comme « les fragments de nuages de Rûmî... dans la lumière du soleil », ou un morceau de sucre dans une tasse de thé chaud. C'est l'expérience ineffable, que les mystiques ont essayé de décrire comme le moi faisant place au Soi, de l'amant fusionnant avec sa bien-aimée, de la lumière rayonnante ou du son universel — de faire un avec Dieu. Bien que le récit de Surya, avec ses cinq mille répétitions d'un mantra sacré et ses êtres de lumière de diamant, puisse sembler exotique, vous n'avez nul besoin d'aller dans l'Himalaya pour trouver l'unité avec Dieu.

Âgée de soixante-dix-neuf ans, Katherine est tranquillement assise dans son fauteuil près de la fenêtre dans son appartement de l'Ohio, les yeux fermés, le visage empreint de pure béatitude. Une bougie votive tremblote sur une table de jeu portant de petites statues de Jésus, de Joseph et Marie. Un bouquet de délicates fleurs bleues a été soigneusement placé près de la statue de la Vierge. Les grains usés du chapelet se déplace rapidement entre ses vieilles mains menues tandis qu'elle chante doucement pour elle-même. Les tons sont juste au bord de son souffle. Si vous entriez dans la pièce, vous entendriez un murmure mélodique maintes fois répété.

Je vous salue Marie pleine de grâce, le Seigneur est avec vous,
Soyez bénie entre toutes les femmes
Et béni soit Jésus le fruit de vos entrailles.
Je vous salue Marie... Je vous salue Marie...
Je vous salue Marie...

Avant que le soir ne jette ses longues ombres à l'autre bout de la pièce, Katherine aura récité son chapelet plus de cent fois. « Quand je suis perdue dans les sons de ma prière, dit-elle, je me sens fondre dans Jésus, et je suis l'être que la Sainte Mère tient dans ses bras. »

Sur le chemin spirituel, nous n'avons pas besoin de voyager très loin, car nous sommes déjà arrivés à destination. Dieu est toujours présent. Nous faisons un avec l'Esprit — que nous soyons dans un moment de souvenir ou submergé dans l'agitation de la vie quotidienne. Comme Elias Amidon aime le dire : « Les voiles ne sont pas autour de Dieu, ils sont autour de nous. »

Nous sommes semblables à un récepteur de radio pouvant capter différentes stations. L'énergie de Dieu transmet sur sa fréquence rayonnante à chaque instant de notre vie. La plupart du temps nous sommes simplement à l'écoute d'autres stations — nous ne la sentons pas. Ceux d'entre nous qui avançons sur un chemin spirituel scrutons le spectre de notre conscience, cherchant la bonne longueur d'ondes. De temps en temps, le signal passe, mais il y a souvent des parasites, aussi essayons-nous de régler l'aiguille sur la bonne fréquence.

Telle est la nature de la pratique spirituelle — un processus qui consiste à nous régler sur la bonne écoute, à éliminer les parasites pour devenir de meilleurs récepteurs de l'énergie divine. Psalmodier, comme nous l'avons vu, est un excellent moyen d'aligner notre corps, notre cœur et notre esprit sur la longueur d'ondes de l'Esprit. Notre mental agité trouve la paix dans les vibrations rythmiques répétées de la psalmodie. Notre cœur errant trouve un foyer dans la dévotion de la Source de tout amour. Et l'anxiété de notre ego avide est canalisée vers la louange et la gratitude adressées au Créateur.

À l'instant où notre être se met en résonance avec la fréquence de l'Esprit, nous faisons parfois l'expérience de l'unité avec Dieu, comme nous le voyons dans cette histoire que m'a racontée mon vieil ami Prajna Hallstrom :

« Nous marchions tous les quatre dans la prairie derrière le centre de retraite, transportant des pelles, du riz coloré en jaune et rouge, des cristaux, quelques dollars d'argent que j'avais pris à la banque. Nous devions construire un petit lieu saint pour la Déesse, et c'était l'une de ces journées d'été idéales dans le Colorado : le ciel était d'un bleu intense, le vent soufflait des sommets montagneux, et il n'y avait pas âme qui vive alentour.

« C'était un travail dur sous le soleil de midi. John a creusé un trou pendant que nous rassemblions des pierres de grès rose. Nous avons travaillé plusieurs heures en silence. Quand ce fut terminé, nous avons regardé le muret de pierre qui entourait le trou où serait allumé le feu cérémoniel. Après avoir ratissé le sol, j'ai répandu le riz coloré et enterré les cristaux et les dollars d'argent.

« Ensuite, comme guidés par un sens intérieur inexprimé, sans un mot, chacun de nous s'est assis sur l'une des quatre grosses pierres qui marquaient les quatre directions. J'ai proposé que nous chantions. De nulle part m'est alors parvenue une mélodie étrangement familière, et j'ai commencé, avec beaucoup d'autorité, à enseigner un chant que je n'avais jamais entendu auparavant :

Om Devi Ma.
Om Devi Ma.
Devi Devi Devi Devi.
Devi Ma Namah.

« Lorsque nous avons commencé à chanter en sanscrit : "J'honore la Déesse-Mère, j'honore la Déesse-Mère", ce fut comme si nous tenions chacun une direction pour la Déesse. Le chant formait une spirale et son pouvoir grandissait. J'avais l'impression qu'une fontaine d'énergie naissait dans mon nombril et montait à travers mon cœur jusqu'à mon front. Nous chantions et chantions — nous avions perdu toute notion du temps. Il n'y avait que cette incroyable énergie et la présence de la Déesse. Mais c'était plus que sentir sa présence. J'étais l'Esprit de compassion. J'étais son expression ardente et aimante. Je ne faisais qu'un avec la Déesse. »

Chanter, comme toute pratique spirituelle, requiert une intention, mais l'expérience d'unité avec l'Esprit n'est pas le résultat direct de notre effort, cela nous est donné par la grâce. L'agriculteur laboure la terre, sème les graines et arrose les pousses tendres, créant toutes les conditions qui contribuent au miracle de la vie. Notre pratique spirituelle, notre chant, nos prières, notre méditation, notre solitude peuvent créer dans notre cœur un foyer accueillant pour l'Esprit. Mais nous ne pouvons en aucun cas commander aux graines de pousser et à l'amour d'ouvrir notre cœur. Si l'Invité honore la maison de notre cœur de Sa présence, c'est toujours une bénédiction, toujours un cadeau. Dans cette dernière histoire, nous allons entendre un enseignant du nom de David LaChapelle nous raconter comment, il y a des années, un chant spontané apporta le don de l'Esprit dans sa jeune vie :

« C'était bien avant d'avoir entendu parler du chant psalmodié, j'avais huit ans et nous habitions à Olympic National Park, où mon père travaillait dans un centre de recherche. Je serai toujours reconnaissant à mes parents d'avoir eu la sagesse et le courage de me laisser vagabonder librement dans ce monde magique de montagnes et de glaciers. Il n'y a rien de semblable aux bruits de l'eau dans ce paysage : bruits de cascades, de l'eau qui coule sous le glacier, des filets de neige en train de fondre, tous se mêlent en un bruit continu semblable au rugissement des vagues déferlantes de l'océan. Ce qu'il y a de plus remarquable, c'est la manière dont la qualité du son change quand les vents mouvants modifient la température et la densité de l'air. Les tons sont modulés, ils deviennent plus profonds et plus forts, puis plus légers et plus sourds.

« En me baladant sur les rochers et sur la neige, écoutant cette symphonie, je me mettais à chanter. Je chantais n'importe quoi — des mots inventés, des notes, je ne sais pas — mais je chantais pendant des heures. Puis je m'asseyais, cessais de chanter et écoutais — laissant les sons liquides aux multiples textures couler sur moi, toujours modulés, continus, toujours changeants, palpitant avec la vie. Je sentais mon corps beaucoup plus grand que mon corps physique. L'air descendant des glaciers peut être froid, mais j'étais réchauffé de l'intérieur. Le temps était immobile.

« Ce sont les moments les plus paisibles que j'aie jamais vécus. Quelque chose se passait dont je n'ai jamais retrouvé l'équivalent dans les nombreuses expériences "spirituelles" que j'ai eues depuis. C'était mon monde intime. Je n'en ai parlé à personne pendant des années, mais cela m'a marqué et a marqué ma vie de façon indélébile. C'était l'innocence, l'absence de tout effort ou artifice... C'était un don de la vie. »

Le chant et le son sacré sont des dons de l'Esprit. Être allongé seul sous les étoiles et chanter avec le vent de la nuit. Envoyer nos enfants au lit avec une chanson douce. Nous joindre à notre communauté dans un lieu du culte et psalmodier ensemble une prière. Nous asseoir au salon avec des amis et chanter pour le plaisir. Écrire ce livre a été pour moi une merveilleuse occasion de faire à nouveau l'expérience de toute la joie que m'a donnée le chant. Je suis reconnaissant que cette musique que j'aime tant composer apporte autant de bonheur aux autres.

Pour clore notre voyage à la découverte de l'Esprit dans le son, terminons par un chant. Imaginez que nous soyons tous réunis et formions un grand cercle — vous, moi et tous ceux qui lisent ce livre. Imaginez que nous nous prenions par la main et, à cet instant, sentez-vous relié à une foule d'autres êtres qui, comme vous, cherchent l'amour et l'Esprit à travers le son. Et nous unissons nos voix pour chanter cette prière de clôture :

Que les bénédictions de Dieu soient sur vous.
Que la paix de Dieu demeure avec vous.
Que la présence de Dieu illumine votre cœur.
Maintenant et à jamais.

Puisse votre vie être remplie de la beauté et de la joie du chant.
Puissiez-vous partager dans une communion des voix
et des cœurs avec ceux que vous aimez.
Puisse votre âme s'abreuver
au puits profond du son sacré.
Puisse votre Esprit s'envoler dans le ciel sur les ailes du chant.

Guide des sources

Section I : Introduisez le chant dans votre foyer

Chant : Spirit in sound

Les plus beaux chants du monde
de Robert Gass

Coffret contenant deux disques
Disque 1 — *Ecstasy : The Fire of Devotion*
Disque 2 — *Stillness : The Journey Within*

J'ai créé ce coffret pour accompagner ce livre. Après avoir écouté des centaines d'enregistrements de chants traditionnels et contemporains du monde entier, j'ai choisi ceux que je préférais (dont beaucoup sont cités dans ce livre). Ces deux volumes montrent le pouvoir et la beauté du chant ; ils permettront à ceux qui les écoutent d'enrichir leur foyer, leur voiture et leur lieu de travail de son sacré.

The Spirit of chant

Les plus beaux chants de Robert Gass & On Wings of Song

Spring Hill Music célèbre la publication de ce livre avec un album « best of » de la quinzaine de CD et cassettes de chant et de musique thérapeutique. Les quarante-cinq voix du célèbre groupe vocal On Wings of Song interprètent mes arrangements des chants préférés du public venus des traditions hindoue, chrétienne, bouddhiste, soufie, de la Déesse, et amérindienne. Cet album comprend une version de notre célèbre enregistrement de *Om Namaha Shivaya*, un arrangement qui élève l'âme de l'*Alléluia* du *Canon en ré* de Pachelbel et une interprétation profondément méditative du chant bouddhiste *Heart of Perfect Wisdom*.

Si vous voulez commander l'un de ces disques, prenez contact avec :

Spring Hill Music
Box 800, Boulder, CO 80304
00-1-800-427-7680

Spring Hill Music publie également les nombreux enregistrements que j'ai faits avec On Wings of Song. La plus grande partie est conçue pour que vous puissiez chanter dessus :

- *Om Namaha Shivaya*
- *Alléluia*
- *Gloria*
- *Great Spirit*
- *A Sufi Song of Love*
- *Kyrie*
- *From the Goddess*
- *Heart of Perfect Wisdom*
- *Shri Ram*
- *Ancient Mother*
- *Many Blessings*
- *Hara Hara Gurudeva*
- *Medicine Wheel*
- *Songs of Healing*

Voici une liste des enregistrements de chant que je préfère dans les différentes traditions que nous avons explorées :

Le chant hindou

Ravi Shankar, *Chants of India*, Angel Records.

Un magnifique recueil de chants sanscrits traditionnels. Produit par George Harrison, l'album est à la fois très musical et imprégné de dévotion. Il comprend le mantra *Gaayatri* que nous avons décrit au chapitre IV.

Krishna Das, *Pilgrim Heart*, Triloka Records.

Ces versions quelque peu occidentalisées de chants traditionnels sanscrits ont beaucoup de cœur et sont formidables pour chanter dessus. J'aime énormément cet album.

Swami Chidvilasananda, *Om Namo Bhagavate Muktananadaya*, SYDA Foundation.

Soixante minutes d'un chant religieux qui monte lentement vers l'extase. Enregistré en public avec des milliers de chanteurs répondant à l'appel du maître du lignage de Siddha-yoga. Excellent pour chanter dessus.

Sri Laxmi Narayam Tiwari, *From the Circle of Saints*, Yoga Int. Books & Tapes.

Pour ceux qui préfèrent un enregistrement plus traditionnel et moins occidentalisé, cet album contient six chants sanscrits psalmodiés selon la tradition des appels et réponses, avec un maître de chant de l'Inde du Nord.

Le chant chrétien

Chœur monastique de l'abbaye Saint-Pierre, *Gregorian Sampler*, Paraclete Music.

Une merveilleuse anthologie de chant grégorien du monastère bénédictin de Solesmes, en France.

Voix gothiques, *A Feather on the Breath of God*, Hyperion Records.

Recueil de chants composés au XIIe siècle par l'abbesse Hildegarde de Bingen (cet album a obtenu le prix Grammy).

Sœur Marie Keyrouz, *Chant Byzantin — Passion et Résurrection*, Harmonia Mundi.

Chants lancinants, grecs et arabes, de l'Église orthodoxe orientale. Interprétés par une religieuse libanaise de renommée internationale et un chœur monastique.

Le chant africain

Moines de Keur Moussa, *Sacred Chants & African Rhythms from Senegal*, Sound True.

S'accompagnant d'instruments africains traditionnels, les moines ont joyeusement marié le chant liturgique occidental aux chansons et rythmes tribaux.

Divers artistes, *African Voices*, Narada.

Un merveilleux recueil réunissant cinq artistes. Les chansons sont contemporaines, mais enracinées dans leur riche tradition musicale et spirituelle.

Divers artistes, *Afro-Cuba : A Musical Anthology*, Rounder Records.

Chants sacrés des traditions yoruba, arara et lucumi. Absolument authentique, comprenant des enregistrements de rituels et d'invocations des Orishas faits sur le terrain.

Le chant bouddhique

Moines du monastère de Sera, *Tibet*, Amiata Records.

Chants de moines tibétains enregistrés lors de cérémonies traditionnelles à Dharamsala, en Inde. Accompagné d'un livret joliment illustré contenant des informations sur le bouddhisme tibétain.

Lama Gyurme & Jean-Philippe Rykiel, *The Lama's Chant*, Sony Music.

Un lama tibétain chante des prières traditionnelles avec un remarquable accompagnement au synthétiseur. Bien produit et plein de cœur.

Thich Nhat Hanh & sœur Chan Khong, *Drops of Emptiness*, Sounds True.

Chants, prières et poèmes chantés du prêtre zen vietnamien dans sa communauté spirituelle de Plum, en France.

Le chant islamique soufi

Oruc Guvenc & Tumata, *Ocean of Remembrance*, Interworld Records.

Le shaykh soufi de Turquie et un petit ensemble interprètent des *zekr* (chants répétitifs) et des improvisations. Bien produit, cet album dégage une bonne énergie et il est très accessible pour des auditeurs occidentaux.

Chants des derviches de Turquie, Arion Records (France).

Une authentique cérémonie *zekr* de la confrérie Halveti des soufis turcs telle que nous l'avons décrite au chapitre IV, saisissant l'intensité d'une salle pleine de derviches qui chantent.

Divers artistes, *The Music of Islam*, Celestial Harmonies.

Anthologie de musique sacrée islamique comprenant des versets du Coran, des chants de tambours de Nubie, des ragas de l'Inde ainsi que des chants du Yémen et du Maroc.

Nusrat Fateh Ali Khan, *Shahen-Shah*, Realword.

Un enregistrement extatique du célèbre maître de la musique soufie qawwali du Pakistan. Chant plein de passion et empreint d'une grande énergie spirituelle.

Le chant des Indiens d'Amérique

Divers artistes, *Tribal Voices*, Earthbeat Records.

Un excellent recueil de quatorze chants traditionnels et contemporains intertribaux. Bien produit, très varié.

Joanne Shenandoah & Lawrence Laughing, *Orenda*, Siver Wave.

Beaux chants traditionnels mélodiques des Six Nations iroquoises. Interprété et produit dans un style très agréable pour des oreilles contemporaines.

Divers artistes, *Traditional Voices*, Canyon Records.

Long recueil de chants traditionnels amérindiens authentiques enregistrés sur le terrain dans les années cinquante et soixante lors de cérémonies, de danses et de pow-wows.

Chants divers

Chorale mystique, *Chants mystiques : Hidden Treasures of a Living Tradition*, Polygram.

Le meilleur album de chant juif que j'aie entendu. Appartenant aux traditions juives orientale et occidentale, les chants sont merveilleusement interprétés par le célèbre chanteur Alberto Mizrahi et un chœur.

Divers artistes, *Voices of Forgotten Worlds*, Ellipsis Arts.

Un double album CD de chants et chansons de cultures indigènes enregistrés sur le terrain. Comprend un excellent livret de quatre-vingt-dix pages avec des photographies en couleurs sur la culture et la musique des peuples traditionnels.

Sainkho, *Naked Spirit*, Amiata Records.

Merveilleux arrangements contemporains de chants traditionnels sibériens. D'une grande compétence dans le chant harmonique tuvan, Sainkho joue aussi de la guimbarde et du tambour de chaman.

Libana, *The Circle is Cast*, Spinning Records.

Un recueil de chants rituels célébrant les traditions des femmes et la spiritualité de la Déesse. Beaucoup sont excellents pour chanter avec.

Singh Kaur & Kim Robertson, *Crimson Collection Vol. I & II*, Invincible Productions.

Deux longs chants sanscrits de la tradition sikh. La merveilleuse voix pure de Singh Kaur est accompagnée par la harpe celtique. Très bien pour chanter dessus ou créer une douce ambiance.

Le chant moderne

Tulku, *Season of Souls*, Triloka.

Un mélange plein de créativité et très musical de chants de différentes traditions mis au goût du jour.

David Hykes & the Harmonic Choir, *Hearing Solar Winds*, Harmonia mundi.

Une extraordinaire et magique démonstration de chant harmonique par ce maître contemporain des harmoniques.

Jonathan Goldman, *Chakra Chants*, Etherean Music.

Musique thérapeutique conçue pour activer les chakras, par le fondateur de la Sound Healers Association.

Sheila Chandra, *Weaving my Ancestors'Voices*, Real World Records.

Cette chanteuse pleine de talent née en Inde chante et vocalise tout au long de cet album étourdissant de voix soliste lancinante, tissant des tonalités indiennes, celtiques, islamiques, grégoriennes et ibériques.

Vous pouvez commander tous ces titres à Spring Hill Music. Demandez le catalogue des enregistrements de chant.

Autres enregistrements

Pour un vaste choix de CD et cassettes, demandez le catalogue à :

Sounds True
P.O. Box 8010, Boulder, CO 80306 USA
Tél. : 00-1-800 333-9185

Les adresses changent périodiquement, nous vous conseillons d'aller voir sur Internet ou sur le minitel pour trouver les coordonnées.

Je recommande en particulier :

Bourgeault, Rev. Cynthia, *Singing the Psalms*
Campbell, Don, *Healing Yourself with Your Own Voice*
Gardner, Kay, *Music as Medicine*
Kabir, Chaitanya, *Divine Singing*
Newham, Paul, *The Singing Cure*

Jeff Volk (video : *Of Sound, Mind & Body*)
Disponible chez MACROmedia
219 Grant Road, Newmarket, NH 03857 (603) 659-2929

Sacred Spirit Music (demander par courrier le catalogue de musique sacrée)
5 Abode Rd., New Lebanon, NY 12125 USA
00-1-518 794-7860

SECTION II : COMMENT TROUVER OÙ CHANTER EN GROUPE PAS LOIN DE CHEZ VOUS

Le chant enregistré est merveilleux, mais il se peut que ceux d'entre vous qui veulent faire l'experience de l'énergie vitale du souffle du chant en groupe doivent mener une véritable enquête.

Dans la ville de Boulder où j'habite, dans le Colorado, où une personne sur trois semble faire de la gymnastique, où la nourriture diététique est le régime alimentaire municipal et où quatre magasins vendent des cristaux, il n'est pas besoin d'être un fin limier pour trouver où pratiquer le chant. Dans bien des endroits, votre recherche peut cependant s'avérer une véritable gageure. J'ai essayé de vérifier dans cet atlas pour explorateurs modernes que sont les Pages jaunes de l'annuaire, mais j'ai découvert qu'on y passait de « Chambres de commerce » à « Change (bureaux de) » puis à « Chapellerie » en omettant « Chant ».

Selon la région où vous habitez, trouver un endroit où chanter en groupe peut être un voyage facile ou au contraire ardu. Mais le pèlerinage est une longue tradition dans la pratique spirituelle, et la destination — le chant — en vaut la peine. Voici quelques itinéraires :

1. Demandez aux prêtres, pasteurs ou rabbins ce qu'ils vous recommandent comme chorale religieuse près de chez vous. Un coup de téléphone à une église catholique pourrait vous mettre sur la piste de lieux où l'on peut entendre du chant grégorien. Demandez à des pasteurs où vous pourriez chanter des psaumes. Si vous entendez parler d'offices Taizé pas loin de chez vous, *vous devez absolument y aller*. C'est l'un des chœurs les plus vivants. Les offices de Renouveau juif ont toujours de nombreux chants.
2. Si vous avez la chance d'avoir des Danses de la paix universelle dans votre région, elles proposent de merveilleuses soirées de danses et de chants sacrés de toutes les traditions.
3. Il existe plusieurs organisations nationales à travers lesquelles vous pouvez peut-être participer à des chants traditionnels sanscrits. Essayez de prendre contact avec le Centre Mata Amritanandamaya qui organise régulièrement des tournées de leur gourou, Ammachi, en Europe et aux États-Unis.
4. Beaucoup de régions publient des journaux et revues à l'intention de ceux qui s'intéressent à la spiritualié, en général disponibles dans les magasins diététiques et les librairies spécialisées. Vous y trouverez sans doute des adresses d'ashrams, de centres de yoga, de centres

de retraite ou d'autres endroits où l'on chante. (Les gens qui y travaillent peuvent aussi vous renseigner).

5. Des galeries d'art amérindien sauront peut-être où des non-Indiens peuvent assister à des pow-wows pour écouter le tambour, les chants et voir des danses.
6. Ces dernières années, des groupes de moines tibétains et de chanteurs soufis qawwali ont apporté en Occident quelques-uns des chants les plus exotiques qui soient au monde.

Bonne chance dans votre quête. Puisse-t-elle vous conduire dans une salle remplie des vibrations sacrées du chant.

SECTION III : SOURCES ÉCRITES

Berendt, Joachim-Ernst, Nada Brahma : *The World is Sound* (Rochester, VT, Destiny, 1987). Le livre clé sur le mysticisme du son.

Campbell, Don, *The Roar of Silence* (Wheaton, Ill., Quest Books, 1989). Un guide pratique pour vocaliser.

Campbell, Don. L'Effet Mozart, *Les bienfaits de la musique sur le corps et l'esprit*, Éd. Le Sour, 1998. Le meilleur livre général sur le pouvoir de la musique sur la santé et la conscience.

Gardner, Kay, *Sounding the Inner Landscape* (Rockport, Mass, Element, 1990). Une bonne vue d'ensemble de la musicothérapie.

Goldman, Jonathan, *Healing Sounds : The Power of Harmonics* (Boston, Element, 1996). Bonne initiation aux harmoniques pour guérir.

Jourdain, Robert, *Music, the Brain, and Ecstasy* (New York : Avon Books, 1997). Livre accessible sur la physiologie de la musique.

Keyes, Laurel Elizabeh, Toning : *The Creative Power of the Voice* (Marina del Rey, CA, De Vorss, 1973). Un livre pionnier sur l'art de vocaliser.

Khan, Hazrat Inayat, *The Mysticism of Sound and Music* (Boston, Shambala, 1996). Maître soufi sur le mysticisme du son.

Kittleson, Mary Lynn, *Sounding the Soul* (Einsiedeln, Suisse, Daimon, 1996). Vue jungienne sur le pouvoir de la musique.

Leeds, Joshua, *Sonic Alchemy* (Sausalito, CA, InnerSong Press, 1997). Bonne anthologie d'articles sur le son, la santé et le chant.

LeMee, Katherine, *Chant : The Origins, Form, Pratice ans Healing Power of Gregorian Chant* (New York, Bell Tower, 1995). Le meilleur livre de vulgarisation sur le chant grégorien.

Mathieu, W. A., *The Musical Life* (Boston, Shambala, 1994). Intéressante série d'essais sur la musique, la conscience et la vie.

Newham, Paul, *The Singing Cure : An Introduction to Voice Movement Therapy* (Boston, Shambala, 1994). Bonne vue d'ensemble sur la psychologie et le pouvoir de la voix.

Reck, David, *Music of the Whole Earth* (New York, Charles Scribner's Sons, 1977). Le meilleur livre sur la musique ethnique du monde entier.

Tomatis, Alfred, *L'Oreille et la voix*, Paris, Éd. Laffont, 2001. Panorama de ce travail de pionnier sur le son et la guérison.

Section IV : Musique pour chanter

Voici la musique et les paroles de quelques-uns de mes chants préférés. J'ai indiqué les accords pour ceux qui peuvent s'accompagner à la guitare ou au piano. Pour chacun de ces morceaux, j'ai également indiqué le nom de l'album sur lequel on peut les trouver. Ces chants sont des outils puissants pour la transformation. Puissent-ils vous apporter la joie et l'Esprit.

Chants chrétiens

Ubi Caritas

Chant latin

« Là où se trouvent le véritable amour et la charité se trouve Dieu Lui-même. » Ce chant latin vient de la communauté œcuménique de Taizé. La ligne du haut est la mélodie, celle du bas une merveilleuse harmonie.

Kyrie

Musique de Abraham Sussman & Jonathan Lief

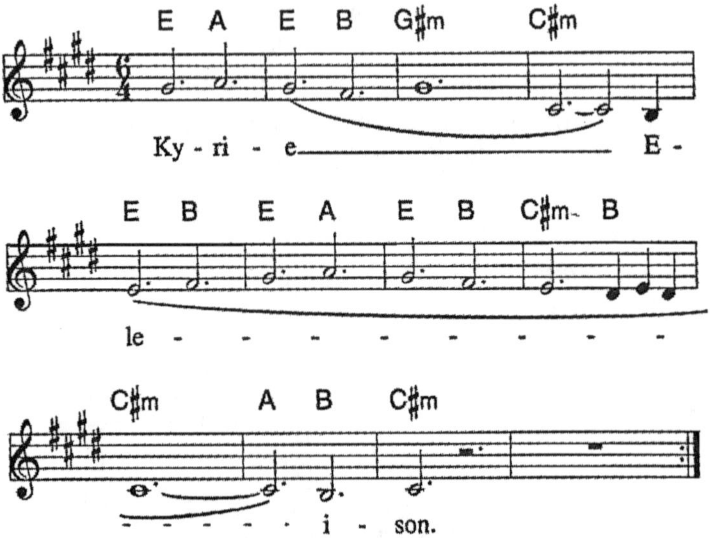

Parfois chanté pendant la messe catholique, les mots *Kyrie Eleison* sont grecs (alors que le reste de la messe était en général en latin) et signifient : « Dieu ayez pitié ».

On peut le trouver sur le disque *Alléluia*.

Jubilate Deo
Chant latin

Ce chant latin (dont le titre signifie « Louez Dieu ») est une ronde délicieuse et relativement facile à six parties. Les nombres au-dessus de la portée indiquent l'entrée de chaque partie.

Vous le trouverez sur l'album *Many Blessings*.

Chants amérindiens

Earth is Our Mother

J'aime chanter cela quand je marche. Peut être accompagné par un tambour ou un hochet.

Sur le disque *Humanity*.

The Infinite Sun

Chant sioux

Le meilleur accompagnement pour ce chant est un simple battement de tambour ou de hochet.

Woa Woa
Chant arapaho

On dit que ce *Woa Woa* de la tradition arapaho est le son du loup qui appelle la louve et la réponse de celle-ci. Excellent pour chanter dehors — les rythmes circulaires du chant accompagnent harmonieusement les rythmes naturels.

Vous le trouverez sur l'album *Medicine Wheel.*

CHANTS HINDOUS

Om Namaha Shivaya

Ce puissant mantra sanscrit à Shiva, souvent chanté, peut se traduire par : « J'honore le Divin à l'intérieur ». Vous le trouverez sur l'album qui porte ce titre.

Shri Ram

Autre chant sanscrit très connu utilisant la syllabe OM, ce chant honore le Divin dans l'incarnation de Rama. On peut le chanter dans le style du *kirtan* traditionnel, en commençant lentement, puis en montant jusqu'à atteindre l'extase.

Vous le trouverez sur l'album *Shri Ram*.

Gopala

Ce chant sanscrit honore le Divin dans l'incarnation de Krishna et chante l'amour pour l'enfant Krishna (appelé Gopala) par sa mère (Devaki) et son père nourricier (le bouvier Nanda). Traditionnellement, on le chante doucement, presque comme une berceuse.

Chants à la Déesse/Terre

Isis Astarte
de Caitlin Mullin & Deena Metzger

Cette récitation psalmodiée des noms de la Déesse est largement utilisée depuis des années dans les cercles de femmes et les rituels. C'est une puissante invocation qui honore le visage féminin du Divin. On peut le chanter de manière percutante, en accentuant les consonnes. On peut aussi le chanter dans un murmure. Particulièrement beau lorsqu'il s'accompagne du rythme d'un tambour ou d'un hochet

On le trouvera sur l'album *From the Goddess*.

Ancient Mother
Traditionnel

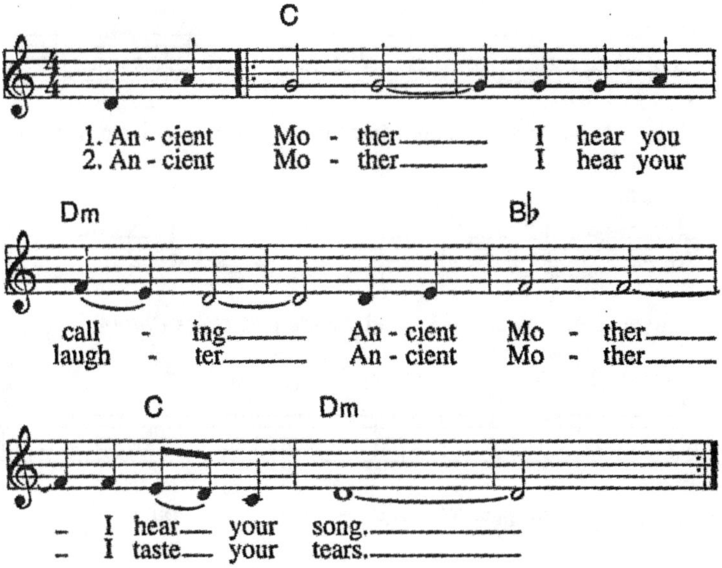

Ce beau chant honore la Grande Mère.
Fait partie de l'album *Ancient Mother*.

O Great Spirit
de Adele Getty

Un chant idéal pour communier avec les éléments naturels.

Sur l'album *O Great Spirit.*

Mother Moon
Traditionnel

Pour un pouvoir spécial, chantez-le à l'extérieur, la nuit, pour saluer la lune.

Chant soufi

Kalama
de S.I.R.S Publications

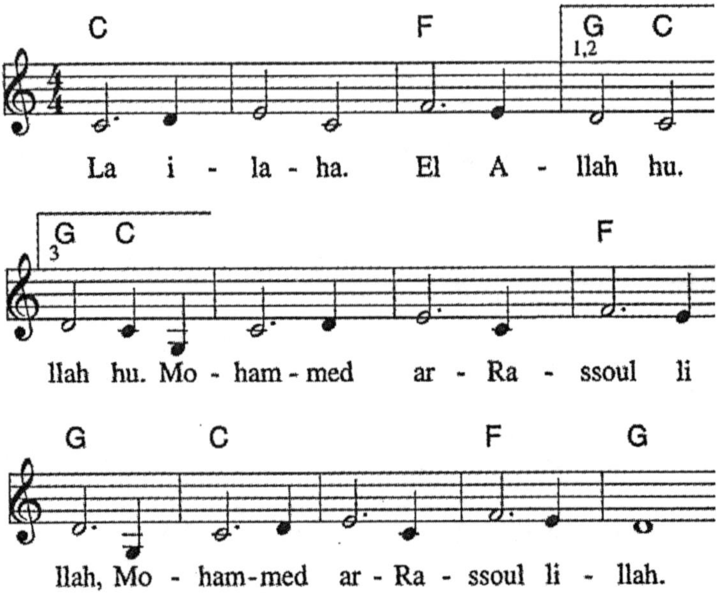

Kalama signifie « Parole divine ». Ces lignes sont une prière centrale dans la foi islamique, témoignant traditionnellement qu'il n'y a qu'un seul Dieu et que Mahomet est son Prophète. Les soufis non musulmans réinterprètent parfois la deuxième ligne sous cette forme : « Nous incarnons tous le Message divin. »

CHANTS JUIFS

Niggun
Traditionnel

Un niggun hassidique classique sans paroles. Essayez d'utiliser les syllabes « daï » et « di ». On peut le chanter lentement, avec la sensation de couler à travers la mélodie, ou au contraire sur un rythme cadencé en frappant du pied.

Pitchu lee
Chant hébreu
Musique de Shlomo Carlebach

Écrit par le regretté rabbin Shlomo Carlebach, ce chant hébreu se traduit ainsi :

« Ouvre pour moi les portes de la vertu.
J'y entrerai et remercierai Dieu. »

Return Again
Musique de Shlomo Carlebach

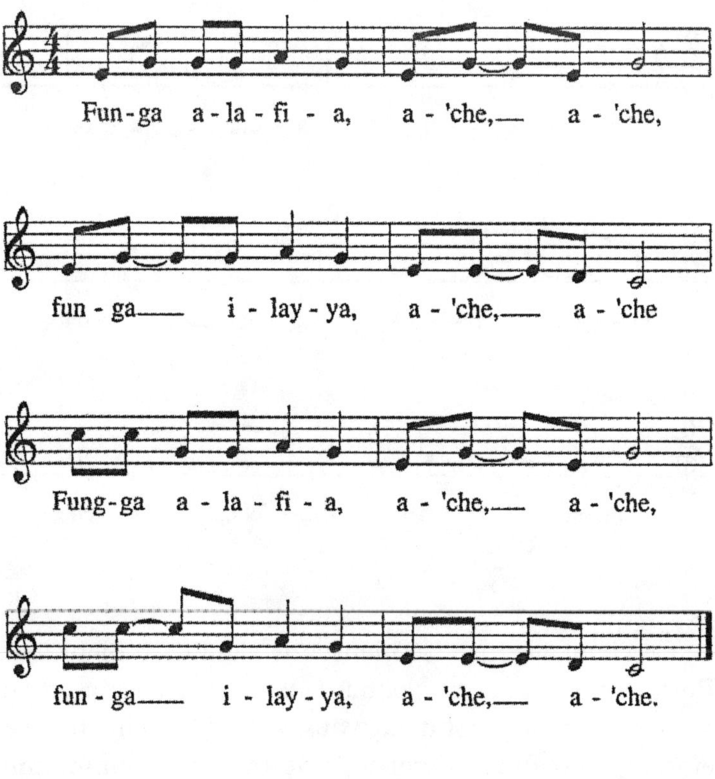

L'un de mes chants préférés de tous les temps est cette célèbre composition du rabbin Shlomo.

Vous la trouverez sur l'album *Songs of Healing*.

Chant africain

Funga Alafia
Chant nigérian traditionnel

Ce chant nigérian de bienvenue signifie : « Bienvenue. Puissiez-vous être en bonne santé et en paix avec vos voisins. Le pouvoir soit sur vous. » Il faut le chanter avec entrain, sous forme d'appel et de réponse ; comme tous les chants d'Afrique de l'Ouest, il est en général accompagné par des percussions.

CHANTS APPARTENANT À DIVERSES CONFESSIONS

Listen, Listen, Listen
de Paramahansa Yogananda

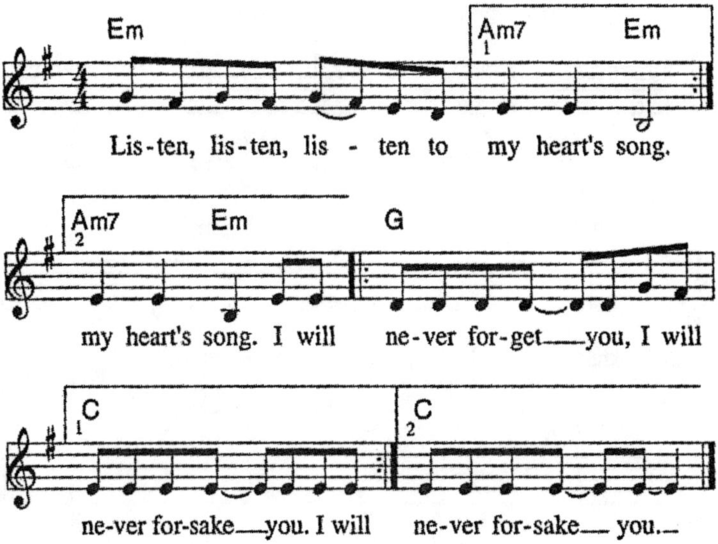

Écrit par Yogananda, l'auteur de l'*Autobiographie d'un Yogi* et l'un des premiers à avoir apporté le yoga en Occident, c'est l'un des grands chants de piété. Judith et moi nous sommes mariés sur ce chant et ce fut l'un des premiers chants des ateliers d'Ouverture du cœur.

Vous le trouverez sur l'album *Songs of Healing*.

From Thee I Receive
de Joseph & Nathan Segal

Cette mélodie est une nouvelle version de celle chantée à l'origine par les rabbins Joseph et Nathan Segal, qui vient de ce que je l'ai apprise d'un homme qui n'avait pas d'oreille, appelé Moshe, dans la campagne du Maine. Ce merveilleux chant est le bénédicité que nous récitons en famille, avant les repas, depuis plus de vingt-cinq ans.

Vous le trouverez dans l'album *Many Blessings.*

May the Long Time Sun
Traditionnel

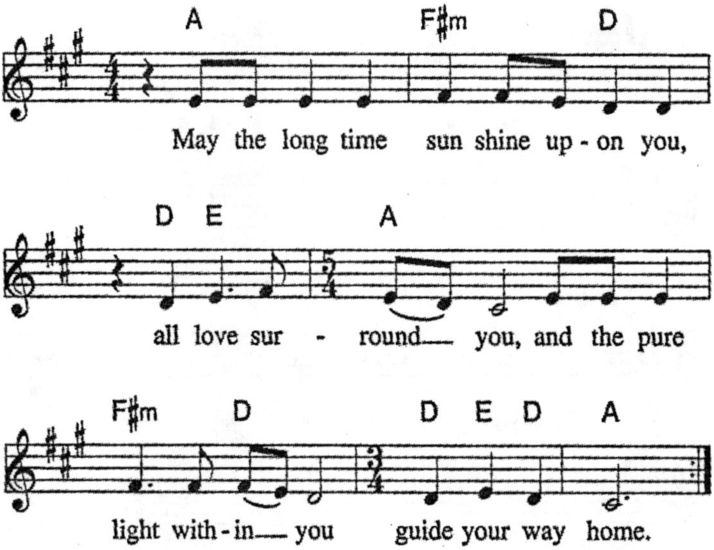

Un autre des premiers chants de guérison des ateliers d'Ouverture du cœur. J'ai appris celui-ci chez les soufis de Cambridge au début des années soixante-dix et me réjouis de l'avoir transmis à tant d'autres personnes.

Fait partie de l'album *Songs of Healing*.

Wherever You Go

de Gregory Norbert, prieuré de Weston (ordre de saint Benoît)

Ce texte extrait du *Livre de Ruth* a été mis en musique par les moines du prieuré de Weston, dont les offices chantés font les délices des chrétiens et non-chrétiens depuis des décennies. Un chant merveilleux pour partager amour, guérison, mariage.

Vous le trouverez sur l'album *Songs of Healing*.

Go in Beauty
Traditionnel

J'ai appris cette chanson auprès du rabbin David Zeller, de Jérusalem, un beau ménestrel de l'Esprit.

Vous l'entendrez sur l'album *Songs of Healing*.

Thank You for this Day
de l'Église des Indiens d'Amérique

Cette chanson se chante avec entrain. Dans la phrase : « Merci pour cette journée », vous pouvez remplacer « journée » par d'autres mots selon l'occasion : Merci pour ce repas... pour ces amis... pour le ciel, etc.

May the Blessings of God
de S.I.R.S. Publications

Merveilleux pour des rituels d'adieux.

Il existe un excellent recueil contenant plus de quatre cents chants, intitulé *Songs for Earthlings*, disponible chez Emerald Earth Publishing, Box 4326, Philadelphia, PA A9118.

Bibliographie

Babalula, S. A., *The Content and Form of Yoruba Chant*, Oxford, Clarendon Press, 1966.

Barks, Coleman (trad.), *The Illuminated Rumi*, New York, Broadway Books, 1997.

Beaulieu, John, *Music and Sound in the Healing Arts*, Tarrytown (NY), Station Hill Press, 1987.

Bly, Robert, *The Soul Is Here for Its Own Joy*, Hopewell (NJ), Ecco Press, 1995.

Bunt, Leslie, *Music Therapy : An Art Beyond Words*, Londres, Routledge, 1994.

Campbell, Don (édit.), *Music and Miracles*, Wheaton, (IL), Quest Books, 1992.

Campbell, Don, *Music : Physician for Times to Come*, Wheaton, (IL), Quest Books, 1991.

Cook, Pat Moffitt, *Shaman, Jhankri & Néle : Music Healers of Indigenous Cultures*, Rosyln, New York, Ellipsis Arts, 1997.

Curtis, Natalie, *The Indian's Book*, New York, Dover Publications, 1950.

Eliade, Mircea, *Le Chamanisme et les Techniques de l'extase*, Paris, Éd. Payot, 1992.

Foster, Steven et Meredith Little, *The Roaring of the Sacred River*, New York, Prentice Hall, 1989.

Frager, Robert, *Essential Sufism*, San Francisco (CA), Harper San Francisco, 1997.

Gandhi, Mahatma, *All Men Are Brothers*, New York, Continuum, 1980.

Gardner-Gordon, *The Healing Voice*, Freedom (CA), The Crossing Press, 1993.

Garfield, Leah Maggie, *Sound Medicine*, Berkeley (CA), Celestial Arts, 1987.

Griffiths, Bede, *Universal Wisdom*, New York, Harper-Collins, 1994.

Halifax Joan, *Shamanic Voices*, New York, Dutton, 1979.

Hamel, Peter Michael, *Through Music to the Self*, Rockport (MA), Element Books, 1984.

Harner, Michael, *The Way of the Shaman*, New York, Harper Row, 1980.

Harvey, Andrew, *The Essential Mystics*, San Francisco (CA), HarperSan Francisco, 1996.

Hirschfield, Jane (édit.), *Women in Praise of the Sacred*, New York, HarperCollins, 1994.

Idelson, A. Z., *Jewish Music in Its Historical Development*, New York, Henry Holt, 1929.

Jacobs, Alan, *The Element Book of Mystical Verse*, Rockport (MA), Element Book, 1997.

Kaku, Michio et Jennifer Thompson, *Beyond Einstein*, New York, Doubleday, 1987.

Kapleau, Philip, *Zen : Dawn in the West*, Garden City (NY), Anchor Press. Doubleday, 1979.

Lane, Deforia, *Music and Medicine*, Grand Rapids (MI), Zondervan Publishing, 1994.

Lipsker, Eli et Velvel Pasternak, *Chabad Melodies*, Owings Mills (MD), Tara Publications, 1997.

Mathieu, W. A., *The Listening Book*, Boston, Shambala, 1991.

McClellan, Randall, *The Healing Forces of Music*, Rockport (MA), Element Books, 1991.

Mitchell, Stephen, *The Enlightened Heart*, New York, Harper & Row, 1989.

Mosley, Ivo, *Earth Poems*, San Francisco (CA), HarperSan Francisco, 1996.

Moyne, John et Coleman Barks, *Open Secret : Versions of Rumi*, Putney (VT), Threshold Books, 1984.

Radha, Swami Sivananda, *Mantras : Words of Power*, Spokane (WA), Timeless Books, 1994.

Roberts, Elizabeth et Elias Amidon, *Earth Prayers*, San Francisco (CA), HarperSan Francisco, 1991.

Roberts, Elizabeth et Elias Amidon, *Life Prayers*, San Francisco (CA), HarperSan Francisco, 1996.

Rudhyar, Dane, *The Magic of Tone and the Art of Music*, Boston, Shambala, 1982.

Savin, Olga (trad.), *The Way of a Pilgrim*, Boston, Shambala, 1991.

Schelling, Andrew, *For Love of the Dark One*, Boston, Shambala, 1993.

Shankar, Ravi, *My Music, My Life*, New Delhi (Inde), Vikas Publishing House, 1968.

Shapiro, rabbin Rami M., *Wisdom of the Jewish Sages*, New York, Bell Tower, 1993.

Sheldrake, Rupert, *The Presence of the Past*, Rochester (VT), Park Street Press, 1995.

Shiloah, Ammon, *Jewish Musical Traditions*, Detroit, Wayne State University Press, 1992.

Singh, Ranjie, *Self-Healing*, Ontario (Canada), Health Psychology Associates, 1996.

Star, Jonathan, *Rumi : In the Arms of the Beloved*, New York, Tarcher/Putnam, 1997.

Stein, Diane, *A Woman'Book of Ritual*, Freedom (CA), Crossing Press, 1990.

Steindl-Rast, David et Sharon Lebell, *Music of Silence*, Berkeley (CA), Seastone Press, 1998.

Surya Das, *Awakening the Buddha Within*, New York, Broadway Books, 1997.

Teish, Luisah, *Jambalaya*, San Francisco (CA), HarperSan Francisco, 1985.

Telushkin, rabbin Joseph, *Jewish Literature*, New York, Morrow, 1991.

Table des matières

MISE EN PAGE
DARIUS
PARIS

Achevé d'imprimer en septembre 2001
sur presse Cameron
par ***Bussière Camedan Imprimeries***
à Saint-Amand-Montrond (Cher)

Dépôt légal : septembre 2001.
Numéro d'impression : 014010/4.

Imprimé en France

ISBN : 2-84454-117-8